JN495887

《하나님을 열망하다》는 참으로 놀라운 책이다! R. T. 켄달은 '하나님이 하시는 일'이 아니라 '하나님의 존재 자체'로 그분을 열심히 좇도록 신자들을 격려하고 도전한다. 영성의 우선순위가 무엇인지 바로잡아 주면서 손을 내밀어 우리가 더 멀리, 더 깊게 나아가도록 참으로 하나님을 경험하도록 인도한다.

토니 에반스(Tony Evans)
오크클리프바이블펠로우십교회(Oak Cliff Bible Fellowship Church) 담임목사

말씀과 성령은 우리를 동일한 진리로 인도한다. 인생에서 하나님보다 더 필요한 것은 없으며, 하나님을 경험하는 것보다 더 중요한 일은 없다. R. T. 켄달은 성령으로 가득 찬 이 책에서 하나님과 그의 나라를 간절히 바라도록 우리를 초대한다. 예수님은 구하는 자에게 성령을 주겠노라 약속하셨다. 그분이 하신 말씀 그대로를 받아들이고, 우리 삶에 더 크게 행하실 일들을 언제나 기쁨으로 맞이하자. 하나님에 대해 아는 것만으로는 충분하지 않다. 하나님은 우리가 그분을 알도록, 그분의 마음을 알고 즐거워하도록, 그리고 그의 임재의 빛 가운데 살면서 그분을 의지하도록 초대하신다.

크레이그 키너(Craig Keener)
애즈베리신학교(Asbury Theological Seminary) 신약학 교수

이 책은 R. T. 켄달의 책 중에 내가 가장 좋아하는 책이 될 것 같다. 처음 하나님과 동행하기 시작한 시절부터 나는 하나님을 더 깊이 경험하는 일에 관심이 많았다. 이 책을 50년 전에 만나 하나님에게서 무언가를 더 받는 것과 하나님만을 구하는 것 사이에 엄청난 차이가 있음을 일찌감치 깨달았더라면 얼마나 좋았을까! 성령이 내게 하셨던 것처럼 당신의 삶에도 동일하게 역사하실 수 있도록 책을 다 읽고 나서 바로 뒤돌아서지 말고, 며칠 동안 책의 내용을 곰곰이 묵상해 보기 바란다.

스티븐 치티(Stephen Chitty)
크리스천라이프교회(Christian Life Church) 목사

R. T. 켄달이 쓴 60권이 넘는 책 가운데 과연 최고의 책이요, 우리 삶에 정말 도움이 되는 책이다. 늘 그랬듯이 그는 대부분의 사람들이 깊이 생각해 보지 않는 주제를 택해 가장 읽고 싶은 이야기로 만들어 냈다. 이 책은 매우 실용적이어서 우리의 삶은 물론 사역 중에 반드시 다루어야 할 문제들을 깊이 살펴본다. 또한 이제껏 밝힌 적 없는 저자의 가장 은밀한 이야기까지 과감하게 공개한다. 저자가 과감히 드러낸 지난날의 아픔과 고난들에 가슴이 저민다. 저자는 자기 아픔을 용기 있게 밝힘으로써 우리의 아픈 과거도 돌아볼 수 있게 해 준다. 한마디로 요약하자면 이 책을 읽어라! 용기를 얻는 동시에 경고를 받고, 순전한 마음으로 하나님을 더욱 사모하도록 도전받을 것이다. R. T. 켄달에게 고맙다. 당신은 이 어려운 일을 또 해냈다!

잭 테일러(Jack Taylor)
디멘션즈미니스트리(Dimensions Ministries) 회장

하나님을 더 깊이 이해하는 것은 그분의 말씀을 존중하며 그분의 영을 구하는 것이다. 이 책에는 이것을 잘 아는 사람의 마음 깊은 곳에서 우러나오는 열정적인 부르짖음이 담겨 있다. 저자의 가르침은 지혜로우면서도 매력이 넘친다. 일평생 주님과 동행하는 삶에서 얻은 경험이니 어찌 그렇지 않을 수 있겠는가!

폴 하코트(Paul Harcourt)
뉴와인(New Wine) 대표

하나님을
열망하다

MORE
of
GOD

More of God
Copyright © 2019 by R.T. Kendall

Originally Published in English under the title: *More of God*
Published by Charisma House, Charisma Media/ Charisma House Book Group,
600 Rinehart Road, Lake Mary, Florida 32746 USA.
All rights reserved.

Korean translation edition © 2019 by Duranno Ministry
38, Seobinggo-ro 65-gil, Yongsan-gu, Seoul, Republic of Korea

This Korean edition published by arrangement with
Charisma Media/ Charisma House Book Group.

이 책의 한국어판 저작권은 Charisma Media/ Charisma House Book Group과 독점 계약한 두란노서원에 있습니다.
저작권법에 의하여 한국 내에서 보호받는 저작물이므로 무단 전재와 무단 복제를 금합니다.

하나님을 열망하다

지은이 | R. T. 켄달
옮긴이 | 손정훈
초판 발행 | 2019. 12. 18.
4쇄 발행 | 2026. 1. 15.
등록번호 | 제1988-000080호
등록된 곳 | 서울특별시 용산구 서빙고로65길 38
발행처 | 사단법인 두란노서원
영업부 | 02)2078-3333 FAX | 080-749-3705
출판부 | 02)2078-3330

책값은 뒤표지에 있습니다.
ISBN 978-89-531-3647-2 03230

독자의 의견을 기다립니다.
tpress@duranno.com www.duranno.com

두란노서원은 바울 사도가 3차 전도 여행 때 에베소에서 성령 받은 제자들을 따로 세워 하나님의 말씀으로 양육하던 장소입니다. 사도행전 19장 8-20절의 정신에 따라 첫째 목회자를 돕는 사역과 평신도를 훈련시키는 사역, 둘째 세계선교TIM와 문서선교단행본·잡지 사역, 셋째 예수문화 및 경배와 찬양 사역, 그리고 가정·상담 사역 등을 감당하고 있습니다. 1980년 12월 22일에 창립된 두란노서원은 주님 오실 때까지 이 사역들을 계속할 것입니다.

More of God

하나님으로 충만히 채워지는 일상

하나님을 열망하다

R. T. 켄달 지음
손정훈 옮김

두란노

차례

· Part 2

'나'로 충만한 마음, 불안의 소굴로 전락하다

· Part 3

나를 활짝 열어 '있는 그대로의 하나님'을 모셔 들이다

· Part 4
끝도 다함도 없는 하나님의 충만에 잠기다

Foreword 1 조이 스트랭 서문

나는 R. T. 켄달의 책을 마흔 권 이상 읽었는데, 그중에서도 《하나님을 열망하다》가 가장 좋아하는 책이 될 것 같다. 그의 책들을 읽으면서 용서하는 법, 시험을 이기는 법, 기도하고 예배하며 기름 부으심 가운데 거하는 법, 성령을 근심케 하지 않으면서 최후 심판을 늘 염두에 두고 찬양 가운데 살아가는 법을 배웠다. 물론 그것 말고도 무수한 교훈을 가슴에 새겼다.

그의 책을 접할 때마다 하나님이 그에게 주신 놀라운 영감에 매번 놀라곤 했다. 하지만 이전 책들에 드러난 뛰어난 통찰은 바로 이 책의 주제인 '하나님을 더 많이 경험하기'를 위해 독자들을 차근차근 준비시킨 과정이었다. R. T. 켄달은 A. W. 토저(Tozer, 1897-1963)의 말을 인용하면서 우리는 원하는 만큼 하나님을 경험할 수 있다고 도전한다. 맞다. 우리는 그분께 집중하지 못하게 만드는 보다 덜 중요한 것들과 그분의 자리를 대신 차지한 것들을 내려놓아야 한다.

성령님은 이제 아주 새로운 방법으로 수많은 사람들을 그분께로 이끌기를 원하신다. 나는 우리나라의 부흥을 보기 원하고 우리 교회가 새롭게 되기를 소망한다. 당신도 이 같은 끌림을 느끼는가? 당신이 주님을 더 갈망하고 그분을 더 많이 맛볼 수 있도록 길을 보여 주기 위해 이 책이 나왔다. 하나님은 실재하시며 언제든 우리를 만나 주실 것이다.

조이 스트랭(Joy Strang)
카리스마미디어 CFO

Foreword 2 데이비드 피치스 서문

방금 신앙에 큰 도움이 되고 소화가 잘되는 지혜로운 말씀으로 가득 찬 책의 마지막 페이지를 넘겼다. 이야기 전개가 물 흐르듯 아름다워서 독자들을 다음 페이지로 자연스럽게 안내한다. 읽는 내내 널리 알려진 탁월한 강사이자 경험 많은 목회자에게 개인 멘토링을 받는 듯한 느낌이었다. 마치 유능한 상담가가 도움이 되는 간략한 내용들을 우리 귀에 대고 부드럽게 속삭이는 듯하다. 그렇게 저자는 우리를 책망하지 않고 격려한다.

나는 영국 전역의 교회 지도자 수천 명이 참석하는 모임인 '뉴와인'(New Wine) 콘퍼런스에서 R. T. 켄달이 성경 읽기를 이끄는 것을 처음 들었다. 그는 이 책에서 직접 겪은 일들을 솔직하게 들려주면서 대부분의 그리스도인들이 저지르기 쉬운 실수를 잘 설명해 준다. 그는 성경 말씀을 끊임없이 인용하면서 항상 주님을 모든 장(章)의 중심에 모시고자 애쓴다. 동시에 말씀을 오해하거나 잘못 해석한 부분들, 그리고 우리의 잘못된 관행에 도전한다. 아마도 그가 쓴 많은 책 가운데 최고의 내용을 모았다 해도 과언이 아닐 것이다.

이 책의 마지막 페이지를 넘기면서 얼마나 서운했는지 모른다. 마치 깊이 묵상하며 주님의 임재를 마음껏 누리다가 눈떠 보니 홀로 남겨진 기분이었다. 지구촌 곳곳에 사는 수많은 그리스도인들에게 이 책을 권하고 싶다. 하나님의 축복이 여러분 모두와 함께하기를 기도한다.

데이비드 피치스(David Pytches)

전 칠레 성공회 주교, 전 영국 콜리우드 성앤드류교회 리더

Foreword 3 리키 스캑스 서문

최근 주님이 내게 말씀하셨다. "나는 세상을 너무나 사랑한다!" 진작부터 알던 이 말씀이 새삼스럽게 나를 사로잡았다. "하나님이 세상을 이처럼 사랑하사"(요 3:16).

계속해서 주님이 말씀하셨다. "세상 사람들은 자신들이 길을 잃었다는 것과 나를 필요로 한다는 사실을 잘 알고 있다. 부디 내 교회도 그 사실을 알았으면 좋겠다. 그들은 원한다면 내 전부를 가질 수 있는데도 '자신이 바라는 모습의 나'만을 가지고 산다."

당신은 하나님을 얼마나 원하는가?

순간 슬픔이 엄습해 왔다. 나 때문이 아니라 주님 때문에 찾아온 슬픔이었다. 요한계시록 7장 17절은 "하나님께서 그들의 눈에서 모든 눈물을 씻어 주실 것임이라"라고 약속한다. 이 말씀은 참이다. 다만 그분이 모든 사람의 눈물을 닦아 주실지라도 그분 눈가에 흐르는 눈물을 닦지는 못하실 것 같다.

주님은 '구도자들에게 호소하는 메시지들을 선포해 온 교회들이 알곡보다 가라지를 더 만들어 내고 있다'고 말씀하셨다. 그분은 그것을 기뻐하지 않으신다. 사람의 말을 하나님 말씀보다 더 위에 두는 것을 마음 아파하신다.

오늘날 많은 교회들은 하나님을 더 많이 경험하기보다는 그저 좀 더 많은 사람들이 교회에 몰려오기를 원한다. 성령님은 우리 마음대로 움직일 수 없는 분임에도 사람들은 끝까지 자기가 주도권을 쥐려고 한다. 우리 삶은 너무도 분주하고 복잡해서 하나님을 깊이 경험하기 어렵다. 하나님을 경험하는 것조차도 해야 할 또 하나의 일처럼 느껴질 뿐이다. 하나님을 더 깊이 맛보기 위해 내 시간을 포기할 준비가 되어 있는가?

많은 교회들이 나이 지긋한 어르신들도 은혜받으면서 편안하게 앉아 들을 만큼 적당히 성경 이야기를 하고, 지나는 길에 교회를 들른 사람들이나 초신자들이 들어도 전혀 불편해하지 않을 만한 자기 계발식 설교, 즉 무엇무엇을 더 잘할 수 있는 다섯 가지 비결 같은 유의 설교를 제공한다.

만약 우리가 자기 계발서를 읽어서 구원받을 수 있다면 귀하신 우리 구주는 무엇 때문에 돌아가셨단 말인가! 우리 죄의 용서를 위해 흘리신 예수님의 보혈과 하나님의 말씀이야말로 우리를 구원하고 변화시키며 주인의 필요에 꼭 맞는 영광스러운 그릇으로 빚을 수 있는 세상에 유일한 힘이다(딤후 2:21).

요즘에는 예수의 보혈과 부활의 능력, 그분의 이름의 능력이나 성령 안에서 기도하는 복을 전하는 설교를 듣기가 어렵다. "사랑하는 자들아 너희는 너희의 지극히 거룩한 믿음 위에 자신을 세우며 성령으로 기도하며"(유 20절).

성도들이 한마음이 되어 처음 교회를 세웠던 바로 그 오순절에 하나님이 주신 귀한 선물이 2천 년 동안 교회를 갈라놓는 사탄의 무기가 되었다. 바로 방언의 은사다. 주님이 당시 120명의 제자들에게 그것이 얼마나 필요할지 아시고 그것을 선물로 주셨다면 오늘날에는 그 선물이 얼마나 더 요긴하겠는가?

우리는 더 많은 사람들이 교회에 출석하면 계속 교회를 운영할 수 있고 건물 운영비도 조달되고 새로운 음향 시설을 들이거나 이벤트를 진행할 수 있으니 뭐든지 더 많을수록 클수록 좋다고 생각하는 문화에서 살고 있다. 그런 것들을 갖추는 일이 해롭지는 않지만 그것들에 우리가 완전히 사로잡히면 우리는 가치를 타협한 것이 되고 만다. 예수님은 말씀하셨다. "먼저 그의 나라와 의를 구하라 그리하면 이 모든 것을 너희에게 더하시리라"(마 6:33).

나는 날마다 서로 다른 두 가지 견해를 마주한다. 바로 내 의견과 하나님의 의견이다. 나는 그분이 내 생각을 그다지 신경 쓰지 않으신다는 것을 깨달았다. 하나님의 생각이 늘 가장 중요했다. 이미 결정을 내리신 것이다.

"여호와여 주의 말씀은 영원히 하늘에 굳게 섰사오며"(시 119:89).

가장 거룩하며 무오한 하나님의 말씀은 변하지 않으며 성취될 뿐이다. 우리는 그분의 말씀을 있는 그대로 받아들일 것인지, 아니면 다른 누군가의 말을 들을 것인지 결정해야 한다. 만약 삶에서 하나님을 더 깊이 경험하고 싶다면 그분의 말씀에 동의하는 것에서 시작하라. 그것이야말로 가장 중요한 첫 단계다.

우리가 누구에게 동의하는지가 가장 중요하며, 주님도 그것에 관심이 많으시다. 창조 당시 에덴 동산에서 하나님의 음성을 들은 직후 아담과 하와가 얼마나 빨리 속임수에 빠졌는지 생각해 보라. 그들은 잘못된 소리에 귀 기울이기로 마음먹었다. 우리 주 예수님이 제자들에게 말씀하셨다. "미혹을 받지 않도록 주의하라"(눅 21:8).

"그는 흥하여야 하겠고 나는 쇠하여야 하리라 하니라"(요 3:30)라고 한 세례 요한의 말이 맞다. 내 삶에서 그 진리를 체험했다. 당신의 의지와 명성, 세상에서의 지위, 성공의 사다리에서의 위치, 맡은 사역,

친구, 가족, 직업 등 무엇이든지 하나님을 더 깊이 경험하지 못하도록 방해하는 것들을 계속 내려놓아야 한다. 당신이 지금 하나님을 얼마나 많이 누리고 있든지 그보다 백배는 더 하나님을 경험할 수 있기 때문이다. 우리가 구하지 않았기 때문에 받지 못하는 것뿐이다.

한편으로는 원치 않기 때문에 구하지 않는다. 당신의 삶에 그분의 더 많은 능력과 임재가 나타나기를 진정 원하는가? 하나님을 더 경험할 수만 있다면 당신의 완전한 파산을 선언할 준비가 되었는가?

> 에녹이 하나님과 동행하더니 하나님이 그를 데려가시므로 세상에 있지 아니하였더라(창 5:24).

에녹은 하나님을 너무나 갈망했고 또한 하나님 아버지와의 교제가 너무나 깊어서 에녹 자신의 것은 아무것도 남지 않았던 듯하다. 그는 주님께 완전히 사로잡혔던 것이다. 에녹의 일은 구약 시대에 있었던 사건이요, 이제 우리는 십자가 사건을 지나 더 나은 약속을 가지고 있다. "볼지어다 내가 문 밖에 서서 두드리노니 누구든지 내 음성을 듣고 문을 열면 내가 그에게로 들어가 그와 더불어 먹고 그는 나와 더불어 먹으리라"(계 3:20).

언젠가 워너 살만(Warner Sallman)이 그린 예수님이 문을 두드리며 서 계시는 그림을 보고 있는데, 같이 있던 친구가 내게 물었다.

"저 문에서 뭐 이상한 거 못 찾았어?"

나는 한참을 들여다보다가 비로소 발견했다.

"바깥쪽에 손잡이가 없네!"

"맞아. 저 문을 열 수 있는 유일한 방법은 안쪽에서 여는 것뿐이야."

만약 사람들이 예수님이 들어오시기를 원치 않는다면 그분은 들어오시지 않을 것이다. 그분은 초대받았을 때에만 들어오신다. 왕 중의 왕께 마음 문을 열 준비가 되었는가? 그분께서 우리에게 오셔서 우리 안으로 들어오신다는 것이 얼마나 큰 영광인가? 우리는 그저 알고 지내는 사람들에게도 문을 열어 주는데 예수님께 문을 열어 드리지 못할 이유가 무엇인가? 어쩌면 집이 조금 지저분하다든가, 주님이 보신다면 부끄러울 만한 것들이 바닥에 널려 있기 때문일 수도 있다. 그러나 그분은 우리를 이미 다 속속들이 아신다.

하나님은 방문을 예고하는 초대장을 보내신다. 이 글을 읽고 있는 지금 그분을 초대해 모셔 들이겠는가? 주님의 말씀 한마디가 사람들이 하는 백만 마디 말보다 낫다.

내 양은 내 음성을 들으며 나는 그들을 알며 그들은 나를 따르느니라(요 10:27).

요즘 같은 시대에도 주님의 임재에 완전히 사로잡혀서 우리 자신은 사라지고 주님만 온전히 남는 일이 가능할까? 가능하다고 나는 믿는다.

예수께서 그들을 보시며 이르시되 사람으로는 할 수 없으되 하나님으로는 그렇지 아니하니 하나님으로서는 다 하실 수 있느니라(막 10:27).

예수님이 하나님과 나누셨던 친밀함을 우리도 누리게 하시려고 자기 생명을 내놓으셨다. 예수님, 그분의 임재, 성품, 삶, 영, 사랑, 자비, 용서, 온유함, 인내, 친절, 복음을 향한 담대함, 잃어버린 영혼을 향한 마음, 하나님의 말씀을 향한 열심……. 이 모든 것은 싸워 쟁취할 만한 가치가 있다. 우리가 하나님을 더 깊이 경험할 수 있도록 도와주는 것들이다. 이것들은 주님과 그분의 성품에 초점이 맞춰져 있다. 우리에게서 이런 성품들이 나타나는 것을 세상이 볼 때, 즉 일상에서 우리가 그리스도를 닮은 모습으로 말하고 행동할 때 잃어버린 영혼들은 주께로 돌아오고 싶은 마음이 일어날 것이다.

하나님을 더 깊이 경험하고 싶지 않은가? 나는 그러고 싶다. 내 삶에서 그분은 더욱 커지고 나는 한없이 작아지기를 소원한다.

R. T. 켄달은 이 시대에 꼭 필요한 책들을 써 왔다. 이 책 역시 정말 시의적절하다. 예언의 은사가 있는 친구가 언젠가 "하나님은 우리를 위해 오시기 전에 먼저 우리를 향해 오실 것이다"라고 말했는데 나도 거기에 동의한다. 그분은 우리가 구원받았을 때만 우리 내면에 임재하시는 것이 아니라, 손에 만질 수 있을 정도로 외적인 면에서도 우리에게 찾아와 우리를 채우기 원하신다. 그렇게 우리 주변의 대기를 바꾸어 놓으신다. 그분이 나타나시면 모든 것이 변화된다. 그분이 등장하시면 사탄은 꽁무니를 빼고 달아난다. 이 얼마나 좋은 일인가!

오늘날에도 여전히 요엘서 2장 28절 말씀은 성취되어야 한다. 오순절에 주님이 다락방에서 성령을 부어 주셨을 때 베드로는 "이는 곧 선지자 요엘을 통하여 말씀하신 것이니"(행 2:16)라고 말했다. 그리고 그는 계속해서 요엘서 말씀을 인용했다. "하나님이 말씀하시기를 말세에 내가 내 영을 모든 육체에 부어 주리니 너희의 자녀들은 예언할 것이요 너희의 젊은이들은 환상을 보고 너희의 늙은이들은 꿈을 꾸리라"(17절).

그 방에 있었던 모든 사람들이 성령의 임재를 깨닫고 큰 충격을 받았다. 그러나 성경은 약속하신 보혜사 성령님이 오시기를 간절히 바라며 기도하고 금식한 120명의 구원받은 사람들만이 아닌 모든 육체에 성령을 부어 주시겠다고 했다. 나는 이 같은 하나님의 말씀이 사실이며 성령이 사실만을 말씀하고 계심을 전심으로 믿는다. 그 성경에 "모든 육체"라고 써 있다. 하나님이 이 말씀을 그대로 성취하신다면 구원받지 못한 이들 가운데도 성령의 부으심을 받을 이들이 있을 것이라는 뜻이다. 그러니 우리는 누가 성령을 받기에 합당한 사람이고 아닌지 따져서는 안 되리라. 주님은 새롭게 성령을 받고 구원받은 사람들, 즉 모든 육체들을 교회가 받아들일 수 있도록 준비시키고 계신다.

그렇다면 모든 사람들이 그분의 영을 받아들일까? 그건 잘 모르겠다. 십자가에 달렸던 두 강도 중에 한 명은 그분의 사랑을 받아들이고 용서하심을 받아 낙원에 들어갔지만, 다른 한 명은 예수님을 모욕하면서 거저 받은 용서를 거부했다. 교회 안의 많은 사람들도 동일한 질문을 마주한다. '나는 어떤 사람이 될 것인가? 구원을 얻기 위해 우리가 할 수 있는 것은 아무것도 없음을 깨닫고 스스로 겸비하여 은혜와 자비를 얻을 것인가, 아니면 또 다른 강도처럼 하나님에게서 멀리 떠나갈 것인가?'

우리는 "도대체 방금 무슨 일이 일어난 거예요?" 하고 어리둥절해하는 사람들을 사랑으로 보살필 준비가 되어 있어야 한다. 그건 마치 생선을 깨끗이 씻는 일과 같다. 난장판이 되고 비린내도 날 것이다. 그러나 한 영혼이 주 예수께로 돌아올 때 얻는 기쁨은 그 모든 어려움을 감내하고도 남음이 있다.

"내가 너희에게 이르노니 이와 같이 죄인 한 사람이 회개하면 하나님의 사자들 앞에 기쁨이 되느니라"(눅 15:10).

그래서 우리는 하나님을 더 깊이 경험해야 한다. 단지 우리 자신만을 위해서가 아니라 추수할 때를 위해서다.

부흥이 오고 있다!

이것이야말로 교회사 가운데 최고의 순간이 될 것이다. 어떤 사람들은 한때 영광스러운 교회의 시대가 있었지만 이제는 다 지나가 버렸다고 말한다. 그것은 사탄이 집어넣은 생각이다. 예수님은 사탄을 "거짓의 아비"(요 8:44)라고 부르셨다.

하나님 자체를 더 경험하기 원하는가, 아니면 하나님에게서 뭐라도 좀 더 받기만을 원하는가? 그분께서 우리를 대하시는 것을 보면, 그분이 참으로 인내가 많고 고통 가운데에서 오래 참으심을 알 수 있다. 당신도 이 세상 것들이 변하고 있음을 온몸으로 느낄 것이다. 그리스도인들은 하나님을 믿는 믿음 때문에 공격을 당한다. 먼 타지가 아니라 바로 우리 앞마당에서 말이다. 그러나 주님은 이러한 공격까지도 사용하시어 우리를 연단하여 앞으로 다가올 전쟁에 대비하게 하신다. 주님은 우리를 위해 그리고 그분의 나라를 위해 행하신다.

우리 함께 하나님을 더 깊이 체험하는 길로 나아가자. 우리보다 하나님이 그것을 더 바라신다. 그분은 우리와 함께하는 여정을 즐거워하신다. 그분과 함께 걷고 친밀한 관계를 나눈 에녹과 아담, 하와와 같은 사람들을 그리워하신다. 그분은 외롭지 않은 분이지만 당신과 단둘이 나누는 교제를 좋아하신다.

리키 스캑스(Ricky Skaggs)
가수 겸 프로듀서 나는 그리스도인들을 위해 이 책을 썼다. 물론 당신이 그리스도인이 아니라 해서 읽어 손해 볼 일은 없겠지만, 나는 예수 그리스도의 피를 통해 믿음으로 의롭다 함을 받은 사람들을 위해 이 글을 썼다. 그러므로 나는 이 책을 펴 든 이들이 자기 죄를 용서받고, 자기가 한 의로운 일이 아니라 예수님이 십자가에서 행하신 일을 믿음으로 구원받은 사람들이라 가정한다. 당신이 죽으면 천국에 가리라는 전제하에 당신이 이 땅에서 사는 동안 하나님의 임재를 더 깊이 경험할 수 있는 방법을 보여 주고자 애썼다.

이 책을 테네시주 헨더슨빌에 사는 우리 교회 당회원들, 로저 페리(Roger Perry), 조쉬 핸킨스(Josh Hankins), 리키 스캑스에게 바친다. 하나님은 우리 부부에게 이처럼 귀한 분들과 동역하는 은혜를 베풀어 주셨다.

놀라운 추천사를 써 준 리키 스캑스에게 감사한다. 그는 연예계에서 내가 아는 한 가장 특별한 경력을 가진 사람으로서 복음을, 예수 그리스도를 부끄러워하지 않는 사람이다. 리키는 그래미상을 열네 번이나 수상했고, 컨트리 뮤직 명예의 전당과 가스펠 뮤직 명예의 전당에 이름이 올라 있다. 귀한 글에 깊은 감사를 전한다.

또한 영국 독자들을 위해 귀한 추천사를 남겨 주신 데이비드 피치스 주교에게도 감사드린다. 끝으로 언제나처럼 이 책을 출판해 준 카리스마하우스(Charisma House)의 스티브(Steve)와 조이 스트랭, 특히 지혜로운 조언을 아끼지 않은 편집자 데비 메리(Debbie Marrie)에게 감사하다.

누구보다 내 가장 친한 친구이자 비평가인 아내 루이스(Louise)에게 가장 큰 빚을 졌다.

R. T. 켄달

2018년 5월

• Part 1

당신의 주 하나님인가,
당신의 종 하나님인가

MORE of GOD

1 장

계산기 두드리는 신앙인이 늘고 있다

나 네 하나님 여호와는 질투하는 하나님인즉

출애굽기 20장 5절

당신은 하나님의 더 큰 임재를 바라는가, 아니면 하나님에게서 무언가 더 많이 받기만을 바라는가? 이 시대 대부분의 성도들과 마찬가지로 당신도 하나님보다 하나님이 주시는 선물을 더 추구하는가?

하나님의 더 큰 임재를 원한다는 것은 그분 자체를 더 깊이 경험하기를 갈망한다는 뜻이다. 바울은 에베소 교인들이 "하나님의 모든 충만하신 것으로" 충만하기를 바랐다(엡 3:19). 반면 하나님에게서 더 많이 받기만을 원한다는 것은 내 목표를 이루기 위해 하나님을 이용하는 것이다.

하나님의 더 큰 임재를 원한다는 것은 "세상에서 정욕 때문에 부패하는 사람이 되는 것이 아니라, 하나님의 성품에 참여하는 사람"이 되려는 것이다(벧후 1:4-새번역). 반면 하나님에게서 무언가 더 많이 받기만을 원한다는 것은 내가 원하는 것을 얻기 위해 하나님을 찾는 것이다. "당신의 하나님 VS 성경의 하나님"이라는 제목으로 설교한 롤프 바너드(Rolfe Barnard, 1904-1969)는 오늘날 대부분의 사람들이 "젖소를 이용하는 농부"처럼 그분이 어떤 분이신지 상관하지 않고 다만 필요한 것을 얻기 위해 하나님을 이용한다고 지적했다.[1]

이처럼 하나님으로부터 무언가를 더 얻기 원하는 것과 하나님 자체를 원하는 것에는 분명한 차이가 있지만, 이 둘은 겹칠 때도 많다. 어찌 보면 우리가 하나님의 더 큰 임재를 경험하기를 구할 때 실상 그분에게서 많은 것을 얻기 위해 기도하는 것이기도 하다. 즉, 우리는 하나님에게서 하나님을 풍성히 얻는 것이다. 그뿐만 아니라 “만물보다 거짓되고 심히 부패한 것은 마음”(렘 17:9)이어서 자기 마음의 진정한 동기를 살피는 일은 결코 쉽지 않다.

‘나는 무엇 때문에 하나님의 더 큰 임재를 바라는가? 사실은 그렇게 함으로써 하나님에게서 좀 더 많은 것을 얻어 내려는 생각은 아닌가? 하나님을 더 많이 아는 것이 내게 무슨 유익을 주는가? 나는 주님의 더 큰 임재를 꼭 원해야만 하는가?’

이러한 질문들을 염두에 두면서, 나는 이 책에서 하나님의 더 큰 임재를 원하는 것과 하나님에게서 무언가 더 많이 받기만을 원하는 것 사이에 큰 차이가 있을 수 있음을 밝히고자 한다.

○ 하나님의 더 큰 임재를 원하는 것은 그분 자체를 원한다는 뜻이다.

△ 하나님에게서 더 많이 받기만을 원하는 것은 그분이 내게 줄 수 있는 특정한 무언가를 원한다는 뜻이다.

○ 하나님의 더 큰 임재를 원하는 것은 그분이 좋아하시는 일에 집중하는 것이다.

△ 하나님에게서 더 많이 받기만을 원하는 것은 그분이 날 위해 무엇을 해 주실지에 집중하는 것이다.

○ 하나님의 더 큰 임재를 맛보려는 것은 그분의 말씀을 더 잘

이해하게 되고 그분의 성령을 더 많이 받는 것이다.

△ 하나님에게서 더 많이 받기만 하려는 것은 내가 목표한 바를 얻기 위해 그분을 이용하는 것이다.

○ 하나님의 더 큰 임재를 맛보려는 것은 그분이 누구신지 알게 되는 것이다.

△ 하나님에게서 더 많이 받기만 하려는 것은 나만을 주목하는 것이다.

○ 하나님의 더 큰 임재를 맛보려는 것은 그분의 뜻을 높이 받드는 것이다.

△ 하나님에게서 더 많이 받기만 하려는 것은 내 관심사를 높이는 것이다.

어느 교회에 가서 안수기도를 받는 것과 관련하여 옛 친구 린 그린(Lynn Green)에게 지혜를 구했던 적이 있다. 그는 친절하게 답해 주었고 그 덕에 내 생각은 제자리를 찾았다.

"할 수만 있다면 하나님의 모든 것을 경험하고 싶어요."

그 말을 잊을 수가 없다. '그와 같은 갈망은 결코 나쁜 것이 아니다'라는 생각이 들었다. 하나님을 향한 열망이 너무도 커서 그분을 더욱 경험할 수만 있다면 내 자존심을 내려놓고 어디든 갈 각오가 되어 있는지 나는 스스로에게 질문하기 시작했다. '나는 정말 하나님을 더욱더 원하는가? 나는 할 수 있는 한 최대한 하나님을 경험하기 원하는가?'

A. W. 토저는 우리가 원하는 만큼 하나님을 경험할 수 있다고 했다. 나는 그의 말을 몇 해 동안 곰곰이 생각해 보았다.

중대한 질문

우리는 정말 원하는 만큼 하나님을 경험할 수 있을까? 좋은 질문이긴 하나 가장 중요한 질문은 아니다. 가장 중요한 질문은 하나님이 우리에게 무엇을 원하시느냐다.

그분은 우리가 무엇을 추구하기를 바라실까? 하나님은 우리가 그분을 더 많이 더 깊이 경험하기를 원하실까, 아니면 그분께 보다 많은 것을 달라기를 원하실까? 우리의 필요와 소망과 목표를 더 잘 이루라고 하나님은 그분의 많은 것을 경험하도록 허락해 주시는 걸까? 만약 우리의 목표가 우리를 향한 그분의 계획과 일치하지 않는다면 하나님은 어떻게 하실까?

다음 질문으로 핵심을 요약할 수 있다.

"하나님은 왜 우리에게 자신을 계시하셨을까?"

물론 우리를 죄에서 구원해 주시고, 우리가 죽었을 때 천국에 갈 것을 확신시켜 주시기 위해서였다. 하지만 그것이 전부가 아니다. 모든 그리스도인들은 그분의 유산을 물려받도록 부름받았다. 하지만 어떤 이들은 유산을 물려받고 다른 이들은 그렇지 못하다. 그분이 주신 유산을 물려받느냐 그렇지 못하느냐가 하나님의 더 큰 임재를 원하는 사람이 될지 하나님께 무언가 더 받기만을 원하는 사람이 될지를 결정하게 된다.

어떤 터 위에 무슨 재료로 인생을 짓고 있는가

구원의 확신은 하나님을 아는 데에 기초가 된다. 우리가 기초 위에 서 있다는 것은 그 위에 건축물을 쌓아 올릴 수 있다는 의미다. 건축물이 얼마나 튼튼하고 건실하게 잘 지어졌는지에 따라 우리는 마지막 심판 자리에서 다른 상급을 받을 것이다(고후 5:10). 바울은 인생이라는 건축물은 어떤 자재로 만들어졌는지에 따라 결정된다는 사실을 비유를 통해 설명한다(고전 3:12). 하나님을 더욱 원하는 사람들은 금, 은 그리고 보석으로 건축물을 지어서 불심판을 견뎌 낼 수 있다. 그러나 하나님께 무언가 받기만을 원하는 사람들은 나무, 풀 그리고 짚으로 건축물을 지어 불심판에 금세 타고 다 사라져 버린다.

하나님은 우리에게 자신을 드러내 보이심으로써 우리가 그분을 있는 그대로 이해하고 더 많이 경험하기를 원하신다. 이 책은 바로 그러한 이야기를 담고 있다.

한편, 하나님을 우리가 그분을 더 잘 이용할 수 있도록 존재하는 분이라고 가르치는 이들이 있고, 이는 매력 있게 들리기도 한다. 그런 가르침은 우리의 육체적인 본성에 호소하기 때문이다. 그래서 슬프게도 많은 사람들이, 하나님이 그분을 있는 그대로 더 많이 이해할 수 있도록 우리에게 자신을 계시해 주셨음을 배울 기회조차 얻지 못한다. 결국 하나님은 그저 우리에게 무언가를 해 주시는 것 외에 그분 자체를 알고 그분을 더욱더 원하기를 바라신다는 전제가 어떤 이들에게는 매우 낯설게 느껴진다.

강청하고 소유를 주장하라?

몇 해 전 우리 부부는 테네시주 헨더슨빌(Hendersonville Tennessee)에서 내슈빌(Nashville) 도심지로 이사하는 문제로 고민했다. 아주 마음에 드는 집을 찾았는데 한 가지 문젯거리가 있었다. 그런데 그걸 전해 들은 어떤 마음씨 좋은 자매가 찾아와 그 문제를 극복하기 위해서는 그 건물에 직접 가서 기도하는 것이 좋겠다고 우리 부부를 설득했다. "목사님이 그 집을 진심으로 원하시면 가질 수 있어요. 그 집 앞에 가서 마치 목사님의 집인 것처럼 주님의 이름으로 요구하며 선포하세요."

그녀는 확신에 차 있었다. 그러면서 우리와 함께 가 주겠노라고 자원하기까지 했다. "직접 그 건물에 가서 기도해요, 우리. 그러면 그 집은 정말 목사님 집이 될 거예요!"

그녀의 사고방식을 이해할 수 없었지만 신실한 자매를 실망시키고 싶지 않았고, 또 내 고집 때문에 그녀의 '신학'이 가져올지도 모를 축복을 놓칠 수도 있다는 생각에 함께 그 건물 1층에 들어갔다. 그녀와 우리 부부는 같이 기도했고 "진실로 다시 너희에게 이르노니 너희 중의 두 사람이 땅에서 합심하여 무엇이든지 구하면 하늘에 계신 내 아버지께서 그들을 위하여 이루게 하시리라"(마 18:19)라는 약속을 이루어 달라고 간청했다. 그러나 그녀의 확신이 무색하게, 이틀 뒤 그 아름다운 집은 떡하니 다른 사람 차지가 되었다.

그 자매는 "무엇이든지 구하라!" 혹은 "믿음으로 받으라!"라는 신학을 가진 전형적인 우리 시대 신앙인이다. 이러한 구호들은 하나님에게서 당신이 원하는 것은 무엇이든지 받아 낼 수 있다고 주장하는 가르침들을 명확히 드러낸다. 더 나은 직장, 새로운 차, 치유 등 무엇이든지 구하라는 것이다. 그것이 당신 것이 되리라 믿고 구하면 얻을 것이기 때문이다.

소위 이런 '번영 신학'은 많은 사람들의 주목을 끈다. 미국에서는 성경 본문을 선별해 번영 신학을 펼치는 연례 세미나를 들으러 수많은 사람들이 먼 거리도 마다하지 않고 찾아다닌다. 또한 수많은 목사들이 이 번영 신학을 그들 가르침의 핵심 기초로 삼고 있다.

번영 신학은 돈과 물질의 소유로 귀결된다. 번영 신학을 따르는 설교자들은 하나님이 우리가 이 모든 것들을 가지길 원하신다고 말한다. 어떤 이들은 대부분의 성경 구절에서 이 같은 관점을 찾아내고 심지어는 예수님이 돌아가신 것도 그 이유라고 주장한다. 왜 이런 주장이 사람들에게 호소력이 있는지는 굳이 설명하지 않아도 쉽게 이해가 간다.

있는 그대로의 하나님을 받아들이는 것

오늘날에는 "그게 나한테 어떤 득이 있는가?" 하고 질문하는 교인이 대다수다. "그게 하나님께 어떤 득이 있는가?"라는 질문을 던지는 사람은 거의 없다. 사람들은 하나님이 얻으실 유익은 신경 쓰지 않는다. 그러나 나는 거기에 관심이 있고 그래서 이 책을 썼다.

하나님이 시내산에서 이스라엘 자손들에게 십계명을 주실 때 그분은 자신을 "질투하는 하나님"이라고 칭하셨다. "그것들에게 절하지 말며 그것들을 섬기지 말라 나 **네** 하나님 여호와는 질투하는 하나님인즉 나를 미워하는 자의 죄를 갚되 아버지로부터 아들에게로 삼사 대까지 이르게 하거니와"(출 20:5, 진한 글씨는 저자의 강조).

이렇게 말씀하신 하나님은 이스라엘의 하나님이셨다. 그 말인즉슨 그분이 바로 우리 하나님이시라는 것이다. 우리는 "하나님의 이스라엘"(갈 6:16)이기 때문이다.

예수 그리스도를 당신의 주(主)요 구세주로 받아들였다면 성경 속의 하나님은 당신의 하나님이시다. 당신은 그분께 속해 있다. 그리고 그분은 당신을 질투심을 가지고 돌보신다. 나는 그 표현이 좋은데 어떤 이들은 싫어한다. 전능하신 하나님이 우리를 그렇게 사랑하신다는 사실이 환상적이지 않은가? "질투하는 하나님"이라는 표현은 우리가 우리를 향한 하나님의 뜻을 존중하고 높이며 순종하기를, 또 그분의 계획이 우리 안에서 반드시 성취되기를 누구보다 그분이 바라신다는 것을 뜻한다.

하나님은 우리를 마치 세상에서 사랑할 수 있는 유일한 대상인 것처럼 사랑하시고, 또 마치 계획을 세울 다른 대상은 없는 것처럼 우리 각 사람을 위해 특별한 계획을 가지고 계신다고 성 아우구스티누스(St. Augustinus, 354-430)는 말했다.[2] 바꿔 말하자면, 하나님은 모든 것에 그분만의 의견이 있으시다. 문제는 우리가 항상 하나님의 의견을 기뻐하지는 않는다는 것이다. 우리는 그 뜻이 내 뜻과 다를까봐 염려한다. 진정한 지혜는 하나님의 의견을 구할 뿐만 아니라 그것을 철저히 시행하는 것이다.

'영광'(glory)의 헬라어 어원인 '독사'(Doxa)는 본래 '의견'(opinion)을 의미한다. 하나님의 질투 또한 그분의 영광이다. 그분의 성품 하나하나가 모두 그분의 영광을 이룬다. 그분의 영광은 그분의 의견이다. 바울은 이렇게 말했다. "[우리는] 모든 일을 그의 뜻의 결정대로 일하시는 이의 계획을 따라 우리가 예정을 입어 그 안에서 기업이 되었으니 이는 …… 그의 **영광**의 찬송이 되게 하려 하심이라”(엡 1:11-12, 진한 글씨는 저자의 강조).

하나님은 우리가 그분을 알기를 원하신다. 예수님은 영생이란 ‘하나님을 아는 것’이라고 하셨다. “영생은 곧 유일하신 참 하나님과 그가 보내신 자 예수 그리스도를 아는 것이니이다”(요 17:3).

우리가 하나님을 자주 사용하기를 하나님이 원하신다고 생각하는 이들이 있다. 물론 그런 때가 있다. 이 책에도 그런 경우를 담았다. 그러나 그런 경우에도 반드시 먼저 하나님을 알아야 한다. 성경 속 하나님과 먼저 친밀해져야 하고, 부요함이나 개인적인 영광보다 그분을 아는 것을 더욱 자랑해야 한다. 어떤 이들은 ‘하나님은 사람들이 원하는 것을 얻을 수 있도록 그분을 이용하기 원하신다’는 생각을 전제하고서 다른 이들에게 하나님을 소개한다. 안타깝지만 그들은 하나님의 마음을 놓쳐 버렸고 큰 손실을 본 것이다.

하나님을 안다는 것은 (그분이 질투하는 하나님이라는 사실까지 포함하여) 그분을 있는 그대로 인정하는 것이다. 하나님을 더 경험하기를 구한다는 것은 그분을 있는 그대로 기꺼이 받아들이겠다는 의미다. 그분의 말씀이나 그분이 일하시는 방식만 아니라 그분의 뜻도 함께 말이다.

그러므로 어리석은 자가 되지 말고 오직 주의 뜻이 무엇인가 이해하라(엡 5:17).

성경 속 하나님을 이해하는 데 무엇보다 필요한 것은 그분이 분명한 의지를 가진 분이심을 인정하는 것이다. 우리의 사명은 그분의 뜻을 바꾸는 것이 아니라 그분의 뜻이 무엇인지 발견하고 그것을 성취하는 것이다. 그분의 뜻을 바꾸고자 하는 사람들은 비록 처음부터 그럴 의도가 아니었을지라도 하나님의 전능하심을 무시하는 것과 같다. 그렇게 행동하는 밑바탕에는 자기 생각이 하나님 생각보다 더 낫다는 판단이 깔려 있기 때문이다.

하나님은 한 사람 한 사람을 향한 그분의 뜻을 갖고 계신다. 그분에게 우리의 조언은 필요치 않다. 그분의 말씀, 곧 거룩한 성경은 그분의 뜻을 드러낸다. 그 뜻은 그보다 더 좋을 수 없는 최고의 것이다. 그분이 마음에 품으신 계획은 우리가 생각해 낼 수 있는 무엇과도 비교할 수 없이 탁월하다. 그분이 이미 계획하고 계신 것을 우리는 조금이라도 더 낫게 고칠 수가 없다.

"여호와 하나님은 해요 방패이시라 여호와께서 은혜와 영화를 주시며 정직하게 행하는 자에게 좋은 것을 아끼지 아니하실 것임이니이다"(시 84:11).

하나님이 이미 우리에게 최고의 선물을 준비하셨는데, 이를 자기 힘으로 어찌어찌 업그레이드하겠다고 애쓰는 사람은 참으로 어리석다.

하나님 뜻을 더 낫게 바꾸려 드는 시도들

고대 영지주의자들은 예수 그리스도의 진정한 복음에 대적한 이들 가운데 하나다. "영지"(gnostic, 靈知)는 지식을 뜻하는 헬라어 '그노시스'(gnosis)에서 나온 말이다. 영지주의자들은 지식을 얻는 새로운 방법을 제안했는데 그것은 위험한 가르침이었다. 그들은 교회 안으로 교묘히 잠입해 들어왔고(유 4절), 그들은 그리스도의 몸에 암덩어리와 같은 존재가 되었다. 그들은 그리스도인들이 믿는 좋은 것들을 칭찬하면서 그들을 치켜세웠다. 그러면서 자기들의 가르침에 귀를 기울이면 믿음이 더 깊어질 수 있다고 유혹했다. 영지주의자들이 성공한 곳마다 그리스도인들은 믿음을 타협했고 결국 사라졌다. 사탄의 계략이었다.

영지주의자들은 실제로는 참 하나님과 하나님의 아들 예수 그리스도를 미워했다. 그리스도인들의 믿음을 더 깊어지게 만들어 주겠다는 그들의 약속은 거짓말이었다. 사실 "성도에게 단번에 주신"(유 3절) 기독교의 믿음은 더 이상 개선할 필요가 없는 완벽한 것이었기 때문이다.

하나님의 뜻 또한 마찬가지다. 그것을 개선해 보겠다고 나서는 사람들은 사탄의 거짓에 속아 넘어간 것이고, 그들은 당신도 속이려 들 것이다. 하나님의 뜻은 이미 선하고 온전하며 하나님이 기뻐하시는 것이다(롬 12:2). 그것을 바꾸려 들지 말라. 그저 받아들이라.

그분의 뜻에 당신을 맞추라. 이것이야말로 진정한 지혜다.

> 지혜를 얻으며 명철을 얻으라 내 입의 말을 잊지 말며 어기지 말라 지혜를 버리지 말라 그가 너를 보호하리라 그를 사랑하라 그가 너를 지키리라 지혜가 제일이니 지혜를 얻으라 네가 얻은 모든 것을 가지고 명철을 얻을지니라 그를 높이라 그리하면 그가 너를 높이 들리라 만일 그를 품으면 그가 너를 영화롭게 하리라 그가 아름다운 관을 네 머리에 두겠고 영화로운 면류관을 네게 주리라 하셨느니라(잠 4:5-9).

지혜는 사람의 지능지수나 문화, 인종 혹은 교육 수준과 아무런 상관이 없다. 누구나 지혜를 얻을 수 있다. 지혜는 하나님을 경외함에서 나오기 때문이다(잠 1:7; 9:10). 만약 우리가 하나님을 경외할 줄 안다면 인생길에서 매우 많은 함정들을 피해 갈 수 있을 것이다. 올무가 되는 사람들(잠 29:25)이 아니라 하나님을 두려워할 때 진정한 지혜를 얻을 것이다. 하나님이 우리를 위해 예비해 놓으신 좋은 것들을 하나도 놓치지 않을 것이다.

그런데 잠깐! "네가 얻은 모든 것을 가지고 명철을 얻을지니라"(잠 4:7)라는 말씀은 도대체 무슨 뜻인가? 지혜를 얻기 위해 돈을 지불해야 한다는 말인가? 그러면 부유한 사람은 빨리 얻고, 그렇지 않은 사람은 절대로 얻지 못할 수도 있다는 건가? 아니다. 이 문제에 돈은 필요하지 않다. 그것은 공짜로 주어진다.

하지만 대가는 치러야 한다. 그것을 얻기 위해 우리의 자존심과 명예를 내려놓아야 한다. 이는 때로는 우리가 바보같이 보여야 하고, 유혹을 이겨 내야 하고, 내 계획이나 하나님을 경외하지 않는 사람과 나누던 관계를 포기해야 한다는 뜻이다. 하지만 충분히 감수할 만한 가치가 있는 희생이다. 우리 머리에 씌워 주시는 은혜의 화관은 충분히 받을 만한 가치가 있다. 사람의 칭찬보다 하나님의 뜻을 더 높이는 이에게 그 화관을 씌워 주신다.

지혜를 얻기 위해, 즉 하나님을 더 깊이 알기 위해 모든 것이 필요하지만 사실 그것은 거저 주어지는 것이다.

> 오호라 너희 모든 목마른 자들아 물로 나아오라 돈 없는 자도 오라
> 너희는 와서 사 먹되 돈 없이, 값없이 와서 포도주와 젖을 사라
> 너희가 어찌하여 양식이 아닌 것을 위하여 은을 달아 주며 배부르게
> 하지 못할 것을 위하여 수고하느냐 내게 듣고 들을지어다 그리하면
> 너희가 좋은 것을 먹을 것이며 너희 자신들이 기름진 것으로
> 즐거움을 얻으리라 너희는 귀를 기울이고 내게로 나아와 들으라
> 그리하면 너희의 영혼이 살리라 내가 너희를 위하여 영원한 언약을
> 맺으리니 곧 다윗에게 허락한 확실한 은혜이니라 보라 내가 그를
> 만민에게 증인으로 세웠고 만민의 인도자와 명령자로 삼았나니
> 보라 네가 알지 못하는 나라를 네가 부를 것이며 너를 알지 못하는

> 나라가 네게로 달려올 것은 여호와 네 하나님 곧 이스라엘의 거룩하신 이로 말미암음이니라 이는 그가 너를 영화롭게 하였느니라(사 55:1-5).

몇 해 전 뉴욕을 출발해 플로리다 마이애미로 가는 비행기 안에서 성경을 읽고 있었다. 그런데 그동안 셀 수도 없이 많이 읽었던 출애굽기 33장 13절에 나오는 모세의 말에 눈길이 머물자 갑자기 머리끝에서 발끝까지 전율이 흐르면서 잠에서 확 깨어나는 듯한 충격을 받았다. 그런데 재미있는 것은 그것이 하나님께 무언가를 요청하는 기도였던 것이다.

> 내가 참으로 주의 목전에 은총을 입었사오면 원하건대 주의 길을 내게 보이사 내게 주를 알리시고 나로 주의 목전에 은총을 입게 하시며 이 족속을 주의 백성으로 여기소서(출 33:13).

배경은 이러하다. 하나님은 모세를 기뻐하신다는 사실을 그에게 알려 주셨다. 그래서 이제 모세는 하나님께 무언가를 요구할 수 있는 위치에 도달했다. 무엇이든지 그분께 구하여 얻을 수 있었다. 그런데 그때 모세가 구한 것이 무엇이었는가? 돈? 오래 사는 것? 자기 원수에 대한 심판? 아니면 개인적인 영광이나 신원함? 그 어느 것도 아니었다.

"주의 길을 내게 보이사."

그는 오직 하나님의 길을 알 수 있게 해 달라고 요청했다.

우리에게는 각자의 길이 있다. 내 아내는 내 길을 알고, 나도 아내의 길을 안다. 내 친한 친구들은 내 길을 안다. 그들이 내가 선택한 길을 모두 다 좋아하는 것은 아니지만 이러한 행동과 습관들은 내가 누구인지를 반영해 준다.

하나님도 그분만의 길이 있다. 우리가 그것을 좋아하건 싫어하건 상관없이 그분은 자신만의 길이 있다. 그분은 본래 그러한 분이셨고 그분의 길은 변하지 않을 것이다(말 3:6). 그분의 길은 그분의 존재와 인격과 성품을 보여 주며 그분이 어떤 분인지를 나타내 준다. 그래서 하나님은 "그들은 …… 내 길을 알지 못하였도다"(시 95:10; 히 3:10) 하시며 이스라엘 백성을 향해 슬픔을 드러내셨다. 하나님은 이스라엘이 하나님의 길을 알기를 원하셨던 것이다.

○ 모세가 하나님께 무언가를 요청할 수 있게 되었을 때 그는 하나님의 길을 알기를 소원했다.

○ 솔로몬도 무언가 구할 수 있게 되었을 때 지혜를 선택했다(왕상 3:9; 대하 1:10). 하나님은 그의 간구를 듣고 기뻐하셨다.

출애굽기 33장 13절을 읽고, 또 솔로몬의 간구를 생각해 보면서 나는 "만약 당신이 하나님께 무언가 간구할 수 있고, 또 무엇을 요청하든지 그분이 주저하지 않고 베풀어 주실 것을 안다면 무엇을 구하겠습니까?" 하고 사람들에게 물어보기 시작했다. 어떤 이는 건강을, 또 어떤 이는 복권에 당첨되는 것을 구하겠다고 답했다. 그중에 "내 딸이 주님께로 돌아오는 거요"라고 거룩한 소망을 밝힌 이가 딱 한 사람 있었다.

만약 무엇이든 얻을 수 있다면 당신은 무엇을 구하겠는가? 예수님은 그렇게 무언가를 구할 수 있을 때 당신과 나를 위해 간구하셨다. 그분은 영생이란 참 하나님과 그분의 아들 예수 그리스도를 아는 것이라 밝히셨다(요 17:3). 예수님은 실제로 당신과 나를 위해 기도하셨다. 우리가 그리스도인이 된 것 자체가 요한복음 17장에 그분이 드린 기도의 직접적인 응답이라 할 수 있다. 그분은 우리가 예수님의 아버지 하나님을 알고 예수님을 견고하게 믿기를 바라신다.

바울은 "그리스도와 그 부활의 권능과 그 고난에 참여"(빌 3:10)하여 그리스도를 더 깊이 이해하기를 간절히 원했다. 바울은 하나님을 더 경험하기 원한다는 말을 이렇게 자기만의 방식으로 표현한 것이다. 그러므로 하나님을 아는 것은 우리 주 예수 그리스도의 뜻이다. 예수님은 당신과 내가 하나님의 뜻을 알기를 원하신다. 우리가 하나님의 길을 알고자 갈망하기를 원하신다. 이것은 우리가 하나님을 더 많이 경험하기를 원한다는 뜻이고, 동시에 하나님이 우리에게 그분을 더 많이 보여 주기를 원하신다는 뜻이기도 하다.

출애굽기 33장 13절을 읽었을 때 나는 왜 그렇게 정신이 번쩍 들었을까? 그것이 그동안 내가 구한 내용과 전혀 달랐기 때문이다. 분명 나쁜 것은 아니었지만 나는 다른 것을 구했는데, 예를 들면 갑절의 기름 부으심 같은 것이었다. 그러나 갑절의 기름 부으심을 구하는 것은 나만의 유익을 구하는 것일 수도 있다. 모세가 원했던 바나 하나님이 쓰신 다른 사람들을 살펴보니 참으로 내 간구가 부끄러웠다. 이제 와 고백하지만 나는 그때까지도 하나님의 길을 알게 해 달라고 간구할 생각을 해 본 적이 없었다. 나는 하나님을 아는 지식이 얼마나 적었는지 깨달았고, 그래서 아무쪼록 하나님이 그렇게 간구하지 않았던 지난 50년의 삶을 보상해 주시기를 간절히 구했다.

"하나님의 길을 알기에는 너무 늦은 것일까요?"

나는 늦지 않았기를 바라면서 기도했다. 왜냐하면 지금 내가 간절히 바라며 기도하는 것은 그것이기 때문이다. 나는 하나님께 다른 무언가를 더 많이 받는 것보다 하나님 자체를 더욱 알고 싶은 마음이 더 간절하다. 만약 이 책을 다 읽고도 여전히 하나님에게서 무언가 더욱 많이 받기를 간구한다면 부디 그것이 하나님께 영광 돌리는 일이기를 바란다. 문제는 그분이 질투하시는 하나님임을 잊지 않고 그분을 기쁘시게 할 만한 것을 구하고 받는 것이다.

나는 하나님을 더욱 경험하고 싶은 사람들의 관심을 끌기 바라는 마음에서 이 책 제목을 "More of God"(더 큰 임재; 이 책의 원제)라고 정했다. 이 책이 하나님을 향한 갈급한 마음을 당신 안에 더욱 일어나게 해 당신이 그분의 더 큰 임재를 구하기를 소망한다.

나는 언제나 성령님이 청중들 가운데 예수님의 보혈을 뿌려 주시기를 간구하며 설교를 시작한다. 내가 최대한 분명하고 단순하게 진리를 전달해 설교를 듣는 사람들이 어떠한 오해나 오류 없이 내가 전하고자 하는 내용을 잘 받아들이기를 바란다. 마찬가지로 내 책을 읽는 모든 이에게도 예수님이 보혈을 뿌려 주시도록 성령님께 날마다 간구한다. 그래서 나는 당신이 이 책을 읽는 순간에도 하나님이 내 기도에 응답하고 계심을 확신한다.

내 메시지는 간단하고 분명하다. 당신이 하나님의 더 큰 임재를 열망하고 경험할 수 있기를 간절히 바란다.

2 장

'직접 경험하는 하나님'은 '어림짐작한 하나님'과 천지 차이다

너희가 악할지라도 좋은 것을 자식에게 줄 줄 알거든 하물며
너희 하늘 아버지께서 구하는 자에게 성령을 주시지 않겠느냐
누가복음 11장 13절

솔직히 말하자면 하나님의 더 큰 임재를 경험하는 것이 어떤 것인지 사람들이 쉽게 이해하도록 묘사하기란 내게 불가능한 일이다. 물론 시도는 해 볼 수 있을 것이다. 《R. T. 켄달의 임재》(*The Presence of God*, 순전한나드)라는 책에서 나도 나름 노력해 보았다. 그러나 주관적인 경험을 객관적으로 묘사하는 것, 특히 하나님의 더 큰 임재를 경험하는 문제와 관련한 묘사는 내 필력을 넘어서는 일이다.

하나님은 우리가 그려 낼 수 있는 그 어떤 것보다도 위대하신 분이며, 그분의 임재는 우리가 말로 풀어낼 수 있는 모든 것보다 훨씬 더 경이롭다. 글로는 도저히 표현할 방법이 없다.

그러면 누군가는 "하나님의 더 큰 임재를 경험하는 것을 묘사하는 일이 도저히 불가능하다면서 왜 그것에 대해 책을 썼나요?" 하고 질문할지 모르겠다.

"이 책이 당신에게 더 큰 열망을 불러일으키기 바랐기 때문입니다."

이것이 내 대답이자 이 책을 쓴 목적이다. 하나님의 말씀은 그분의 임재에 더 큰 배고픔과 갈망을 갖게 만든다. 내가 만약 그분의 말씀에 충실하게 이 책을 집필한다면, 그 결과 당신은 배고픔과 갈망을 경험할 것이고 하나님이 얼마나 실제적인 분인지 직접 경험할 것이다.

스스로 즉시 알아챌 것이다

예수님은 약속하셨다. "의에 주리고 목마른 자는 복이 있나니 그들이 배부를 것임이요"(마 5:6).

이 말은 당신이 만족하게 되리라는 뜻이다. 당신이 심한 갈증 때문에 물을 마셨다면 이제 좀 살 만하냐고 물어볼 필요도 없다. 하나님을 경험하는 것, 특히 더 큰 임재를 경험하는 것도 그와 같다.

당신이 이 책을 읽을 때 하나님을 직접 경험하는 일이 일어나기를 바란다. 그런 일이 일어나면 당신 자신이 가장 먼저 알아챌 것이고, 사람들에게 "제가 지금 하나님의 큰 임재를 경험하고 있는 건가요?" 하고 질문하지 않아도 될 것이다. 만약 그렇게 질문한다면 아직 그분을 직접 경험한 것이 아니니 말이다.

하지만 아, 이것을 찾는 자는 어떻게 할 것인가?
어떤 혀도 펜도 표현할 수 없으리라,
예수님의 사랑이 어떤 것인지.
다른 누구도 아닌 그분에게 사랑받은 자만이 알리라.[1]
- 베르나르 드 클레르보(St. Bernard of Clairvaux, 1091-1153)

미국 애리조나주 동북부에 있는 그랜드 캐니언을, 스위스 알프스를 처음 보았던 때를 결코 잊을 수 없다. 주체할 수 없는 경외감에 사로잡혔다. 어떠한 사진이나 그림도 그것의 실제 모습이 어떠한지 또 당신에게 어떤 감동을 주는지 정확히 묘사할 수 없다. 당신이 직접 거기 가서 그 광경을 직접 봐야 한다. 그건 마치 덥고 땀나고 갈증 나는 8월의 어느 습한 날에 시원한 냉수 한 잔을 마시는 것과 같다. 어느 누구도 그 순간 느낌이 어땠냐고 물어볼 필요가 없다.

하나님의 더 큰 임재를 경험하는 것도 그와 같다. 사실 이것이야말로 성경이 말하고자 하는 핵심 내용이다. 하나님은 우리가 그분을 경험할 수 있도록 구약 39권과 신약 27권을 주셨다. 신약은 사람들이 더 큰 하나님의 임재를 경험할 수 있도록, 단지 하나님에 대해 더 많이 알기만 하는 것이 아니라 그분을 경험할 수 있도록 주어진 것이다.

물론, 하나님을 더 많이 아는 것도 중요하다. 나는 〈예수 더 알기 원하네〉라는 찬양을 좋아한다.

예수 더 알기 원하네.
크고도 넓은 은혜와
대속해 주신 사랑을
간절히 알기 원하네.[2]

- 엘리자 E. 히윗(Eliza E. Hewitt, 1851-1920)

나는 그저 새로운 정보를 전달하기 위해서나 그런 지식을 사용하기 위해서가 아니라 진심으로 예수님을 더 많이 알기를 원한다.

나는 예수님이 어떤 분이신지 알고 싶다. 그저 그분을 알고 싶고 느끼고 싶다. 그분의 입술에서 나오는 말은 무엇이든지 내게 좋은 것이다. 마치 예수님의 발치에 앉아 그분의 말씀을 경청한 마리아의 심정이다.

> 그들이 길 갈 때에 예수께서 한 마을에 들어가시매 마르다라 이름하는 한 여자가 자기 집으로 영접하더라 그에게 마리아라 하는 동생이 있어 주의 발치에 앉아 그의 말씀을 듣더니 마르다는 준비하는 일이 많아 마음이 분주한지라 예수께 나아가 이르되 주여 내 동생이 나 혼자 일하게 두는 것을 생각하지 아니하시나이까 그를 명하사 나를 도와주라 하소서 주께서 대답하여 이르시되 마르다야 마르다야 네가 많은 일로 염려하고 근심하나 몇 가지만 하든지 혹은 한 가지만이라도 족하니라 마리아는 이 좋은 편을 택하였으니 빼앗기지 아니하리라 하시니라(눅 10:38-42).

여러 해 전에 모스크바에 있는 침례교회를 방문한 적이 있다. 러시아 그리스도인들과 미국 그리스도인들이 서로 어떻게 다른지 궁금했는데, 그곳 목사님이 관찰한 바를 예리하게 지적해 주셨다. "동방에 있는 우리는 마치 예수님 발치에 앉아 있는 마리아와 같고, 미국 그리스도인들은 많은 일들로 분주한 마르다와 같습니다."

나는 이 러시아인들처럼 우리도 변화될 수 있기를 소망한다(물론 이것이 러시아인들이 오늘날보다 하나님께 의지하는 데 더 많은 시간을 할애하던 구 소비에트 연방 시절 이야기라는 걸 염두에 두기는 해야 한다).

요점은 이것이다. 하나님의 임재를 발견하는 것보다 하나님에 대해 배우는 것이 더 쉬울 수 있다. 예를 들어, 경건서적을 읽는 것이 오직 기도하며 성경을 읽는 것보다 훨씬 쉬울 것이다. 물론 나는 여러분이 이 책을 읽음으로써 하나님의 더 큰 임재를 경험하는 데까지 나아갈 수 있으리라 생각한다. 그러나 그 같은 일은 하나님에 대한 배고픔과 갈망으로 당신이 주님 앞에 무릎 꿇을 때에만 가능하다. 캐서린 행키(A. Katherine Hankey, 1834-1911)라는 영국 여성이 쓴 두 곡의 찬송가 가사가 생각난다.

이 말씀 들은 사람 또 듣기 원하고
목말라 사모하니 그 말씀 진리라.[3]

아침의 이슬 방울 쉬 사라짐과 같이
내 기억 부족하여 늘 잊기 쉬우니
잘 알아듣기 쉽게 늘 말해 주시오.
날 구속하신 사랑 또 들려주시오.
나 항상 듣던 말씀, 나 항상 듣던 말씀
주 예수 크신 사랑 또 들려주시오.[4]

하나님의 더 큰 임재를 경험하는 것과 단순히 하나님에 대해 아는 것의 차이점은 그분을 직접 경험하느냐 간접적으로 경험하느냐다. 하나님에 대해 안다는 것은 그분에 대한 정보를 안다는 것인데 그것도 매우 중요하다. 그러나 그것만으로는 충분치 않다. 더 많은 정보가 아니라 다른 무언가가 더 필요하기 때문이다.

나는 한 친구와 논쟁을 벌이곤 했는데, 그 친구는 "사람이 회심하면 모든 것을 얻는 것이니 더 필요한 것은 없어"라고 주장하곤 했다. "회심한 이후에 필요한 것은 오직 천국뿐이야." 그는 그리스도인들이 "모든 은사에 부족함이 없이 우리 주 예수 그리스도의 나타나심을 기다리게 된다"고 한 사도 바울의 말(고전 1:7)에 근거해 자신의 주장을 펼쳤다. 그러나 그는 바울이 같은 서신 후반에 영적 은사들의 목록을 제시하면서 주장한 내용의 핵심은 간과한 것이다.

성경은 "너희는 더욱 큰 은사를 사모하라"라고 했고, 바로 그 뒤에 "내가 또한 가장 좋은 길을 너희에게 보이리라"라고 약속했다. 그 "가장 좋은 길"이란 고린도전서 13장에서 묘사한 사랑이다. 모든 사람이 은사를 가진 것은 아니지만 그것을 사모하며 하나님께 구할 수 있다고 바울은 이야기한다. 고린도전서에서 묘사한 것들은 저절로 경험할 수 있는 것이 아니라 추구해야만 경험할 수 있는 것이었다. 우리는 그것을 직접 경험해야만 한다.

하나님을 직접 경험한 사람들의 이야기를 듣노라면 언제나 스릴이 넘친다. 그들이 하는 간증을 들으면 정말 놀랍다. 그들은 우리에게 영감을 주고 우리에게 배고픔을 느끼게 한다. 하지만 그러한 이야기들은 여전히 간접 경험에 불과하다.

예를 들어, 신학은 하나님에 대한 간접 지식이다. 우리는 그것을 성경학교나 신학교, 신학대학원에서 배운다. 건전한 신학은 반드시 필요하지만, 만약 신학이 당신이 아는 전부라면, 심지어 그것이 건전하고 견고하며 실질적인 것이라 해도 아직 충분히 하나님의 임재를 경험했다 할 수 없다. 하나님의 깊은 임재를 경험하는 것은 가르침만으로 되지 않는다. 직접 하나님의 임재를 경험해야 한다. 내가 해 줄 수 있는 최선은, 그 일이 당신에게 직접 일어나는 것만은 못하겠지만 그 길을 가르쳐 주는 것이다.

하나님에 대해 더 많이 아는 것과 그분의 임재를 더 많이 경험하는 것의 차이는 머리로 아는 지식과 가슴으로 경험한 지식의 차이라고 할 수 있다. 물론 머리로 아는 지식도 중요하다. 바울은 로마 교인들이 그들에게 "전하여 준 바 교훈의 본을 마음으로 순종하게 되었다"고(롬 6:17) 했다. 그러나 만약 그 교훈을 마음으로만 이해했다면 결코 순종으로 나타나지 않았을 것이다. 머리로만 아는 지식은 충분하지 않다. 그들이 바울의 가르침에 순종했던 것은 그 지식이 가슴에까지 닿았기 때문이다.

> 네가 만일 네 입으로 예수를 주로 시인하며 또 하나님께서 그를
> 죽은 자 가운데서 살리신 것을 네 마음에 믿으면 구원을 받으리라

사람이 마음으로 믿어 의에 이르고 입으로 시인하여 구원에
이르느니라(롬 10:9-10).

머리로 아는 지식과 가슴으로 느끼는 지식의 차이점은 '진리에 이성적으로 동의한 것인지' 아니면 '진리에 설득당한 것인지'의 차이라고 볼 수 있다. 중세 시대에 믿음이란 교회의 가르침에 지적으로 동의하는 것을 의미했다. 당시 기독교인들은 교회에서 가르치는 내용을 다 이해했을 수도 있고 그렇지 못했을 수도 있지만, 그들은 "만약 교회에서 그렇다고 가르친다면 나는 믿겠다"고 말하곤 했다. 그들은 그런 식으로 계속 무지하게 남아 있었던 것이다.

어떤 사람은 무지한 상태에 만족할 수 있겠지만, 만약 당신이 그 가르침에 설득당했다면 그것은 당신이 그것을 지식으로만 받아들인 것이 아니라 가슴으로 받아들였음을 의미하는 것이다. 그것이 진리임을 확신하게 되었기 때문이다. 믿음을 뜻하는 헬라어는 '피스티스'(pistis)로, 설득을 뜻하는 단어 '페이토'(peitho)에서 왔다. 만약 당신이 설득당하지 않았다면 믿지 않는 자들과 다를 바가 하나도 없다.

구원에 이르는 믿음이 차지할 자리는 바로 가슴이다. 머릿속 지식이 가슴으로 내려올 때 비로소 그것이 가능해진다. 영국인들이 흔히 하는 표현처럼 혼돈과 무지함을 지나 "마침내 무언가를 깨닫게 되는 것"(The penny drops)이다. 영국의 정치가 앤드류 베넷(Andrew Bennett)은 "당신의 생에서 가장 긴 여행은 머리에서 가슴까지 이동하

는 18인치의 여행이다"[5]라고 했는데, 이는 사실 우리 모두에게 해당하는 내용이다.

구원에 이르는 믿음도 마찬가지다. 가슴이 포함되어야 한다. 베드로가 오순절날 설교했을 때 그의 설교를 들은 자들은 "마음에 찔려"(행 2:37) 회개했다. 베드로가 그와 같이 설교할 수 있었던 비결은 그가 오순절 성령 강림 이후에 더 깊은 하나님의 임재를 경험했기 때문이다. 그는 이전 3년 동안 수없이 많은 예수님의 설교를 들으면서 그분에 대해 누구보다도 많은 지식을 갖게 되었다. 그러나 그러한 지식도 그가 주님을 세 번이나 배신하는 것을 막지 못했다(요 18:17, 25-27). 그러나 성령이 임하신 후에 베드로는 완전히 다른 사람이 되었다.

그러므로 회심이 일어난 후에는 가슴이 개입되어야 한다. 만약 하나님의 임재를 경험하는 것에 대한 가르침이 머리만 자극한다면 이는 그저 신학적인 것에 불과할 것이다.

하나님이 심어 주시는 열망

이 책은 구원에 이르는 믿음을 넘어서는 것에 초점을 맞추고 있다. 하나님의 임재를 더 많이 맛보고 경험하는 것에 대해 이야기할 것이다. 앞서 신약 성경을 인용한 것도 그와 같은 이유에서다. 신약 성경은 우리가 하나님의 임재를 더 많이 경험하도록 기록되었다.

서신서를 예로 들어 보자. 서신의 수신자들은 이미 구원받은 사람들이지만, 저자들은 그들이 하나님에 대해 더 많은 지식을 갖기 원하는 것이 아니라(물론 그 서신서들에는 그와 같은 지식이 가득 차고 넘치지만) 하나님의 더 깊은 임재를 경험하기 원했다.

> 너희는 이 세대를 본받지 말고 오직 마음을 새롭게 함으로 변화를 받아 하나님의 선하시고 기뻐하시고 온전하신 뜻이 무엇인지 분별하도록 하라(롬 12:2).

> 너희도 상을 받도록 이와 같이 달음질하라(고전 9:24).

> 내가 하나님의 열심으로 너희를 위하여 열심을 내노니 내가 너희를 정결한 처녀로 한 남편인 그리스도께 드리려고 중매함이로다(고후 11:2).

> 나의 자녀들아 너희 속에 그리스도의 형상을 이루기까지 다시 너희를 위하여 해산하는 수고를 하노니(갈 4:19).

> 하나님의 모든 충만하신 것으로 너희에게 충만하게 하시기를 구하노라(엡 3:19).

> 내가 기도하노라 너희 사랑을 지식과 모든 총명으로 점점 더

풍성하게 하사(빌 1:9).

너희로 하나님의 모든 뜻 가운데서 완전하고 확신 있게 서기를 구하나니(골 4:12).

평강의 하나님이 친히 너희를 온전히 거룩하게 하시고(살전 5:23).

우리 주 예수 그리스도의 영광을 얻게 하려 하심이니라(살후 2:14).

하나님이 우리에게 주신 것은 두려워하는 마음이 아니요 오직 능력과 사랑과 절제하는 마음이니(딤후 1:7).

하나님의 종이요 예수 그리스도의 사도인 나 바울이 사도 된 것은 하나님이 택하신 자들의 믿음과 경건함에 속한 진리의 지식과(딛 1:1).

이로써 네 믿음의 교제가 우리 가운데 있는 선을 알게 하고 그리스도께 이르도록 역사하느니라(몬 6절).

너희에게 인내가 필요함은 너희가 하나님의 뜻을 행한 후에 약속하신 것을 받기 위함이라(히 10:36).

인내를 온전히 이루라 이는 너희로 온전하고 구비하여 조금도 부족함이 없게 하려 함이라(약 1:4).

모든 은혜의 하나님 곧 그리스도 안에서 너희를 부르사 자기의 영원한 영광에 들어가게 하신 이가 잠깐 고난을 당한 너희를 친히 온전하게 하시며 굳건하게 하시며 강하게 하시며 터를 견고하게 하시리라(벧전 5:10).

이로써 그 보배롭고 지극히 큰 약속을 우리에게 주사 이 약속으로 말미암아 너희가 정욕 때문에 세상에서 썩어질 것을 피하여 신성한 성품에 참여하는 자가 되게 하려 하셨느니라(벧후 1:4).

그가 빛 가운데 계신 것같이 우리도 빛 가운데 행하면 우리가 서로 사귐이 있고 그 아들 예수의 피가 우리를 모든 죄에서 깨끗하게 하실 것이요(요일 1:7).

너희는 스스로 삼가 우리가 일한 것을 잃지 말고 오직 온전한 상을 받으라(요이 8절).

사랑하는 자들아 너희는 너희의 지극히 거룩한 믿음 위에 자신을 세우며 성령으로 기도하며(유 20절).

목마른 자도 올 것이요 또 원하는 자는 값없이 생명수를 받으라 하시더라(계 22:17).

당신은 하나님의 더 큰 임재에 목마른가? 그렇다면 그 갈망은 하나님께로부터 온 것이다. "또 여호와를 기뻐하라 그가 네 마음의 소원을 네게 이루어 주시리로다"(시 37:4).

그분은 충만히 받게 되리라는 자신의 약속을 지킬 것도 아니면서 그저 당신을 놀리거나, 헛된 희망을 주어서 미혹하게 하거나, 혹은 그저 갈증만 나게 하려고 그와 같은 열망을 당신 마음에 넣어 주신 것이 아니다.

이제부터 읽는 모든 글은 당신을 더욱 목마르게 하고 더욱 배고프게 하려고 쓴 것이다. 조금씩 읽어 나갈수록 하나님의 임재에 대한 갈급함이 더욱 커질 것인데, 그것은 다 하나님께로부터 온 것임을 기억하기 바란다. 사탄이 그런 열망을 넣어 준 것이 아니다. 인간이 그러한 열망을 집어넣어 줄 수도 없다. 오직 하나님만이 그렇게 하실 수 있다!

하나님에 대해 아는 것과 하나님을 아는 것 사이에는 큰 차이가 있다. 마틴 로이드 존스(Martyn Lloyd-Jones, 1899-1981)는 자신이 읽었던 '하나님을 아는 법'을 소개한 수많은 책들이 실은 '하나님에 대해 아는 법'이라고 제목을 바꿔 붙였어야 했다고 말하곤 했다. 사람은 누군가에 대해 알면서도 실제로는 그 사람을 모를 수가 있다. 그랜드

캐니언에 가 보지 않은 사람도 그곳에 대해 전문가가 될 수 있다. 심지어 정작 자신은 부흥을 경험해 보지도 못했으면서 역사상 일어났던 기독교 부흥에 전문가가 될 수도 있다. 나는 오늘날 가르치는 신학 가운데 많은 부분이 하나님을 실제로 알지 못하는 사람들에게서 나온 정보가 아닐까 걱정스럽다. 그들은 하나님에 대해서만 알고 있을 뿐이다.

바로가 "나는 주를 알지 못한다"(출 5:2)라고 말했을 때 그는 진실을 말한 것이다. 그리스도를 믿는다고 말해도 여전히 그리스도를 모르는 사람일 수 있다. 참석했던 전도집회가 끝날 무렵에 믿을 사람은 앞으로 나오라는 인도자의 말을 듣고 단상으로 걸어 나가 결신 카드에 이름을 적었고, 지역교회에 등록하여 세례까지 받았을지라도 여전히 주님을 모를 수 있다.

당신은 주님을 아는가? 그분을 알지 못한다면 당신은 그분의 더 깊은 임재를 추구할 수 없다. 그러나 당신이 의에 주리고 목말라 한다면 그 자체가 당신이 이미 하나님을 알고 있다는 방증이다. 그렇지 않다면 그와 같은 갈망을 가질 리가 없다. 용기를 내라. 아니, 만약 당신이 의에 주리고 목마르다면 그것은 오히려 축하할 일이다. 대부분의 성경 번역본이 팔복에서 "복이 있도다"라고 번역하는 헬라어 '마카리오스'(makarios)의 가장 정확한 번역은 "축하한다"[6]이다. 그렇다! 당신 안에 그와 같은 열망이 있다면, 그것은 하나님이 당신 삶에 개입하신다는 증거다. 하나님이 당신 삶에 섭리하고 계시니 축하받을 일이다.

하나님에 대해 더 많은 정보나 신학적 지식을 안다고 해서 거기에 만족해서는 안 된다. 그저 신학 주제들을 공부하면서 지적인 자극을 받는 데에만 만족해서는 안 된다. 하나님에 대해 간접 지식을 얻는 것을 넘어서서 하나님을 직접 경험하는 중요한 도약을 이룰 때까지 결코 그 걸음을 멈추지 말라.

이제 이 세계로 들어오면 당신은 성경의 하나님이 얼마나 실제적인 분이신지 깨달을 것이다. 당신이 숨쉬는 공기보다 더 실질적이고, 날마다 보는 자연보다 더 생생하게 살아 계신다. 하나님과 예수님과 성령님이 실재(實在)하신다는 사실과 성경이 진실되다는 사실을 직접 보고 경험하는 것보다 더 흥분되는 일도 없다.

이것이 당신이 원하는 것이었나? 그렇다면 축하한다! 이것이 당신이 갈망하던 것이었나? 그렇다면 그 갈망은 채워질 것이다. 그리고 당신이 참으로 더 깊은 하나님의 임재를 경험했다고 누군가가 말해 줄 필요가 없을 것이다. 왜냐하면 본인이 직접 알게 될 테니까. 심지어 당신은 솔로몬에게 다음과 같이 고백했던 스바 여왕과 같이 느낄 것이다.

> 왕께 말하되 내가 내 나라에서 당신의 행위와 당신의 지혜에 대하여 들은 소문이 사실이로다 내가 그 말들을 믿지 아니하였더니 이제 와서 친히 본즉 내게 말한 것은 절반도 못되니 당신의 지혜와 복이

내가 들은 소문보다 더하도다(왕상 10:6-7).

예수님은 사마리아 여인과 대화하는 가운데 은혜를 베풀어 주셨다. 그리고 그녀는 예수님과 나눈 대화를 온 마을 사람들에게 알렸다. 그들은 후에 "이제 우리가 믿는 것은 네 말로 인함이 아니니 이는 우리가 친히 듣고 그가 참으로 세상의 구주신 줄 앎이라"(요 4:42)라고 한목소리로 여인에게 말했다.

나는 하나님을 더 깊이 경험하는 것이 어떤 것인지 적절하게 표현할 수가 없다. 하지만 하나님에 대한 배고픔과 갈망이 더 깊어질수록 당신은 그분을 더 깊이 경험하는 것이 무엇인지 스스로 알게 될 것이다. 그것은 목이 타는 더운 여름날 시원하고 달콤한 냉수를 마시는 것과 비할 수 없을 만큼 놀라운 사건이다.

내가 또 너희에게 이르노니 구하라 그러면 너희에게 주실 것이요 찾으라 그러면 찾아낼 것이요 문을 두드리라 그러면 너희에게 열릴 것이니 구하는 이마다 받을 것이요 찾는 이는 찾아낼 것이요 두드리는 이에게는 열릴 것이니라 너희 중에 아버지 된 자로서 누가 아들이 생선을 달라 하는데 생선 대신에 뱀을 주며 알을 달라 하는데 전갈을 주겠느냐 너희가 악할지라도 좋은 것을 자식에게 줄 줄 알거든 하물며 너희 하늘 아버지께서 구하는 자에게 성령을 주시지 않겠느냐 하시니라(눅 11:9-13).

• Part 2

‘나’로 충만한 마음, 불안의 소굴로 전락하다

MORE of GOD

3 장

오래 응답받지 못한 기도에 낙심했는가

그런즉 너희는 먼저 그의 나라와 그의 의를 구하라
그리하면 이 모든 것을 너희에게 더하시리라
마태복음 6장 33절

마태복음 6장 33절은 우리 아버지가 가장 좋아하셨던 성경 구절이다. 나는 자라면서 아버지가 이 말씀을 인용하는 것을 수없이 들었다. 이 말씀은 정말 놀라울 뿐 아니라 이 책 내용과도 매우 연관이 깊다.

마태복음 6장 33절이 왜 그렇게 중요한가? 이 말씀은 예수님이 하신 유명한 산상설교 후반부에 등장하는데, 우리가 자신의 필요와 바라는 바를 추구할 때 무엇이 가장 중요한지를 알려 준다. 이것은 하루 24시간, 일주일 7일 언제나 변할 수 없는 진리의 말씀이다. 그럼에도 불구하고 우리는 다른 무엇보다 먼저 하나님 나라와 의를 구하는 일에 늘 서투르다. 이 장에서 우리는 먼저 하나님 나라와 의를 구하는 것과 그 외에도 반드시 새겨야 할 다른 여러 우선순위들을 알아보고자 한다. 성경은 우리가 또 다른 무엇을 구해야 한다고 말하는가?

은혜의 보좌에 어떻게 나아갈 것인가

먼저 긍휼을 살펴보자. 유대 기독교인들을 위해 기록한 히브리서 4장 16절에 의하면 우리가 어려움에 처해 있을 때 기도하며 먼저 구할 것은 은혜가 아니라 긍휼이다.

> 그러므로 우리는 긍휼하심을 받고 때를 따라 돕는 은혜를 얻기

위하여 은혜의 보좌 앞에 담대히 나아갈 것이니라.

하나님은 당신과 나와 같은 사람들로부터 은혜의 보좌를 지키기 원하셨다. 그래서 우리가 하나님의 존전에 나아가 이런저런 것들을 다급하게 요구하기보다 긍휼을 먼저 구하기 원하신다. 많은 경우에 사람들은 하나님의 존재나 그분의 명예는 조금도 고려하지 않고, 그저 그분 앞에 나아가 우리가 무엇을 바라는지만 펼쳐 놓는다. 그분이 사랑이 많고 우리를 돌보기 원하는 하나님이신 줄 알기에, 그분의 성품에는 더 이상 아무 관심도 기울이지 않으면서 그저 그분 앞에 달려가 이것저것 해 달라고 졸라 대는 것이다.

그러나 히브리서 4장 16절은 먼저 긍휼을 구해야 한다고 말한다. 어쩌면 당신은 이렇게 말할 수도 있다. "그건 아니죠. 긍휼은 우리가 구원을 얻을 때나 구하는 거죠. '하나님, 제게 긍휼을 베푸소서, 저는 죄인입니다' 하고 기도하는 것이 회심의 중요한 부분이니까요."

물론 맞는 말이다. 하지만 도대체 무엇이 우리로 하여금 더는 긍휼을 구할 필요가 없는 사람이 되었다고 생각하게 만들었는가? 히브리서 4장 16절을 쓴 저자는 지금 그리스도인들에게 말하고 있지 않은가!

이 책을 읽고 있는 당신이 아무리 경건하고 거룩한 사람이라 해도 긍휼을 구할 필요가 없을 만큼 성화된 사람은 없다. 회심한 지

얼마나 오래되었는지 상관없이(나는 여섯 살에 회심했고 이제 77년이 지났다) 자신이 원하는 것을 하나님께 아뢰기 전에 먼저 그분의 긍휼을 구해야만 한다.

○ 최근에 40일 금식을 해 본 적이 있는가? 충분히 기도했으니 이제 하나님과의 관계가 좋아졌다고 확신하는가? 훌륭하다! 그래도 당신은 여전히 당신의 필요를 하나님께 아뢰기 전에 먼저 하나님의 긍휼을 구해야만 한다.

○ 수년 동안 당신을 괴롭혀 왔던 나쁜 습관들에 대해 이제 승리를 경험하고 있는가? 좋다! 그러나 당신은 여전히 은혜의 보좌 앞에 나아가기 전에 먼저 그분의 긍휼을 구해야만 한다.

○ 성적인 유혹을 이겨 냈거나 원수 같은 사람을 용서했거나 혹은 하루에 한 시간 기도하는가? 아니면 일 년 동안 성경을 통독하고 있는가? 다 훌륭한 일이다. 그러나 당신은 하나님께 나아갈 때 여전히 긍휼을 구해야만 하는 처지를 벗어날 수 없다.

○ 당신은 교회에 정기적으로 출석하는가? 텔레비전 보는 시간을 절제하고 경건서적을 읽는 데 더 많은 시간을 들이는가? 대단한 일이다! 하지만 기도할 때 당신은 여전히 하나님의 긍휼을

구해야만 한다.

○ 당신은 좋아하는 찬양을 계속해서 부르면서 하나님을 예배하는가? 그렇다면 정말 다행이다. 그럼에도 불구하고 당신은 주님께 나아갈 때 겸손히 그분의 긍휼을 구해야만 한다.

혹시 계속해서 응답받지 못하는 기도 제목들이 있는가? 우리는 모두 그런 적이 있다. 그런데 어쩌면 하나님이 이유가 있어서 당신의 기도에 응답하지 않으셨다는 생각은 안 해 봤는가? 그 이유란 당신이 당신을 향한 하나님의 뜻과 다른 기도를 올려 드렸기 때문일 수 있다. 하나님은 우리가 그분의 뜻대로 기도할 때 들으신다(요일 5:14). 또 하나는, 우리가 무언가 필요할 때만 하나님께 기도하면서 하나님을 이용하려 들었기 때문일 수도 있다.

은혜의 보좌에는 절대자가 앉아 계신다. 그분은 바로 왕이신 예수님이시다. 절대 주권자에게는 누가 그분의 존전으로 나아올 수 있을지 결정할 수 있는 권세가 있다. 내 영국인 친구는 여왕을 만나도 깊이 고개를 숙이거나 무릎을 구부리며 예를 갖추는데, 하물며 주님의 은혜의 보좌 앞으로 나아갈 때는 더 말해 뭐하겠는가? 우리는 긍휼을 구해야만 한다.

잘 알려진 영국 성공회의 목회자 한 분은 아내와 내게 말하기를 자신에게 찾아오는 사람 백이면 백 다 그에게서 무언가를 얻으려고 찾아온다고 했다. 축복하고, 위하여 기도하며, 격려해 주기 위해 사역자를 찾아가는 사람들이 실제로 얼마나 될까?

순회 설교자 아더 블레싯(Arthur Blessitt)은 여러 해 전에 교황 요한 바오로 2세에게 이렇게 질문했다고 한다.

"제가 무엇을 도와드리면 될까요?"

그러자 교황은 놀란 표정으로 그에게 말했다고 한다.

"아무도 내게 그런 질문을 하지 않았답니다. 다 내게 무언가를 원하기만 했지요."

사람들은 빌리 그레이엄(Billy Graham, 1918-2018) 같은 목사들에게도, 왕족에게도, 정치인에게도, 혹은 대통령에게도 비슷한 동기로 다가가곤 한다.

앞에 예로 든 대상들은 모두 사람들이다. 중요한 사람들이지만 그래도 단지 인간에 불과하다. 그들은 우리의 중보기도를 필요로 한다. 하지만 하나님은 우리의 기도가 필요한 존재가 아니심에도 불구하고 우리가 그분께 기도하기를 원하신다. 그분에게 우리가 필요해서가 아니라 우리에게 그분이 필요해서다.

질투가 많으신 하나님은 우리의 예배와 찬양을 받기 원하신다. 그리고 그분은 우리 삶에서 그분의 뜻이 실현되기를 원하신다. 하나님은 하나님이 유일하시며 진실하시고 하늘과 땅과 온 우주를 다스리시는 절대자이심을 우리가 인정하기를 바라신다.

하나님 경외함을 회복하라

혹자는 "하나님을 경외한다는 것은 구약 성경의 가르침 아닌가요?" 하고 질문할지 모른다. 정말 그럴까? 밧모섬에서 요한은 한 천사가 "영원한 복음"을 선포하는 환상을 보았다. 그는 "하나님을 두려워하며 그에게 영광을 돌리라"(계 14:6-7)라고 큰 소리로 말했다. 오순절날 하나님의 영이 제자들에게 임한 직후에 "사람마다 두려움이 임했다"(행 2:43).

오순절에 베드로가 설교를 시작하자 사람들은 성령 충만한 120명의 제자들을 비웃었다(행 2:13). 그러나 베드로가 설교를 마쳤을 때 그들은 더 이상 비웃지 않았다. 하나님에 대한 두려움이 사람들 위에 임했던 것이다. 그들은 "마음에 찔려"서 묻기 시작했다. "우리가 어찌할꼬"(행 2:37).

1741년 7월 8일 조나단 에드워즈(Jonathan Edwards, 1703-1758)가 "진노한 하나님의 손에 붙들린 죄인들"이라는 제목으로 선포한 설교는 미국 역사상 가장 주목할 만한 설교로 꼽힌다. "그들이 실족할 그때에 내가 보복하리라"(신 32:35)라는 말씀을 인용하면서 에드워즈는 자신의 설교를 한 단어 한 단어 읽어 나갔다. 사실 그는 설교자로서 전달력이 시원치 않았다고 한다. 그러나 그가 "하나님은 마치 거미를 붙잡고 있는 사람처럼 당신을 지옥의 구덩이 위에서 붙잡고 계십니다. …… 오직 그분의 손 덕에 당신은 매 순간 지옥의 불구덩이에 빠지는 신세를 면하는 것입니다"[1] 하고 설교하자 성령의 능력이 청중들을 압도하기 시작했다. 사람들은 점차 괴로움에 신음하거나 흐느껴 울었다.

그리고 그가 설교를 마쳤을 때 사람들은 지옥의 구덩이에 빠지지 않으려는 듯 필사적으로 예배당 의자 등받이를 부여잡고 있었다. 바깥에서 듣던 이들도 지옥에 빠지지 않으려는 듯 나무 기둥을 꼭 붙잡고 있었다. 그것은 앞으로 다가올 심판을 잠시 맛본 것에 불과했는데, 하나님이 그렇게 역사하신 것은 오직 그때 한 번뿐이었다. 이 놀라운 설교 소식은 며칠 만에 뉴잉글랜드 전역으로 퍼져 나갔다. 이것이 바로 대각성 운동(1726-1750) 절정기에 일어난 사건이었다.

그리스도의 복음과 하나님을 향한 경외를 회복하면 사람들은 하나님께 부르짖게 되고 긍휼을 구하게 된다. 하나님이 긍휼을 베푸실 수도 있고 그리 아니하실 수도 있지만, 그것과 상관없이 공의는 성취된다는 사실을 당신은 알고 있는가? 이것이 우리를 겸손하게 만든다. 이 사실은 우리가 마치 판타지 영화 속에서 마법을 부리듯, 엄지손가락에 가운뎃손가락을 대고 튕겨 딱 소리를 내서 하나님이 우리가 원하는 일에 곧장 뛰어드시도록 만들 수 없음을 깨닫게 한다. 모세가 하나님께 기도한 직후에 하나님이 그에게 하신 말씀을 기억하라. "나는 은혜 베풀 자에게 은혜를 베풀고 긍휼히 여길 자에게 긍휼을 베푸느니라"(출 33:19).

하나님은 절대자이시다. 하지만 아직도 "그것은 구약의 가르침

아닌가요?"라고 말하는 이가 있을까 봐 바울이 이 말씀을 로마서 9장 15절에 인용했음을 상기시켜 주려 한다. 하나님의 절대주권은 질투하시는 성품과 같이 그분의 속성 안에 내재되어 있다. 이것이야말로 그분의 영광의 핵심이며 그분의 뜻이다.

당신은 "그러면 제가 기도할 때마다 말 그대로 자비라는 단어를 꼭 끼워 넣어야 하는 건가요?"라고 질문할 수 있다. 꼭 그런 것은 아니지만, 당신은 하나님이 우리의 기도에 반드시 응답하실 필요는 없으시다는 사실을 인지하고 마음으로 인정하는 태도를 가져야만 한다. 그분은 하나님이시다. 그분은 하늘에 계셔서 원하시는 모든 것을 행하실 수 있다(시 115:3).

마태복음 8장에서 예수님이 나병 환자를 치유하시는 장면을 한번 살펴보자. 예수님 당시에 나병 환자들은 일반인들과 함께 생활할 수 없었다. 그때에는 나병이 불치병이었고 매우 전염성이 있다고 알려졌기에 언제나 두려움의 대상이었다. 유대 사회에서 나병 환자들은 해진 옷을 입고 머리도 손질하지 않은 채 아랫입술을 가리고 다니면서 "부정하다, 부정하다" 스스로 말하고 다녀야만 했다(레 13:45).

마태복음 8장에 나오는 나병 환자는 예수님께 마법을 부리는 제스처를 하며 자기 병을 낫게 해 달라고 요구하지 않았다. 오히려 그는 예수님께 무릎을 꿇고 나아가 "주여 원하시면 저를 깨끗하게 하실 수 있나이다"(2절) 하고 간청했다. 다른 말로 하자면 "주님, 당신이 반드시 저를 치유해 주실 필요가 없다는 것을 저도 잘 압니다. 하지만 원하기만 하신다면 당신은 저를 낫게 할 수 있음을 믿습니다" 하고 말한 것이었다. 이에 예수님은 "내가 원하노니 깨끗함을 받으라"(3절)라고 말씀하셨다.

우리도 이렇게 기도해야 한다. 하나님은 긍휼이 풍성하신 분이다(엡 2:4). 특히 우리가 간청할 때 긍휼 베풀기를 좋아하신다. 그러한 간구는 하나님을 영화롭게 하고 그분의 위엄을 높여 드릴 뿐 아니라 그분에 대한 우리의 존경을 표현해 준다.

예수님이 가르쳐 주신 기도

주기도문을 생각해 보자. 제자들이 예수님께 물었다. "주님, 우리에게도 기도를 가르쳐 주소서"(눅 11:1). 그러자 예수님은 어떻게 기도해야 하는지 직접 기도의 본을 보여 주셨다. 아내와 나는 거의 매일 이 기도를 함께 올린다.

> 하늘에 계신 우리 아버지여 이름이 거룩히 여김을 받으시오며(마 6:9).

예수님이 가르쳐 주신 기도에 따르면, 우리는 가장 먼저 하나님의 이름이 전 세계 위에 높임을 받도록 간구해야 한다. 쉽게 말해 하나님이 세상에서 유명해지시도록 기도해야 한다. 여러 해 전에 비틀즈 멤버 존 레논은 자기들이 "예수님보다 더 인기 있는 사람"[2]이라고 자랑한 적이 있었다. 슬프지만 사실이었다. 우리는 하나님의 이름이 세상 속에서 다시 한 번 유명해지도록 기도해야 한다. "이름이 거룩히 여김을 받으시오며"라고 기도하라는 것은 우리가 기도할 때 알아야 할 하나님의 우선순위가 무엇인지를 잘 보여 준다.

나는 *The Lord's Prayer*(주기도문)라는 책에 '하나님은 그분의 기도 제목이 있어서 우리가 그것을 먼저 간구하게 하신다'고 설명했다. 하나님은 우리가 세 가지 간구를 올려 드리기를 원하셨다. 하나님의 거룩한 이름이 영화로워지는 것, 하나님 나라가 우리 가운데 임하는 것, 하나님의 뜻이 하늘에서 이루어진 것같이 땅에서도 온전히 이루어지는 것. 이것이 주님이 원하신 기도 제목이었다.

예수님은 거기에다가 우리 각자를 위한 기도 제목도 덧붙이셨다. "오늘 우리에게 일용할 양식을 주시옵고"(마 6:11). "우리가 우리에게 죄지은 자를 사하여 준 것같이 우리 죄를 사하여 주시옵고"(12절). "시험에 들게 하지 마시옵고"(13절). "다만 악에서 구하시옵소서"(13절).

하나님이 그분의 기도 제목을 우선순위로 삼았다는 사실이 놀라운가? 주님께서 자신에 대한 기도 제목을 최우선으로 삼았다는 사실은, 우리가 우리의 기도 제목을 올려 드리기에 앞서 하나님과 그분의 뜻을 존중하기 원하심을 보여 준다. 그분은 질투하시는 하나님이기 때문이다.

하나님께 나아갈 때 그분을 깊이 존경하는 마음으로 나아가야 한다. 내 문제에 집중하기보다 그분께 집중하며 나아가야 한다. 하나님은 우리가 잠시 멈추어, 지금 대화를 나누는 대상이 하늘과 땅을 창조하신 전능하신 분임을 인정하기 원하신다.

위기와 고통이 갑작스레 닥치면 우리는 "하나님!" 하고 울부짖거나 비명을 지르기도 한다. 많은 사람이 그리해 보았을 것이다. 하나님은 결코 그런 행동을 나무라시지 않는다. 그렇다 하더라도 우리는 하나님이 긍휼을 베푸실 수도 있고 그러지 않으실 수도 있다는 사실을 알아야 한다. 기도의 좋은 모델을 담고 있는 주기도문은 우리가 기도할 때 마땅히 가져야 할 태도가 무엇인지 잘 보여 준다.

'하나님 나라를 먼저 구한다'의 참뜻

예수님은 산상설교 중에 모세의 법을 해석하시면서 "먼저 그의 나라와 그의 의를 구하라"라는 핵심 구절을 언급하셨다. 그 설교를 듣던 1세기 청중들은 그 말씀을 얼마나 깊이 이해했을까? 오순절에 성령이 임하시기 전까지, 그들은 하나님 나라가 이 땅 위에 실제로 세워질 국가일 뿐 아니라 로마의 멸망과 이스라엘의 재건이 그와 더불어 동시에 이루어질 것이라고 생각했다.

하지만 예수님은 하나님 나라가 가시적인 모습으로 임하는 것이 아니라 "너희 안에"(눅 17:20-21) 임하는 것이라고 분명히 말씀하셨다. 그들은 여전히 이해하지 못했고 예수님이 죽음에서 부활하신 이후에 그분이 이스라엘 나라를 회복시키실 것인지 여쭈었다(행 1:6). 그러고 보면 당시 사람들은 예수님의 산상설교를 깊이 있게 이해하지 못한 듯 보인다. 다만 확실한 사실은 사람들이 그분이 다른 율법 교사들과 달리 "권위 있게"(마 7:28-29) 가르치시는 것을 보고 놀랐다는 것이다.

마이클 이튼(Michael Eaton, 1942-2017)은 예수님이 이삼 일에 걸쳐 산상설교를 하셨고, 마태복음 5-7장은 그것을 요약한 말씀이라고 주장한다. 내가 쓴 *Sermon on the Mount*(산상설교)는 이 설교를 한 구절 한 구절 해석한 것이다. 그 핵심 주제는 하나님 나라다.

나는 이제 예수님이 산상설교를 통해 하나님 나라에 대해 무엇을 말씀하셨는지 요약하여 소개하고자 한다. 먼저 그의 나라를 구하라는 말이 무엇을 의미하는지부터 살펴보자.

산상설교는 예수님의 성령론에 해당한다. 청중이 이것을 이해하고 듣는다면 설교 전체를 온전하게 이해할 수 있다. 천국은 예수님을 왕으로 삼고 성령님이 다스리는 영역이라고 할 수 있다. 천국에 거하는 것은 더 이상 근심하지 않으시는 성령님으로 충일한 곳에 사는 것이다. 다시 말해 성령님이 우리 안에서 근심하지 않으며 소멸하지 않도록 해야 한다는 것이다.

우리는 성령님을 근심하게(grieve; 몹시 슬퍼하게) 하거나(엡 4:30) 소멸시킬 수 있다(살전 5:19). 그러나 우리가 우리 안에 계신 성령님이 근심하지 않고 소멸되지 않으며 충만히 역사하시게 할 수만 있다면 우리는 바리새인들과 서기관들의 의를 뛰어넘을 수 있다.

예수님은 모세의 율법을 지키는 것에 두 가지를 말씀하셨다. 첫 번째, 예수님이 그 율법을 완성시키시겠다 하셨다(마 5:17). 마틴 로이드 존스는 율법을 완성하겠다는 이 말씀이 예수님의 가장 위대한 주장이라고 했다. 이것은 지난날 아무도 해내지 못했던 일을 해내겠다는 약속이었다. 즉, 도덕법(십계명)과 의식법(하나님을 어떻게 예배해야 하는지에 관한 법)과 민법(이스라엘 백성들이 자신들을 어떻게 다스릴지)에 관한 율법들을 모두 끝까지 지키겠다는 것이었다. 예수님은 십자가에서 돌아가심으로써 그 사명을 완벽하게 성취하셨다.

주님이 "다 이루었다"(요 19:30)라고 말씀하셨을 때 그것은 자신이 하겠노라고 약속한 것들을 정확히 이루었음을 선언하는 승리의 선포였다. 바울은 그러한 이유 때문에 예수님의 피에 대한 우리의 믿음이 우리에게 의로움을 가져다준다고 말했다. 예수님의 의로움 즉, 그분의 죄 없는 삶과 희생적인 죽음이 오직 믿음만으로 우리 것이 된 것이다(롬 3:25-4:5).

율법을 지키는 것과 관련하여 예수님이 두 번째로 말씀하신 것은 우리의 의가 바리새인들의 의보다 앞서지 않으면 우리가 하나님 나라에 들지 못할 것이라는 사실이다. 그러나 어떤 인간이 그토록 철저히 율법을 지키는 바리새인들의 의로움보다 더 나을 수 있을까? 그들이 십일조를 했으니 우리는 조금 더해서 십이조를 해야 할까? 그들이 한 주에 두 번 금식했으니 우리는 세 번씩 해야 할까? 아니다. 바리새인들은 자신들이 겉으로는 율법을 지켰지만 내면으로는 지키지 않았다는 사실을 몰랐다. 그들은 살인한 적도 없고, 다른 남자의 아내를 범한 적도 없으니 죄를 짓지 않았다고 생각했다.

그런데 예수님이 전에 들어 본 적이 없는 놀라운 말씀을 하셨다. 곧 미워하는 것, 분을 품는 것, 그리고 용서치 않는 것은 살인하는 것이나 다름이 없다 하신 것이다(마 5:21-22). 여성에게 음욕을 품거나 그녀가 음욕을 품게 하는 것 역시 마음속으로 간음한 것이다(27-28절). 그러므로 바리새인들의 외적인 의로움을 넘어서는 비결은 원수를 용서하고 축복하며, 여인을 향해 음욕을 품지 않고 여인들로 하여금 음욕을 품게 하지도 않는 것이다.

예수님은 십계명 중에 여섯 번째(살인하지 말라), 일곱 번째(간음하지 말라), 그리고 세 번째(하나님의 이름을 망령되이 일컫지 말라) 이 세 가지만을 언급하셨다. 예수님은 살인하지 말라는 계명에 대해서는 "너희 원수를 사랑하며 너희를 박해하는 자를 위하여 기도하라"(44절)라고 상세히 설명하셨다. 또 세 번째 계명에 대해 "도무지 맹세하지 말지니"(34절)라고 하셨다. 하늘이나 땅, 혹은 예루살렘을 두고 맹세하는 것은 주님의 이름을 오용하는 것이기 때문이다.

바리새인들의 의보다 낫다는 것은 남을 미워하지 않고, 음욕을 품지 않으며, 주님의 이름을 망령되이 일컫지 않는 것이다. 용서하지 않고, 음욕을 품고, 하나님의 이름을 망령되이 일컬으면 성령님을 근심하게 만들고 만다. 그러므로 하나님 나라에 거하는 것은 근심하지 않는 성령님이 우리 마음을 다스리신다는 뜻이다. 하나님 나라가 임한다고 했을 때 예수님이 의미하셨던 것은 바로 이것이었다.

하나님 나라를 먼저 구한다는 말은 무슨 의미인가? 한마디로 우리의 필요보다 하나님의 관심사를 우선시한다는 뜻이다. 마태복음 6장 33절에 예수님은 그분의 청중들이 그분이 지금까지 하나님 나라에 대해 가르쳐 온 내용들을 잊지 않았을 것이라고 가정하신다. 하나님 나라는 성령님의 왕국이다. 근심하지 않는 성령님이 우리 안에 거하실 때, 우리는 그 나라에 들어갈 수 있다.

내가 《성령을 소멸치 않는 삶》(*The Sensitivity of the Spirit*, 순전한나드 역간)이라는 책에서 밝혔듯이, 성령님은 매우 민감한 분이시다. 예를 들어 우리가 마음에 분노를 품거나 성적인 욕구에 집착하면 그분은 슬퍼하신다. 그러므로 하나님 나라를 받아들인다는 것은 예수님의 가르침대로 실천한다는 뜻이다. 그렇게 되면 우리는 죄를 더욱 선명하게 인식할 수 있고, 바리새인들의 의보다 나아야겠다는 필요를 느낄 수 있다.

바리새인들은 죄를 정확히 인식하지 못했다. 그들은 자기 의에 완전히 사로잡혀 있었기 때문이다. 내가 말한 바와 같이 그들은 자신들이 아무도 죽이지 않았고 다른 남자의 아내와 잔 적이 없었기 때문에 율법을 잘 지켰다고 생각했다. 바리새인들의 의보다 더 나으려면 우리는 '예수님이 해석하신' 모세 율법을 이해해야 한다. 간단히 말하자면, 그것은 마음속에 미움을 품지 않고 음욕을 품지 않으며 주님의 이름을 망령되이 일컫지 말라는 것이다(마 5:21-37). 이 같은 이유로 산상설교는 예수님의 성령론이라는 관점에서 해석해야만 온전히 이해할 수 있다.

우리는 율법에 대한 그분의 해석과 그것이 우리 안에서 어떻게 완성되는지를 겸허히 받아들여야 한다. 또 우리는 죄에 극도로 민감해져야 하고, 성령님을 근심시키지 않으려 애써야 한다. 그러므로 먼저 그의 나라와 의를 구한다는 것은 우리가 자신의 필요와 욕망을 구하기보다 하나님과 그분의 영과의 관계를 최우선으로 삼는다는 것을 의미한다.

여기에 더 깊은 하나님의 임재를 구하는 것과 하나님께 더 받기만을 원하는 것의 차이가 있다. 먼저 하나님 나라를 구하는 것은 더 깊은 하나님의 임재를 구하는 것이다. 예수님은 우리에게 염려하지 말라고 가르치셨다. 무엇을 먹을까, 무엇을 입을까, 무엇을 마실까, 또 어떻게 살까 염려하지 말아야 한다. 산 위에서 선포하신 이 말씀은 돈을 설명하는 글 뒤에 이어 등장한다. 우리는 보물을 땅이 아니라 하늘에 쌓아 놓아야 한다. 하나님과 재물을 동시에 섬길 수 없다. 예수님은 이같이 말씀하시며 걱정과 음식, 집, 옷에 대한 물리적 필요를 말씀하셨던 것이다.

> 그러므로 염려하여 이르기를 무엇을 먹을까 무엇을 마실까 무엇을 입을까 하지 말라 이는 다 이방인들이 구하는 것이라 너희 하늘 아버지께서 이 모든 것이 너희에게 있어야 할 줄을 아시느니라 그런즉 너희는 먼저 그의 나라와 그의 의를 구하라 그리하면 이 모든 것을 너희에게 더하시리라(마 6:31-33).

앞서 1장에서 언급했던 '강청하고 소유를 주장하라'는 가르침은 예수님이 이방인들이나 구하는 것이라고 말씀하셨던 바로 그런 것들에 집중하도록 사람들을 부추기는 행위라고 생각한다. 우리는 그런 생각에서 가능한 최대한 멀어져야 한다.

나는 당신이 무엇보다 먼저, 근심하지 않는 성령님이 통치하시는 하나님 나라와 그의 의, 곧 서기관들이나 바리새인들보다 훨씬 나은 하나님의 의를 구하기를 강력히 권한다. 만약 당신이 하나님을 더 깊이 경험하기 원한다면 이 길이야말로 바른길이다.

먼저 하나님 나라를 구한다는 것은 또한 다른 어떤 것들보다 거룩을 추구하는 것이다. 그것은 성령님이 근심하지 않고 거하실 수 있는 삶을 살기 위해 애쓴다는 뜻이다.

그러면 무슨 일이 생기는가? 예수님은 "이 모든 것을 너희에게 더하시리라"라고 하셨다. 어떤 것들을 더해 주신다는 말씀인가? 음식, 집, 옷 등 우리 삶에 꼭 필요한 것들을 더해 주시겠다는 것이다. 예수님이 가르쳐 주신 기도에서 우리의 기도 제목으로 제일 먼저 등장하는 것이 바로 "오늘날 우리에게 일용할 양식을 주시옵고"임을 기억할 것이다. 이것은 생활에 기본적으로 필요한 먹을 것, 입을 옷, 거할 집, 편안한 잠과 건강 등을 아뢰는 간구다. 이 모든 것들은 우리가 우선순위를 바로 잡기만 하면 우리에게 더해지거나 주어질 것이다.

그러나 우리가 음식이나 집, 옷을 삶의 우선순위로 삼는다면 마태복음 6장 33절에 나오는 영광스러운 약속을 저버리는 것이다. 예수님은 이러한 것들을 이미 주었노라 하셨다. 하나님이 돌보아 주시니 더는 이것들을 염려하지 말라. 그분은 참새도 먹이시고 백합화도 자라게 하신다. 그분은 자연 만물을 돌보시는 분이다. 우리는 일용할 양식을 달라고 간구하되 일용할 양식을 정말 얻을 수 있을지 염려하지는 않아도 된다. 하나님께서 이것이 그분의 문제지 우리 문제가 아니라는 확신을 주신다. 그분은 자기 명예를 걸고 우리 삶에 꼭 필요한 것들을 돌보아 주겠다고 약속하셨다.

그러므로 하나님의 임재를 깊이 경험하는 것은 먼저 하나님 나라를 구하는 것에 해당한다. 하나님의 임재를 깊이 경험하면 성적인 유혹을 물리칠 수 있는 내면의 힘이 커진다. 또 원수를 축복하고 그를 위하여 기도할 수 있는 진정한 사랑을 소유하게 된다. 하나님께 일상의 필요를 넘어선 것들을 구하는 것은 하나님이 약속하신 것을 넘어서는 행위다. 그분은 영광 가운데 그 풍성한 대로 우리의 모든 쓸 것을 채우시리라고 약속하셨다(빌 4:19). 그래서 우리가 값비싼 수입 자동차를 모는 것이나 오성급 호텔에 머무는 것, 혹은 호화롭고 부유한 삶을 살기를 구한다면 그것은 하나님 없이 살고자 애쓰는 것이나 다름없다.

그렇게 행하지 말라. "자족하는 마음이 있으면 경건은 큰 이익이 되느니라"(딤전 6:6). "돈을 사랑하지 말고 있는 바를 족한 줄로 알라 그가 친히 말씀하시기를 내가 결코 너희를 버리지 아니하고 너희를 떠나지 아니하리라 하셨느니라"(히 13:5).

물론 하나님이 값비싼 수입 자동차를 주실 수도 있다. 그것을 바랄 필요는 없지만 하나님은 그렇게 하실 수 있다. 실제로 몇몇 사람들에게는 그렇게 하셨다. 그러나 나는 사람을 잘 알기에 솔직히 말해야겠다. 만약 그와 같은 것들을 구하기 시작하면 우리는 곧 하나님의 더 큰 임재를 구하기보다 하나님께 무언가 더 받기만을 바라는 사람이 될 것이다.

당신은 어떤 사람이 되고 싶은가? 하나님 자체를 더 깊이 경험하기 원하는 사람인가, 아니면 하나님께 더 받기만을 바라는 사람인가? 만약 당신이 하나님을 더 깊이 경험하기를 원하고 그분이 당신이 원하거나 생각하는 것보다 더 많이 주신다면 이보다 더 좋을 수는 없다. 그러나 무엇보다도 하나님을 더 깊이 경험하는 것 자체를 최우선 목표로 삼기 바란다. 무엇이 그분을 영화롭게 하는지, 어떻게 하면 성령님이 당신 속에서 근심하시지 않게 할 수 있을지, 어떻게 하면 그분의 길을 알 수 있을지, 그리고 무엇이 당신 마음에 평안을 가져다줄지 고민하는 것이다. 먼저 그의 나라와 의를 구하라는 말씀의 참뜻은 바리새인들의 의를 넘어서고, 산상설교 말씀을 진심으로 존중하며, 하나님 나라의 진정한 의미를 꼭 붙들라는 것이다. 하나님은 우리가 그런 삶을 살기를 원하신다.

4 장

하나님이 허락하신 '내 분량'이 못마땅한가

내게 주신 은혜로 말미암아 너희 각 사람에게 말하노니
마땅히 생각할 그 이상의 생각을 품지 말고 오직 하나님께서
각 사람에게 나누어 주신 믿음의 분량대로 지혜롭게 생각하라

로마서 12장 3절

"내게는 은사가 하나 있는데 그것은 사람들의 마음에 호소하는 것입니다."

빌리 그레이엄이 언젠가 내게 한 말이다. 그것은 그가 설교를 마칠 즈음 사람들을 강대상 앞으로 나오도록 초청하는 것을 겸손하게 표현한 것이다. 그는 늘 자신이 그리 대단한 설교자가 못 된다고 입버릇처럼 말했지만 내 생각은 다르다. 그는 분명 위대한 설교자였다.

'언론이 만들어 낸 작품'이라고 빌리 그레이엄을 깎아내리는 무리도 있다. 그 주장이 조금이라도 사실이라면 '하나님이 미디어를 사용하셔서' 그를 높이신 것이 아닐까? 대중매체나 어떤 개인, 혹은 조직이 우리의 사역을 폭넓게 활용하겠다는데 그것을 마다할 사람이 누가 있겠는가? 각자에게 주어지는 기름 부으심은 전능하신 하나님이 열기도 하시고 또 전략적으로 닫기도 하시는 문과도 같다. 어떤 사람에게 임한 기름 부으심은 그 사람이 받은 은사에 따라 제한받지 않는다는 뜻이다. 한 사람의 은사가 세상 가운데 발휘될 때 그에게 주어진 기름 부으심도 동일하게 중요한 역할을 한다. 하나님은 문을 열기도 하시고 닫기도 하신다.

1950년대에 친하게 지냈던 트레베카나사렛대학(이제는 종합대학이 됨)에 다니던 폴 힐튼(Paul Hilton, 가명)이라는 친구가 있다. 그는 여러 언어에 능통했을 뿐만 아니라 신학과 문학, 수학, 물리학에 정통했고 무엇보다 매우 신실했다. 그러나 그는 인기가 별로 없었다. 어느 날 그는 세상이 자기 재능을 몰라본다면서 내 앞에서 슬피 울었다. 그는 내성적이고 함께 있기에는 다소 지루한 사람이어서 아마도 내가 그의 유일한 친구였던 것 같다. 그는 결국 설교자가 되지 못했다. 몇 해가 지나 그는 믿음을 등지고 세상으로 떠났고, 그 뒤로는 나와 연락도 끊었다. 내가 알기로는 그는 더 이상 회개의 기회도 얻지 못한 채 죽음을 맞이한 듯하다.

나는 지난 60년 동안 폴을 생각했다. 하나님은 그렇게 뛰어난 재능을 가진 사람을 교회에 주시고서는 왜 그런 재능을 효과적으로 쓸 수 있는 위치에 그를 두지 않으셨을까? 그 대답을 발견하기 위해 애쓰는 과정이 내게는 "거룩한 땅"을 밟는 것과 같았다. 그것은 하나님이 우리가 알도록 허락하지 않으신 금단의 땅에 들어가는 것이었기 때문이다. 모세가 떨기나무에 불이 붙었으나 타지 않는 것을 깨달은 것과 같았다.

모세는 그 광경을 처음 보았을 때 그것에 대해 더 자세히 알아보고자 했다. "내가 돌이켜 가서 이 큰 광경을 보리라 떨기나무가 어찌하여 타지 아니하는고"(출 3:3). 그러자 하나님은 그에게 멈추라 명하셨다. "이리로 가까이 오지 말라 네가 선 곳은 거룩한 땅이니 네 발에서 신을 벗으라"(출 3:5).

모세는 도대체 무슨 일이 벌어지고 있는지 알고 싶었지만, 더 이상 가까이 다가가는 것이 허락되지 않았다. 이처럼 폴과 관련한 의문에 답을 찾는 것은 거룩한 땅에 들어가는 것과 같았다.

아직 천국에 다다르지 못한 우리에게 하나님이 허락하지 않으신 지식이 있다. 그래서 이 땅에 사는 동안 우리는 그분의 뜻을 알기 위해 노력한다. “왜 어떤 사람들에게는 긍휼을 베푸시고 또 다른 사람들에게는 그렇지 않으실까? 그분이 허락하시는 일과 일으키시는 일 사이에 차이점은 무엇인가? 우리 모두가 고통 가운데 살아갈 것을 아셨으면서 왜 인류를 창조하셨을까? 왜 세상에 악을 허락하셨을까? 악을 끝장낼 수 있으면서 왜 그렇게 하지 않으실까?”

이 모든 질문에 가장 가까운 답은 ‘우리에게 믿음을 더하기 위해서’라고 할 수 있다. 예수님이 나사로가 중병에 걸렸다는 소식을 전해 들었을 때 예수님은 즉시 베다니로 떠나 나사로를 치료해 죽음을 면하게 할 수 있으셨다. 그러나 예수님은 그렇게 하지 않으셨다. 그분은 나사로가 죽도록 내버려 두셨다. 그리고 열두 제자들에게 그들의 믿음을 더해 주기 위하여 나사로를 치료하지 않았노라고 말씀하셨다(요 11:15). 예수님은 나사로를 치료하지 않고 일부러 죽게 내버려 두신 것이다. 도통 이해할 수 없다. 마찬가지로 우리는 불붙은 떨기나무가 어째서 타지 않는지 이해하고 싶다. 그러나 하나님은 “멈추라. 네 발의 신을 벗으라. 너는 거룩한 땅에 있다”고 하신다.

하나님은 모든 궁금증이 해결되지 않더라도 우리가 여전히 그분을 섬기기 원하신다. 이즈음에 우리는 하나님이 우리를 만드신 모습 그대로를 이해해야 한다. 내게 이것은 가장 고통스러운 과정이었다.

나는 일생 동안 목표를 추구하며 산 사람이었다. 아버지는 탁월한 사람이 되도록 어릴 때부터 나를 다그쳤다. 그래서 열 살 때부터 나는 〈그릿〉(*Grit*)지를 이웃 사람들에게 파는 일을 맡았다. 열두 살 때는 매일 새벽 5시에 일어나 〈신시내티 인콰이어러〉(*Cincinnati Enquirer*)를 배달하고 나서 아침 8시까지 등교해야 했다. 몇 년 뒤에는 수업을 마치고 나서 지방 석간신문인 〈애슐랜드 데일리 인디펜던트〉(*Ashland Daily Independent*)를 이웃 110개 가정에 배달했다. 심지어 아버지는 그 와중에 내가 전과목 A 학점을 받기 원하셨다.

의도는 좋았을지 몰라도 나는 아버지가 나를 너무 심하게 몰아붙였다고 느꼈다. 그 결과 나는 야심만만한 사람으로 자랐다. 야망으로 가득 차게 되자 나는 종종 나를 증명하기 위해 애쓸 뿐 아니라 실제 내 모습보다 나를 더 부풀려 생각하게 되었다.

그래서 하나님이 나를 만드신 방식을 이해하는 것이 너무도 고통스러웠다. 나는 빌리 그레이엄도 마틴 로이드 존스도 아니고 조나단 에드워즈나 찰스 스펄전(Charles Spurgeon, 1834-1892)도 아니었던 것이다. 그럼에도 나는 그런 사람이 되고 싶었다.

마흔한 살 나이에 웨스트민스터채플 담임목사가 되기 전까지는 이 문제를 진지하게 고민해 본 적이 없다. 그런 자리에 내가 오르리라고는 상상하지도 못했는데, 생각지도 않은 기회에 우리 아버지가 가장 좋아하셨던 캠벨 몰간(G. Cambell Morgan, 1863-1923)과 수석 설교자

존 헨리 조윗(John Henry Jowett, 1863-1923), 그리고 내 멘토 마틴 로이드 존스의 뒤를 잇는 자리에서 섬기게 되었다. 사실 그곳에서 섬기는 25년 동안 나는 그 강단이 내 것이라 여겨지지 않았다. 그것은 항상 "마틴 로이드 존스 박사님의 강대상"이었다(그를 아는 사람들은 그를 언제나 "박사님"으로 불렀다). 그래서 나는 이렇게 위대한 거인들의 뒤를 잇는 합당한 후계자가 되려면 최소한 노력이라도 해야 한다는 의무감에 사로잡히곤 했다.

가끔씩 그저 괜찮은 설교를 한 날에 후한 마음을 가진 사람들이 당신은 역시 "마틴 로이드 존스 박사님의 훌륭한 후계자"라고 칭찬해 주기라도 하면 내 마음은 더욱 어려워졌다. 사실이 아니었기 때문이다. 그럼에도 불구하고 나는 계속 시도해야 한다는 강박관념에 빠지곤 했다. 그런 생각을 하는 것은 바보 같은 일이었지만, 당시 나는 계속해서 애를 썼다.

아! 제발 시계를 되돌려서 하나님이 나를 만드신 모습 그대로를 받아들이고 다시 시작할 수만 있다면 얼마나 좋을까? 더 큰 성공을 거둘 수 있었을 것이라고 말할 수는 없겠지만 설교를 좀 더 잘할 수는 있지 않았을까 생각해 본다. 내가 직접 겪어 보니 비현실적인 기준을 자기 앞에 세우고 그것에 도달하려고 애쓰는 것은 스스로를 고문하는 것이나 다름없다.

하나님은 우리 각자가 자신을 더 높게 생각하지 않고 하나님이 주신 믿음의 분량대로 스스로를 냉정하게 생각해야 한다고 자비롭게 권면하신다(롬 12:3). 그러한 깨달음은 우리를 지극히 겸손하게 만들며, 비현실적인 목표를 달성해야 한다는 압박감에서 자유롭게 해준다. "주의 영이 계신 곳에는 자유가 있느니라"(고후 3:17). 하나님이 주신 믿음의 분량(자신의 한계)을 더 빨리 받아들일수록 내면의 평안을 더 일찍 누릴 수 있다.

간단히 말하자면, 당신에게 주어진 은사의 한계를 받아들이는 것이 고통스러울지는 모르지만, 일단 당신을 향한 하나님의 주권적인 뜻과 당신에게 주어진 믿음의 한계를 받아들이기만 하면 즉시 고통이 떠나가고 행복을 경험하게 된다는 것이다.

로마서 12장 3절에서 "분량"(measure)으로 번역한 글의 헬라어 단어는 '메트론'(metron)이다. 요한이 예수님에 대해 증언하는 요한복음 3장 34절에도 동일한 단어가 등장하지만 NIV 성경은 이를 "하나님이 보내신 이는 하나님의 말씀을 하나니 이는 하나님이 성령을 한량없이 주심이니라"라고 옮겨서 동일한 단어를 "한량"(limit)으로 번역한다. 그러므로 예수님은 분량에 제한 없이, 즉 한량없이 혹은 무제한적으로 성령을 공급받으셨던 것이다. 당신과 내가 받은 믿음의 분량은 제한적이고 우리의 믿음에는 한계가 있다. 예수님은 성령님이 가지신 모든 것, 하나님이 가지신 모든 것을 가지셨다. 이렇게 하면 바울이 분량(measure)과 한량(limit)이라는 두 가지 뜻을 모두 가진 메트론이라는 단어를 사용한 이유를 잘 알게 된다.

주권자이신 하나님은 우리 각자에게 그분이 정하신 분량대로 믿음을 주셨다. 이는 우리가 받은 믿음에 한계가 있다는 뜻이고, 그렇게 하나님이 결정하셨음을 의미한다. 예수님은 분량에 제한 없이 성령님을 받으셨다. 예수님은 하나님의 모든 것을 받으셨고 그러므로 완벽한 믿음을 소유하셨다.

믿음을 주시는 분도 하나님

'믿음'을 뜻하는 헬라어 '피스티스'(pistis)는 성경에서 세 가지 예로 쓰인다.

구원하는 믿음. 십자가에서 완성하신 예수님의 선하신 사역에 자신을 온전히 맡기며 신뢰하는 것을 의미한다. 이것은 로마서 3장 22절과 27절, 4장 5절, 5장 1절에 소개한 의롭게 하는 믿음과 같은 것이다. 물론 예수님은 이러한 믿음이 없으셨다. 왜냐하면 그분은 구원받을 필요가 없으셨기 때문이다. 그러나 우리에게는 이 믿음이 필요하다. 이 믿음이 우리가 죽을 때 천국으로 나아갈 수 있도록 보장해 주기 때문이다.

끈질긴 믿음. "그러므로 너희가 그리스도 예수를 주로 받았으니 그 안에서 행하되"(골 2:6). 끈질긴 믿음은 구원하는 믿음을 뒤따라간다. 이러한 믿음 덕분에 우리가 유산을 상속받을 수 있는 것이다. 하나님을 더 깊이 경험하는 것도 우리가 받을 유산에 해당한다. 우리는 모두 유산을 받도록 초청받았지만, 어떤 이들은 그 초대에 반응하고 어떤 이들은 반응하지 않는다. 히브리서 11장에 끈질긴 믿음을 소유했던 충직한 사람들의 이야기가 나온다.

믿음의 은사. 로마서 12장 3절 "오직 하나님께서 각 사람에게 나누어 주신 믿음의 분량대로 지혜롭게 생각하라"에서 언급한 바로 그 믿음이다. 이것은 구원에 이르게 하는 믿음도 아니고 인내하는 믿음도 아니지만, 당신의 소명과 같이 특별한 경우와 연관되어 주어진 믿음이다. 이러한 믿음에는 제한이 있으며, 고린도전서 12장 9절에 성령의 은사 목록에 언급한 바로 그 믿음이다.

이 믿음의 은사는 하나님이 주신다. 모든 성령의 은사들은 주권자이신 하나님이 주시기 때문이다. 성령은 "그의 뜻대로"(고전 12:11) 은사를 나누어 주신다. "이제 하나님이 그 원하시는 대로 지체를 각각 몸에 두셨으니"(18절).

이 사실을 반드시 이해해야 하는데, 이것이 바로 문제의 핵심이기 때문이다. 하나님은 주권자이시다. 우리는 주님께 정당하게 "우리에게 믿음을 더하소서"(눅 17:5) 하고 요청할 수 있다. 그리고 "더욱 큰 은사를 사모할"(고전 12:31) 수 있다. 그러나 모세에게 "나는 은혜 베풀 자에게 은혜를 베풀고 긍휼히 여길 자에게 긍휼을 베푸느니라"(출 33:19)라고 말씀하신 하나님은 믿음을 주실 때 그 분량에 제한을 두기도 하신다. 또한 하나님은 우리에게 믿음을 주실 수도 있고, 주지 않으실 수도 있는 분이다.

그뿐만 아니라 하나님은 우리 성공의 한계도 정하신다. 그리고 우리가 하는 일에 성공을 거둔다면 그분이 모든 영광을 받으신다. 만약 우리가 더 성공하고 싶지만 그 소원을 이루지 못했다면 책임은 그분께 있다. 이런 모든 것들이 내게 큰 위안이 되었고 나를 냉정하게 바라볼 수 있게 해 주었다. 또한 바울은 이러한 관점이 우리가 스스로를 제대로 바라볼 수 있게 해 준다고 여겼고, 그래서 "지혜롭게 생각하라"(롬 12:3)라고 썼다. 당신이 얼마나 성공할 것인지에만 매달려 꿈나라에 살지 말라는 것이다.

타고난 은사 받아들이기

영국의 어느 유명한 크리스천 리더가 언젠가 이런 말을 했다. "만약 하나님이 내게 어떤 사람이 되고 싶은지 물어보신다면 나는 '유대인이 되고 싶습니다' 하고 대답하겠습니다. 그들은 풍부한 유산을 상속받았으니까요. 하지만 하나님은 그렇게 물어보지 않으셨습니다."

만약 선택의 여지가 있다면 당신은 어떤 사람이 되고 싶은가? 어느 시기에 어느 나라에서 어떤 부모님의 자녀로 태어나고 싶은가? 왕족으로 태어나고 싶은가? 아니면 관료의 집안? 아니면 천재로? 고민할 필요 없다. 하나님은 그러한 선택권을 우리에게 주지 않으셨다.

> 우주와 그 가운데 있는 만물을 지으신 하나님께서는 천지의 주재시니 손으로 지은 전에 계시지 아니하시고 또 무엇이 부족한 것처럼 사람의 손으로 섬김을 받으시는 것이 아니니 이는 만민에게 생명과 호흡과 만물을 친히 주시는 이심이라 인류의 모든 족속을 한 혈통으로 만드사 온 땅에 살게 하시고 그들의 연대를 정하시며 거주의 경계를 한정하셨으니 이는 사람으로 혹 하나님을 더듬어 찾아 발견하게 하려 하심이로되 그는 우리 각 사람에게서 멀리 계시지 아니하도다(행 17:24-27).

우리가 좋아하건 좋아하지 않건 상관없이 하나님은 내 부모, 태어날 장소와 날짜, 그리고 내게 주실 능력을 선택하셨다. 어떤 신학자들은 그것을 모든 남녀들에게 미치는 하나님의 선하심, 곧 '일반 은총'이라고 부른다. 자연 상태에서 우리는 내가 좋아하든 싫어하든 신체와 마음, 성향과 재능, 그리고 장점과 약점을 받았다. 그것이 평범하기 때문에 '일반'이라고 부르는 것이 아니라 하나님이 모든 사람에게 공통적으로 주셨기 때문에 그렇게 부르는 것이다. 이 모든 것의 이면에 하나님의 절대 주권이 작용한다. 그 말은 당신의 재능과 지능지수, 머리카락 색과 피부색, 외모(평범하든 잘생겼든, 키가 크든 작든), 당신의 목소리 등 모두가 하나님의 작품이라는 뜻이다.

문제는 당신이 그것을 받아들이냐다. 내가 더 똑똑했다면, 키가 더 컸다면, 혹은 더 잘생겼다면 하고 가끔씩 바라는 것조차 절대로 해서는 안 된다는 말이 아니다. 우리는 부모와 환경의 영향을 받으며 자랐다. 어린 시절 놀이터에서 당신을 괴롭히던 나쁜 아이, 끔찍한 그 선생님, 당신을 질투했던 사람 혹은 운동에 소질이 없었던 당신의 모습, 이 모든 것이 오늘날의 당신을 만든 핵심 요소다.

하나님은 온 세상을 짓기 전부터 당신을 아셨다(엡 1:4). 하나님은 이 땅에 마치 다른 사람은 아무도 없는 것처럼 당신을 아셨고, 성 아우구스티누스가 말한 바와 같이 세상에 당신 말고는 사랑할 대상이 없는 것처럼 당신을 사랑하셨다.[1] 예수님은 우리 각 사람의 머리털까지도 다 세어 알고 계신다고 하셨다(눅 12:7). 그 정도로 완벽하게 우리를 아신다.

하나님은 우리가 그분이 우리를 창조하신 모습 그대로를 받아들이고, 우리가 받은 믿음의 한계를 인정하기를 바라신다. 내 믿음의 한계를 받아들이는 것은 하나님이 그분의 나라에서 내게 어떤 역할을 맡기실지 창세전부터 주권적으로 내리신 선택과 관련이 있다. 하나님은 어떤 사람들은 사도로, 어떤 사람은 선지자로, 어떤 사람은 복음 전하는 자로, 어떤 사람은 목사와 교사로 삼으셨다(엡 4:11). 하나님은 어떤 이들에게는 성령으로 말미암는 구체적인 은사를 주셨고(고전 12:8-10), 어떤 이는 다스리는 사람으로, 또 어떤 이들은 다른 사람들을 돕는 자로 선택하셨다.

어떤 사람은 몸의 머리나 눈과 같이 잘 드러나는 은사를 가진 자로 부르셨고, 어떤 사람들은 몸의 콩팥이나 췌장과 같이 쉽게 드러나지 않는 은사를 가진 자로 부르셨다(14-24절). 그러나 몸이 제대로 기능하기 위해서는 몸의 모든 부분이 다 필요하듯이 그리스도의 몸 된 교회가 제대로 기능하기 위해서는 반드시 모든 은사가 필요하다.

문제는 하나님이 이미 당신에게 부여하신 역할을 당신이 받아들이는지다. 하나님은 당신을 창조하시고 은혜 가운데 부르셨을 때 이미 그러한 결정을 내리셨다. 달리 말해, 하나님은 당신에게 어떠한 삶이 펼쳐질지 이미 결정하신 것이다. 만약 이 말에 실망했거나 언짢아졌다면 유감이다. 하지만 바로 그러한 이유 때문에 하나님은 우리가 자신에 대해 냉정하게 생각해 보기를 권면하시는 것이다. 하나님은 자신의 창조와 부르심을 따라 제한된 믿음을 허락하셨다. 그래서 바울은 다음과 같이 말했다.

> 우리에게 주신 은혜대로 받은 은사가 각각 다르니 혹 예언이면 믿음의 분수대로, 혹 섬기는 일이면 섬기는 일로, 혹 가르치는 자면 가르치는 일로, 혹 위로하는 자면 위로하는 일로, 구제하는 자는 성실함으로, 다스리는 자는 부지런함으로, 긍휼을 베푸는 자는 즐거움으로 할 것이니라(롬 12:6-8).

시기심의 문제

사람들은 시기심의 죄를 잘 말하지 않는다. 이 죄는 우리 가운데 누군가가 하나님이 이미 결정하신 것을 넘어서려 하거나 자신의 능력을 넘어서는 야심을 품을 때 생겨난다. 어떤 이는 자신이 감당할 수 없는 지경까지 자신을 높인다. 리더의 자질을 가지고 태어나지 않았는데 리더가 되기를 원하는 이들이 있다. 그의 말을 듣는 사람들은 너무나도 지루한데 설교자를 꿈꾸는 이들이 있다. 하나님은 그들을 몸의 '소장'(小腸)으로 창조하셨는데 스포트라이트를 받는 존재가 되기를 원한다.

예수님이 베드로가 어떻게 생을 마감할지 알려 주셨을 때 정작 베드로는 요한이 어떻게 될지에 더 관심이 있었다.

> 내가 진실로 진실로 네게 이르노니 네가 젊어서는 스스로 띠 띠고 원하는 곳으로 다녔거니와 늙어서는 네 팔을 벌리리니 남이 네게 띠 띠우고 원하지 아니하는 곳으로 데려가리라 이 말씀을 하심은 베드로가 어떠한 죽음으로 하나님께 영광을 돌릴 것을 가리키심이러라 이 말씀을 하시고 베드로에게 이르시되 나를 따르라 하시니 베드로가 돌이켜 예수께서 사랑하시는 그 제자가 따르는 것을 보니 그는 만찬석에서 예수의 품에 의지하여 주님 주님을 파는 자가 누구오니이까 묻던 자더라 이에 베드로가 그를 보고 예수께 여짜오되 주님 이 사람은 어떻게 되겠사옵나이까

예수께서 이르시되 내가 올 때까지 그를 머물게 하고자 할지라도 네게 무슨 상관이냐 너는 나를 따르라 하시더라(요 21:18-22).

자신이 어떻게 죽을지 예수님이 이미 결정하신 바를 받아들이는 대신 베드로는 요한이 어떻게 죽을지 알기를 원했다. 그러자 예수님은 사실상 "그건 네가 알 바 아니다. 너는 그저 나를 따르라" 하고 말씀하셨다.

부디 이 말씀이 당신을 사로잡기를 바란다. 예수님이 베드로에게 명령하신 것은 하나님이 그분의 나라에서 우리 각 사람에게 명령하신 것과 같다. 그분은 우리 각자에게 믿음의 분량을 허락하셨다. 하나님은 우리를 하나님 나라로 부르셨다. 그분을 잘 섬길 수 있도록 우리에게 은사도 주셨고 그리스도의 몸 안에서 일정한 책임을 맡기셨다. 어떤 이들은 눈에 띄는 역할을 맡았고, 다른 이들은 눈에 잘 띄지 않는 일을 맡았다.

어쩌면 우리는 하나님이 만드신 우리 자신의 모습을 별로 좋아하지 않을지 모른다. 자신이 태어난 곳을 좋아하지 않을 수도 있고, 그분이 허락하신 부모들에게 속았다는 느낌이 들 수도 있다. 그분의 나라에서 우리가 맡은 책임에 실망할 수도 있다. 문제는 우리가 냉정하게 자신을 돌아보고 하나님이 그분의 몸 안에 마련해 주신 우리의 자리를 받아들이고 인정할 준비가 되어 있냐는 것이다.

앞서 말한 바와 같이 우리에게 임한 기름 부으심은 우리가 미칠 수 있는 영향력과 관련이 있다. 가장 위대한 설교자가 가장 많은 사람들에게 영향을 미치고, 가장 지루한 설교자가 가장 적은 사람들에게 영향을 미친다는 말이 아니다. 비록 내 생각에 빌리 그레이엄이 위대한 설교자이긴 하지만, 그보다 더 탁월한 소통 능력을 가지고 있는데도 빌리 그레이엄만큼 사람들에게 영향력을 끼치지 못한 이들이 있었음을 말하는 것이다.

훌륭한 전도자였음에도 불구하고, 2억 2천만 명에게 설교했던 빌리 그레이엄과 비교해 볼 때 매우 소수의 사람들에게만 영향을 미쳤던 사람들을 알고 있다. 또한 '다음 세대의 빌리 그레이엄', '이탈리아의 빌리 그레이엄' 혹은 '브라질의 빌리 그레이엄'이 되기를 원하는 이들을 알고 있다. 하지만 그들은 빌리 그레이엄도 아닐뿐더러 그가 미친 영향력의 근처에도 가지 못하고 있다.

그렇기에 우리는 두 가지 사실을 추가로 받아들여야 한다. 하나는 우리에게 주어진 기름 부으심의 분량 혹은 한계, 또 하나는 우리가 미칠 수 있는 영향력의 분량 혹은 한계다. 어떤 사람이 빌리 그레이엄보다 '더 잘 설교할 수 있지만' 그보다 더 큰 영향력을 미치지 못하는 이유는 간단하다. 주권적인 하나님의 결정 때문이다. 그들은 그 문들을 열거나 깨뜨리고 나가서 더 유명해지거나 더 크게 쓰임받으려 애쓸 수는 있지만, 솔직히 말하자면 그것은 스스로를 기만하는 것이나 다름없다.

당신은 어쩌면 "이 장은 내게 해당사항이 없네. 나는 설교자도 아니고 하나님 나라 무대의 한복판에 설 일도 없을 테니까"라고 말할지 모른다. 그러나 나는 이 말씀으로 대답하고 싶다. "내게 주신 은혜로 말미암아 너희 각 사람에게 말하노니 마땅히 생각할 그 이상의 생각을 품지 말고 오직 하나님께서 각 사람에게 나누어 주신 믿음의 분량대로 지혜롭게 생각하라"(롬 12:3).

바울은 모든 크리스천들에게 이 말을 하는 것이다. 예언하는 자가 있고, 격려하는 자가 있다. 우리 모두는 흔히 말하는 것처럼 "하늘이 준 은사"를 받아들여야 한다.

예언의 은사를 가진 자는 바울이 말한 바와 같이 "믿음의 분수대로" 예언해야만 한다(롬 12:6). 하나님이 우리에게 보여 주신 한도 안에서 머물러야 한다는 뜻이다. 어떤 이들은 로마서 12장 6절의 예언이 설교를 의미한다고 해석하지만 나는 동의하지 않는다. 나는 이것이 하나님으로부터 말씀을 받고 그것을 나누기 원하는 예언의 은사를 가진 사람들에게 바울이 권면하는 것이라 생각한다. 바울은 그런 사람들은 아무리 더 말하고 싶은 욕구가 치밀어 오른다 해도 받은 것 이상으로는 절대 말하지 말라고 한다.

이것은 로마서 12장에 언급한 예언, 섬김, 가르침, 위로, 구제, 다스림 그리고 긍휼 등 모든 은사에도 동일하게 적용이 가능하다. 한마디로 우리는 그리스도의 몸 안에서 우리에게 꼭 맞는 자리를 발견하고 그 자리에 머물러 있어야 한다. 아무도 모든 것을 혼자 다 할 수 없다. 어떤 사람이 한 가지 이상의 이러한 영적 은사를 가졌다 해도, 그래서 리더이면서 동시에 교사이거나 섬기는 자면서 동시에 예언자일지라도 그는 자신을 냉정하게 바라보아 하나님께 부름받은 이상으로 자신을 높이려 해서는 안 된다.

빌리 그레이엄보다 더 탁월한 설교자임에도 불구하고 수천 명의 사람들이 아닌 단지 수십 명의 사람에게만 영향력을 미친다면 매우 고통스러운 일일 것이다. 그래서 우리는 하나님이 허락하신 믿음의 "분량" 혹은 성공의 분량대로 살아야 한다. 당신의 두뇌는 어쩌면 미국 역사상 가장 위대한 신학자 중 하나인 조나단 에드워즈보다 더 훌륭할 수 있다. 하지만 하나님은 그분의 영광을 위해 당신을 감추어 두셨을 수도 있다.

당신은 "그건 말이 안 돼요"라고 말할지 모른다. 내 친구 폴 힐튼도 같은 문제로 괴로워했다. 그는 자신이 천재지만 하나님께 쓰임받지 않을 수도 있음을 받아들일 수 없었다. 만약 그가 하나님께 반역하지 않고 잠잠히 기다렸다면 하나님이 그를 어떻게 쓰셨을지 누가 알겠는가?

그러므로 나는 여러분께 권면한다. 만약 당신이 그와 같은 문제로 고민하는 사람이라면, 마지막 심판 날에 그리스도 앞에서 당신이 하나님께 허락받은 역할과 당신에 대한 계획을 받아들인 것을 기뻐하게 되리라는 사실을 알기 바란다.

만약 당신이 대기업 임원이지만 교회에서는 안내위원이나 허드렛일을 맡아 해야 한다면 어떻겠는가? 만약 당신이 회사에서는 사장이지만 교회에서는 그리 비중 있는 역할을 맡지 못했다면 어떻게 할 것인가? 당신이 변호사, 회계사, 의사 혹은 교수 같은 고학력 전문직이지만 하나님 나라에서는 그저 작은 일을 맡았다면 어떻겠는가? 그런 상황을 견딜 수 있겠는가? 일주일 내내 다른 사람들에게 명령하는 자리에 있다가 교회에서는 하나님의 종으로부터 말씀을 배워야 하는 입장에 놓인다면 어떻겠는가?

자신의 한계를 받아들이는 것은 우리를 겸손하게 한다. 세간의 이목을 끄는 은사를 가진 사람을 받아들이는 것도 우리를 겸손하게 한다. 핵심은 당신이 처한 상황에서 어떠한 행동이 하나님을 영광스럽게 하느냐는 것이다.

> 낮은 곳에서 수고하는 성도들이여, 천상의 왕을 경배하라.
> 앞으로 나아갈 때에 즐거운 찬송을 부를지어다.
> 좋을 때나 병들었을 때나 살아 있는 자는 누구나
> 그분이 주시는 것을 받으며 그분을 여전히 찬양할지어다.[2]
>
> – 리처드 백스터(Richard Baxter, 1615-1691)

그분이 주시는 것을 받으라. 그것을 취하라. 투덜거리지 말고, 불평하지 말라. 당신이 갖기 원했던 은사나 지위를 가진 사람을 시기하지도 말라.

만약 우리가 하나님을 더 깊이 경험하기 원한다면, 이것이야말로 그러한 열망을 가장 잘 보여 줄 수 있는 방법이 될 것이다. “주님, 사랑해요” 혹은 “내가 원하는 것은 오직 주님뿐입니다” 아니 심지어 “주님을 간절히 원합니다”와 같은 말을 반복해서 되뇐다고 도움이 되는 것이 아니다. 우리는 그분의 뜻을 받아들임으로써 우리가 얼마나 간절히 하나님의 임재를 맛보기 원하는지 보여 줄 수 있다. 그분의 뜻을 존귀하게 여기고 받듦으로써 우리는 그분을 더 깊이 경험하기 원한다는 사실을 증명해 보일 수 있는 것이다.

5 장

‘하나님의 칭찬’과 ‘사람의 칭찬’ 사이에서 외줄을 타는가

그들은 사람의 영광을 하나님의 영광보다 더 사랑하였더라

요한복음 12장 43절

"영광이 떠나지 않게 하십시오!"[1]

내가 예전에 속했던 나사렛교단의 창시자인 피니어스 브리시(Phineas Bresee, 1838-1915)가 반복해서 한 말이다. 그는 죽기 전에 교회마다 다니며 이 메시지를 힘써 전파했다. 나사렛교단 사람들 가운데 학식이 있는 사람이나 재산이 많은 사람, 인맥이 넓은 사람은 별로 없었지만, 그들은 다름 아닌 하나님의 "영광"을 소유하고 있었다. 그는 자기 교단 사람들이 이것을 잃어버리지 않을까 늘 염려했다.

나는 그가 한 말의 뜻을 잘 이해한다. 나는 3대째 나사렛교단 교인으로 자라났다. 켄터키 애슐랜드에 있는 내 옛 교회에 브리시가 "영광"이라고 불렀던 것의 흔적이 여전히 남아 있던 것을 기억한다. 그것은 소리 치고 달리고 울고 뛰는 사람들 가운데 나타난 하나님의 임재였다. 나는 그런 모습들을 보면서 자라났다. 그래서 우리 이웃들은 우리를 보고 "노이시린"(Noisyrenes; 나사렛사람을 비꼬아 한 말-옮긴이주)이라고 불렀다.

나는 사람들이 복도를 걸어 다니거나 때로는 뛰어다니면서 "영광! 영광! 영광!"이라고 외치던 모습을 분명히 기억한다. 이것과 관련된 본문이 시편 29편 9절 말씀이다. "그의 성전에서 그의 모든 것들이 말하기를 영광이라 하도다."

그것은 즉흥적으로 흘러나오는 반응들이었다. 항상 그랬다. 1908년에 설립된 나사렛교단에 급속한 부흥을 가져다준 것은 바로 그 영광이었음이 틀림없다. 브리시는 만약 그들이 그 영광을 잃어버린다면 모든 것이 끝장이라는 사실을 알고 있었다.

내가 1973년에 처음으로 영국에 건너갔을 때 나는 마틴 로이드 존스 박사 내외와 더 깊이 교제를 나누었고, 내가 자란 나사렛교단의 배경이 나와 그들 사이를 더욱 친밀하게 해 주었다. 그는 브리시의 전기를 읽고 나서 초기 나사렛교단 사람들에게 참된 무언가가 있다는 확신을 품었다.

"당신이 자라난 나사렛교단의 전통을 잊지 마세요."

그는 여러 번 반복해서 내게 말했다.

"그것이 당신을 구했습니다."

로이드 존스는 그 전통이 자칫 내가 강퍅하고 차가운 마음을 가진 수많은 개혁주의자들처럼 "완벽하게 정통파지만 아무짝에도 쓸모가 없는 존재"가 될 뻔한 위기에서 나를 건져 주었다고 생각했다. 웨스트민스터채플이 담임목사 청빙 투표를 위해 내게 설교를 부탁했을 때, 그는 내게 전화를 걸어서 "나사렛교단 사람답게 설교하세요" 하고 조언해 주었다.

'영광'이라는 단어의 용례들

영광이라는 단어는 실제적인 것과 실제적이지 않은 것을 모두 포함한다. 실제적인 것은 눈으로 볼 수 있고 경험할 수 있는 것인데, 랍비 문학에 처음 등장하는 '쉐키나'(Shekinah)라는 단어로 알려져 있다. 비실제적인 것은 보이지 않는 것인데, 사람들이 인정하고 칭찬하는 명성의 근원과도 같다. 쉽게 말해, 사람들에게서 오는 칭찬인지 하나님에게서 오는 칭찬인지 분별하고자 할 때 그 근원과 관련하여 사용하는 개념이다.

이제 "영광"(glory)으로 번역한 두 단어를 살펴보자.

카봇

구약 성경에서는 '카봇'(kabod)이라는 단어가 쓰였다. 이 단어는 무게나 체격과 관련하여 쓰이는 것으로 '무거움'이라는 뜻이다. 사람들이 자기 영향력을 휘두른다고 할 때 이런 의미로 사용되며, 카봇이라는 단어가 가진 뜻의 일부이기도 하다. 한편, 성령님이 능력으로 우리 가운데 내려오셔서 그 거룩한 무게가 주변에 느껴질 때도 사용되었다.

웰쉬 부흥(Welsh Revival, 1904-1905)을 개인적으로 경험했던 마틴 로이드 존스의 부인은 내게 종종 그 사건 이야기를 들려주었다. 그녀가 웰쉬 부흥을 직접 지켜보기를 원했던 그녀의 아버지는 그녀를 학교에서 데리고 나와서는 런던 패딩턴역에서 기차에 태웠다고 한다. "학교야 언제든지 다닐 수 있지만 이런 부흥은 다시 보지 못할 거야."

그녀는 부흥이 일어나던 시절 여섯 살에 불과했지만 아버지의 말씀과 사람들이 거칠게 숨을 내쉬었던 광경과 당시 분위기를 생생하게 기억했다. 그녀 외에 다른 많은 사람들도 성령 집회 중에 엄청난 무게가 자신들을 압도해서 움직일 수조차 없었노라고 비슷한 경험을 간증했다. 성령의 능력으로 인해 바닥에 쓰러졌는데, "'좀 일어나세요, 제발! 내 등에서 비키시라고요' 하며 뒤를 보니 아무도 누르는 사람이 없었다"고 말이다.

독사

'독사'(Doxa)라는 헬라어 역시 "영광"으로 번역된다. 영광송(doxology)도 이 단어에서 파생한 것이다. 독사는 찬양 혹은 명예, 명성을 뜻하는데 이는 본래 '의견'이라는 단어에서 나왔다. 그것을 감안한다면 하나님의 영광이란 그분의 의견 혹은 뜻이라고 해석할 수 있다. 이는 바울의 말과도 일치한다. "모든 일을 그의 뜻의 결정대로 일하시는 이의 계획을 따라 우리가 예정을 입어 그 안에서 기업이 되었으니 이는 우리가 그리스도 안에서 전부터 바라던 그의 영광의 찬송이 되게 하려 하심이라"(엡 1:11-12).

독사의 의미를 반영한다면 하나님의 영광은 그분의 존엄한 뜻이라고 할 수 있다. 사람들에게 영광과 찬양받기를 선택한 사람들은 예수님 당시 바리새인들이 그러했던 것처럼 하나님으로부터 오는 명예와 찬양을 잃어버린다. 그들은 하나님께 받는 칭찬보다 사람들에게 받는 칭찬을 더 사랑했다(요 5:44; 12:43). 그 결과 그들은 자신들의 메시아를 놓치고 말았다.

카봇과 독사를 합해 영광의 의미를 생각해 보자면 하나님이 자신을 드러내시기 위해 선택하신 방법이라고 할 수 있겠다. 하나님은 주권자이시기에 우리가 원하는 바를 어서 행하시라고 그분께 강요할 수 없다.

하나님 영광의 현현, 예수 그리스도

하나님은 나사렛 예수의 육체 안에 자신을 계시하셨다. 예수님은 카봇과 독사가 한데 합쳐진 모습이시다. "말씀이 육신이 되어 우리 가운데 거하시매 우리가 그의 영광을 보니 아버지의 독생자의 영광이요 은혜와 진리가 충만하더라"(요 1:14)라고 사도 요한은 말했다.

하나님은 그 이후로 셀 수 없이 다양한 방법으로 자신의 영광을 드러내셨다. 예수님이 이 땅에 계시는 동안 하나님의 영광은 예수님의 가르침과 설교, 치유 그리고 기적 가운데 온전히 나타났다. 첫 번째 기적은 물을 포도주로 바꾸는 것이었다. "예수께서 이 첫 표적을 갈릴리 가나에서 행하여 그의 영광을 나타내시매 제자들이 그를 믿으니라"(요 2:11). 예수님이 죽은 나사로를 살리셨을 때 역시 하나님의 영광이 나타났다(요 11:4, 40).

기도 서약

나는 1994년에 기도 서약(A Prayer Covenant)을 웨스트민스터채플에 소개했다. 300명 가까운 사람들이 매일 기도에 힘쓰기로 서약했는데 무엇보다도 "하나님이 자신의 영광을 나타내기로 택하신 다양한 방식에 점점 더 열린 마음을 가질 것과 아울러 하나님의 영광이 우리 가운데 나타나시기를 위해" 기도하기로 서약했다. 나는 하나님이 매우 놀랍고 때로는 불편한 방식으로 나타나실 수 있다는 사실을 알고 있었다.

나는 또한 웨스트민스터채플의 영국 교인들이 하나님이 교회사에서 그분을 나타내신 방법 중 어떤 것들은 아직 받아들일 준비가 되어 있지 않을 수도 있다는 것을 알고 있었다. 앞 장에서 언급했던 바와 같이 조나단 에드워즈가 "진노한 하나님의 손에 붙들린 죄인들"에 관한 설교를 마쳤을 때 사람들은 지옥의 구덩이에 빠지지 않으려고 교회 장의자와 교회 밖 바깥 나무 기둥을 꼭 붙잡았다.

켄터키주 버번 카운티에서 있었던 케인 리지 부흥(Cane Ridge revival, 1801) 당시에는 수백 명의 사람들이 성령의 강력한 능력 아래 땅바닥에 쓰러져서는 몇 시간 동안이나 일어나지 못했다. 나는 우리 교인들이 하나님이 어떤 방식을 택하시든 그것에 열린 마음을 갖기를 원했다. 나는 카봇이 나타나기를 원했던 것이다. 그러나 결국 하나님이 그분의 영광을 나타내기로 선택한 방식은 우리에게서 카봇을 가져가시는 것이었다. 우리는 카봇이 우리를 지나쳐서 성트리

니티브롬톤교회(Holy Trinity Brompton Church)에 임하는 것을 바라보며, 그분의 존엄한 뜻, 독사를 받아들여야만 했다. 하나님은 주권자이시다. 그분의 뜻이 무엇이든지 그것을 존중하는 것이 그분께 최고의 영광을 돌리는 것이다.

'영광'이라는 단어의 또 다른 예들

그분의 속성의 총합

하나님의 영광을 만날 때 우리는 그분 존재의 '핵심'에 가장 가까이 다가갈 수 있다. 하나님의 다양한 속성을 생각해 보라. 전지하심(모든 것을 아신다), 무소부재하심(모든 곳에 계신다), 전능하심(무엇이든지 하실 수 있다), 주권자이심(그분은 긍휼을 베풀 자에게 긍휼을 베푸실 수 있다), 정의로움(공평하시며 악을 벌하신다), 긍휼이 많으심(우리를 벌하기를 원치 않으신다), 거룩함(죄악을 참지 않으신다), 사랑이심(자신의 모든 피조물들에게 자비하시다), 진노하심(죄에 대해 분노하신다). 이 모든 속성의 총합이 바로 영광이다. 하나님의 영광이란 그분의 모든 속성을 동시에 모두 포괄하는 한 단어다. 그래서 스데반은 그분을 "영광의 하나님"(행 7:2)이라고 불렀다.

쉐키나

랍비들은 초자연적인 것을 묘사할 때 이 단어를 사용했다. 하나님이 임재하시는 거룩한 장소를 의미하는 히브리 단어를 발음 그대로 옮겨 적은 것이다. 일상적으로는 도저히 설명이 불가능한, 무언가 참으로 기적적인 것을 묘사할 때 사용하는 단어이기도 하다. 좋은 예가 있다.

> 구름이 회막에 덮이고 여호와의 영광이 성막에 충만하매 모세가 회막에 들어갈 수 없었으니 이는 구름이 회막 위에 덮이고 여호와의 영광이 성막에 충만함이었으며 구름이 성막 위에서 떠오를 때에는 이스라엘 자손이 그 모든 행진하는 길에 앞으로 나아갔고 구름이 떠오르지 않을 때에는 떠오르는 날까지 나아가지 아니하였으며 낮에는 여호와의 구름이 성막 위에 있고 밤에는 불이 그 구름 가운데에 있음을 이스라엘의 온 족속이 그 모든 행진하는 길에서 그들의 눈으로 보았더라(출 40:34-38).

성 금요일에 나타난 쉐키나

성 금요일 정오부터 "온 땅에 어둠이 임하여"(마 27:45) 오후 3시까지 계속되었다. 이것은 어떤 사람들이 주장하는 바와 같은 일식(日蝕) 현상도 아니었다. 그것은 쉐키나(예수님이 흘리신 보혈의 거룩한 증거자로 이 땅 가운데 내려온 구름)였다. 하나님이 대속죄일의 규례를 모세에게 가르치셨을 때, 그분은 “법궤 위 속죄소 앞에”(레 16:2) 나타나리라고 약속하셨다. 그것은 어두운 구름이었다. 언약궤가 성전에 도착하자 그 구름이 성전을 가득 채우는 바람에 제사장들은 자신들이 맡은 사역을 도저히 수행할 수가 없었다. 여호와의 영광이 하나님의 전에 가득했기(대하 5:14) 때문이다. 그때에 솔로몬은 “여호와께서 캄캄한 데 계시겠다”(대하 6:1)고 말씀하셨다고 했다. 성 금요일에 임했던 어두움도 바로 십자가에 죽으신 예수님의 죽음의 대속적 역할을 증거하기 위한 것이었다.

좀 더 최근에 나타난 쉐키나

미국에서 가장 존경받는 오순절 계통의 리더 중 하나인 잭 헤이포드 목사가 수년 전 어느 토요일 자신의 교회에 일어났던 사건을 말하는 것을 들은 적이 있다. 그는 예배당 안을 내다보다가 뿌연 안개와 같은 것이 임하는 것을 보았다. 주님은 “그래, 네가 생각하는 그것이 맞다”고 말씀하셨다. 이것은 그 교회가 세워진 지 얼마 안 돼 출석하는 교인이 300명 정도일 때 일어난 일이었다. 그런 일이 있고 나서 그의 교회는 성장을 거듭하여 수천 명에 이르렀다. 잭은 자신이 그런 안개를 목격한 이후 이와 같은 부흥이 일어났다고 회상했다.

1956년 4월 내가 다니던 켄터키 애슐랜드교회에서 에드 린(Ed Lynn)이라는 평신도가 느닷없이 소리를 지르며 걸어다니는 통에 예배가 잠시 중단되었다. 그는 교회 앞쪽과 중앙 복도를 앞뒤로 오가면서 "이가봇!"(Ichabod; 영광이 떠나갔다)이라고 외쳤다. 안개와 같은 것이 예배당 위에 임했고, 사람들 사이에는 논쟁이 벌어졌다. 예배에 참석한 많은 사람들은 에드가 인간적인 생각에 사로잡혀 질서를 무시하고 있다고 느꼈다. 일부 사람들은 하나님의 놀라운 임재가 나타난 것이라 보았다.

이로 인해 두 가지 일이 일어났다. 첫째, 그 예배가 내 인생을 송두리째 뒤바꿔 놓은 것이고, 둘째, 그날 이후로 이 교회는 점점 교인도 재정도 줄었다. 교단 내에서 가장 전략적이고 영향력이 있던 교회 중 하나였던 곳이 이제는 너무 작아져 그 존재조차 알아볼 수 없는 곳이 되어 버렸다. 나는 그 안개 같은 것이 하나님이 일하시고 계심에 대한 증거라고 해석했다. 영광이 떠나갔다는 에드의 말은 예언적인 선포였던 것이다.

하나님의 임재를 더 깊이 경험하고 싶은가? 그렇다면 하나님의 영광을 사모해야 한다. 다시 말해 비록 그것이 당신을 불편하게 만들더라도 그분께서 자신을 드러내기 위해 선택하시는 방법을 인정해야 하며, 또한 그것이 아무리 당신을 실망시킨다 하더라도 그분의 뜻을 받아들여야만 한다.

조나단 에드워즈는 사탄이 할 수 없는 유일한 한 가지는 사람들에게 하나님의 영광을 사모하는 마음을 주는 것이라고 가르쳤다. 당신이 만약 하나님이 자신을 나타내시는 방식을 좋아한다면 그것은 당신이 하나님의 더 큰 임재를 원한다는 좋은 신호다. 또 당신이 만약 하나님이 행하시기로 선택한 그 일을 좋아한다면 그 역시 당신이 하나님의 더 큰 임재를 원한다는 좋은 신호라 할 수 있다.

헛된 영광의 유혹

만약 당신이 하나님에게서 오는 영광보다 사람들의 칭찬을 더 좋아한다면, 당신은 세상의 수많은 사람들과 같은 처지에 놓인 것이다. 하지만 그러한 사람들의 인정은 헛된 영광에 불과하다. 바리새인들이 몰락한 것도 그 때문이었다. 그들은 다른 사람들의 칭찬을 받으려고 살았다. 가난한 자를 돕는 일이나(마 6:1-4), 기도하는 일이나(5-8절), 혹은 금식하는 일(16-18절)과 관련해서도 그들이 원했던 것은 오직 "사람들에게 보이는 것"(마 23:5)뿐이었다. 사람들이 자신들의 신실한 행위를 우러러보게 하는 것이 그들에게는 세상 그 무엇보다도 중요한 일이었기 때문이다.

그러나 예수님은 그러한 존경은 그들이 받을 마지막이자 유일한 보상이 될 거라 말씀하셨다. 사람들의 칭찬은 그것으로 끝이고, 그들을 위해 예비한 상급은 전혀 없을 것이다. 그들은 "하나님께로부터 오는 영광"(요 5:44)을 구해야겠다는 생각을 도무지 해 본 적이 없다. 그들도 확실히 영광을 누리긴 했지만 그것은 헛되고 의미 없으며 무가치한 영광이었다.

참으로 모순되게도, 사람들의 칭찬을 갈망하는 마음의 뿌리에는 사람들에 대한 두려움이 자리한다. 사람들은 회당 밖으로 쫓겨나는 것이 두려워 예수님을 좋게 말하기를 주저했다. "그러나 관리 중에도 그를 믿는 자가 많되 바리새인들 때문에 드러나게 말하지 못하니 이는 출교를 당할까 두려워함이라 그들은 사람의 영광을 하나님의 영광보다 더 사랑하였더라"(요 12:42-43).

사람을 두려워하면 올무에 걸리게 된다(잠 29:25). 많은 사람들이 동일한 이유 때문에 하나님이 오늘날 하고 계신 일들을 놓치고 만다. 자기 친구들을 잃어버릴까 봐 웰쉬 부흥 당시 있었던 일들을 인정하기 두려워하는 사람들이 있다.

성경에 등장하는 인물 가운데 자기를 위해 기념비를 세운 이가 두 사람 있다. 한 사람은 사울왕이다. 그는 갈멜산에서 자기를 위하여 기념비를 세웠다(삼상 15:12). 얼마나 한심한 일인가! 그들은 하나님이 주실 명예를 기대하기보다 스스로 명예를 취하기 위해 기념비를 만들었고, 그는 결국 자살이라는 비참한 방식으로 생을 마감했다(삼상 31:4).

또 다른 사람은 다윗의 아들 압살롬이다. "압살롬이 살았을 때에 자기를 위하여 한 비석을 마련하여 세웠으니 이는 그가 자기 이름을 전할 아들이 내게 없다고 말하였음이더라 그러므로 자기 이름을 기념하여 그 비석에 이름을 붙였으며 그 비석이 왕의 골짜기에 있고 이제까지 그것을 압살롬의 기념비라 일컫더라"(삼하 18:18).

그는 자기 아버지 다윗에 대항해 반정을 일으켜서 백성들의 마음을 훔쳤다. 해서 다윗은 잠시 동안 왕위를 버리고 예루살렘을 떠나 피신해야만 했다. 하나님은 이후에 다윗의 왕위를 회복시켜 주셨지만, 압살롬은 비극적인 최후를 맞이했다(삼하 18:15).

사울과 압살롬 두 사람이 모두 다윗을 자신의 원수로 생각했다는 사실은 놀랍다. 또한 두 사람은 모두 자기 세대에 무엇인가 공적을 남기고 싶어 했다. 그들은 사람들이 자신을 어떻게 기억할지에 관심이 많았다. 이와 반대로 다윗은 "주의 칼로 악인에게서 나의 영혼을 구원하소서 여호와여 이 세상에 살아 있는 동안 그들의 분깃을 받은 사람들에게서 주의 손으로 나를 구하소서"(시 17:13-14)라고 간구했다.

이 세상이 전부가 아니다. 그 너머에 또 다른 세상이 있다. 우리는 언젠가 그리스도의 심판대 앞에 설 것이다(고후 5:10). 그때 그 자리에서 내려지는 결정이 우리가 지금 이 자리에서 중요하다고 생각했던 것들을 모조리 뒤엎어 버릴 것이다. 이 땅에서 우리의 삶은 궁극적으로 하나님이 내리실 우리들의 지나온 삶에 대한 하나님의 심판에 반영될 것이다.

헛된 영광. 사탄은 우리에게 헛된 영광을 선물로 주기 원한다. 사람이 자신의 영광을 구하고자 할 때 이것을 대신 얻는다. 사울이 그러했고, 압살롬이 그러했으며, 바리새인들이 그러했다. 헛된 영광은 하나님의 칭찬보다 사람들의 칭찬이 간절한 사람들에게 찾아

간다. 세상 어느 것보다 하나님의 임재를 더 원한다면 하나님이 주시는 칭찬을 놓치는 일이 없도록 사람들이 주는 칭찬을 경계해야 한다.

모세의 간구

이제 모세가 하나님께 요청한 두 가지를 알아보자.

첫 번째 요청은 "내가 참으로 주의 목전에 은총을 입었사오면 원하건대 주의 길을 내게 보이사 내게 주를 알리시고 나로 주의 목전에 은총을 입게 하시며 이 족속을 주의 백성으로 여기소서"(출 33:13)였다. 뉴욕에서 마이애미로 가는 비행기 안에서 이 글을 읽었는데 마치 처음 대하는 본문인 것처럼 느껴졌다고 말한 것을 기억하는가? 그때 나는 머리부터 발끝까지 얼어붙을 만큼 충격을 받았고 큰 확신을 얻었다.

더 많은 기름 부으심을 원했던 내 바람이 일순간에 하찮은 것처럼 변해 버렸다. 더 큰 기름 부으심을 원하던 내 동기는 무엇이었는지 돌아보게 되었고, 내가 얼마나 이기적이었는지 깨달았다. 그러나 나와 반대로 더 큰 기름 부으심을 원했던 모세의 요청은 "하나님을 알 수 있도록 당신의 길을 보여 달라"는 것이었다. 이제 내가 무엇을 더 원하겠는가? 더 큰 기름 부으심일까, 하나님의 길을 더 잘 알게 되는 것일까? 바울은 자신의 가장 큰 열망은 그리스도를 아는 것(빌 3:10)이라고 했다.

나는 더 큰 기름 부으심을 원하는 내 바람이 그저 하나님께 더 큰 선물 받기를 바라는 것에 그치지 않을까 걱정스럽다. 그것은 물론 내가 더 잘 가르치고 설교하는 데 도움이 되긴 할 것이다. 그러나 모세가 원했던 것은 더 깊은 하나님의 임재를 체험하는 것 곧 하나님을 아는 것이었다.

'우리 중 얼마나 많은 사람들이 말 그대로 하나님만을 구하며 그분이 어떤 분이신지 진심으로 알기를 사모하는가? 하나님이 우리를 위해 어떤 일을 해 주실 수 있는지는 잠시 잊어버려도 좋다. 그분은 어떤 분이신가? 그분이 어떤 존재인지 알고 싶은 마음이 정말로 내 안에 있는가? 그분을 있는 그대로 알기 원하는가? 그분의 길을 알기 원하는가? 만약 그분이 다시 나를 들어 쓰지 않으신다고 해도 나는 여전히 그분과 그분의 길을 알기 원할 것인가? 아니면 무언가 그분이 내게 해 줄 것을 바라며 섬길 것인가? 그분이 어떤 분인지 관심이 있기나 한 걸까?'

이러한 질문들이 내 마음에 쉴 새 없이 날아들었다. 그 질문들은 내 동기가 무엇인지 잘 보여 준다. 참으로 당황스런 일이다. 안 좋은 점은 하나님의 영광을 볼 때 내 죄가 드러난다는 사실이다. 이사야는 주님의 영광을 보자마자 "화로다 나여 망하게 되었도다 나는 입술이 부정한 사람이요 나는 입술이 부정한 백성 중에 거주하면서 만군의 여호와이신 왕을 뵈었음이로다"(사 6:5) 했다.

모세가 드린 또 다른 요청은 주의 영광을 자신에게 보여 달라는 것이었다(출 33:18). 모세의 바람은 직접 만져 볼 수 있는 하나님의 영광, 즉 카봇이었을 것이다. 누가 그것을 보고 싶지 않겠는가? 그러나 그가 얻은 것은 단순히 만질 수 있는 하나님의 영광이 아니라 엄청난 하나님의 계시인 하나님의 의견(doxa)이었다.

> 여호와께서 이르시되 내가 내 모든 선한 것을 네 앞으로 지나가게 하고 여호와의 이름을 네 앞에 선포하리라 나는 은혜 베풀 자에게 은혜를 베풀고 긍휼히 여길 자에게 긍휼을 베푸느니라 또 이르시되 네가 내 얼굴을 보지 못하리니 나를 보고 살 자가 없음이니라(출 33:19-20).

이 순간을 통해 모세는 하나님의 주권을 배웠다. 그는 전에 계시해 주셨던 십계명에서 하나님이 질투하시는 분임을 배웠다(출 20:5). 그러나 회막에서 모세는 하나님이 긍휼을 베풀 자에게 긍휼을 베풀고 자비를 베풀 자에게 자비를 베푸실 것이라는 음성을 들었다. 바울은 하나님의 주권을 설명하면서 로마서 9장에서 이것을 반복하여 설명했다(롬 9:15).

하나님의 주권이란 그분이 누구든지 원하는 사람을 사용하여 무엇이든 원하는 일을 하실 수 있는 특권이 있다는 것을 의미한다. 그것은 하나님만이 누릴 수 있는 특권이다. 그러므로 우리는 하나님이 하나님답게 행하시는 모든 일을 인정해야만 한다. 모세도 그것을 배웠다. 그가 아무리 하나님과 가까워져도 모세는 하나님의 결정을 받아들일 수밖에 없었다.

> 여호와께서 또 이르시기를 보라 내 곁에 한 장소가 있으니 너는 그 반석 위에 서라 내 영광이 지나갈 때에 내가 너를 반석 틈에 두고 내가 지나도록 내 손으로 너를 덮었다가 손을 거두리니 네가 내 등을 볼 것이요 얼굴은 보지 못하리라(출 33:21-23).

모세는 하나님께 어떤 것도 명령할 수 없었다. 다만 여쭐 수 있을 뿐이었다. 그는 항상 하나님께 간청하는 편에 서 있었다. 기억하라. 하나님께 나아갈 때 우리는 마태복음 8장 2절에 나병 환자들이 예수님께 나아가듯 나아가야 한다. 세례 요한이 말했듯이 '만일 하늘에서 주신 바 아니면 사람이 아무것도 받을 수 없다'(요 3:27). 한때 모세에게 하나님의 뒷모습(단순한 카봇의 일부)을 보는 것이 허락된 적이 있었다. 그러나 이 시대를 사는 우리는 예수 그리스도의 얼굴에서 하나님의 완전하신 영광을 본다. 하나님은 "예수 그리스도의 얼굴에 있는 하나님의 영광을 아는 빛"(고후 4:6)을 우리에게 주셨다.

하나님의 주권, 질투심 그리고 영광은 모두 서로 연결되어 있다. 모세는 이것을 배웠다. 그는 먼저 하나님의 길을 알 수 있게 해달라고 간구했다. 그러자 그는 하나님의 영광을 보았고 응답이 따라왔다. "나는 긍휼을 베풀 자에게 긍휼을 베풀 것이다."

이 말에서 어떤 느낌을 받는가? 주의할 것은 당신이 만약 그와 같은 하나님을 사랑하지 않는다면, 그것은 당신이 하나님의 임재를 더 깊이 경험하기를 원치 않는다는 것이다. 조나단 에드워즈는 사탄은 당신에게 하나님의 영광을 사모하는 마음을 줄 수 없다고 했다. 그것은 오직 하나님 한 분만 하실 수 있는 일이다. 육신을 입은 존재는 하나님의 영광을 사모하는 마음을 줄 수 없다. 육신은 아무런 유익이 없다(요 6:63).

그러나 만약 당신과 내가 하나님의 영광을 진정으로 사모한다면, 그것은 하나님이 우리 안에서 이미 주권적으로 역사하고 계심을 보여 준다 하겠다. 우리가 하나님과 가식 없고 꾸밈없는 관계를 맺고 있음을 보여 주는 것이다. 육체는 인간에게 하나님의 영광이나 혹은 영광의 하나님에 대한 열정을 심어 줄 수 없다. 그러나 만약 당신이 영광의 하나님, 곧 질투심이 많고 절대 주권자이신 하나님을 사랑한다면, 그것은 당신 자신이 하나님의 더 깊은 임재를 경험하기 원하는 사람임을 스스로 증명해 보이는 것이다.

"오늘 밤 제 설교가 어땠나요?"

유대인들이 어떻게 그들 곁에 온 메시아를 알아보지 못했는지 궁금하지 않은가? 그들은 여러 세대 동안 하늘을 가르고 강림해 달라고(사 64:1) 주께 기도해 왔다. 이에 메시아가 왔을 때 그를 알아보지 못할 것이라고 생각했던 바리새인이나 사두개인은 아무도 없었다. 그들은 메시아가 왔는데 자신들이 메시아를 알아보지 못하는 일은 있을 수 없다고 장담했다. 그들은 마치 "런던에 부흥이 온다면 나도 그것을 알아 볼 것이다"라고 썼던 런던의 목회자들 같았다. 정말 그랬을까?

유대인들은 그들의 약속된 메시아를 알아보지 못했다. 왜냐하면 요한이 말한 바와 같이 그들은 사람의 영광을 하나님의 영광보다 더 사랑했기 때문이다(요 12:43). 그래서 예수님은 그들에게 이렇게 물어보셨다. "너희가 서로 영광을 취하고 유일하신 하나님께로부터 오는 영광은 구하지 아니하니 어찌 나를 믿을 수 있느냐"(요 5:44).

하나님의 칭찬보다 사람들의 칭찬을 선택하는데 어떻게 하나님을 믿을 수 있겠는가? 이와 같이 예수님은 믿음의 능력과 하나님의 칭찬을 추구하는 마음 사이에 떼려야 뗄 수 없는 관계가 있음을 보이셨다. 하나님을 더 깊이 경험하고자 하는 열망은 부수적인 유익을 가져다주는데, 바로 믿음이 자라난다는 사실이다. 그뿐만 아니라 오늘날 하나님이 행하시는 일들을 놓치지 않는다. 조나단 에드워즈는 전능하신 구원자가 어느 곳으로 움직이시는지 발견해 내고 그 방향으로 움직이는 것이 모든 세대의 책임이라 했다. 하지만 그것을 도대체 어떻게 발견할 수 있을까? 답은 간단하다. 사람들의 칭찬보다 그분의 인정을 받으려고 애쓸 때 그것을 분명히 깨달을 수 있다.

바리새인들은 수많은 관중들을 원했다. 더 많은 사람들에게 자신들의 경건을 과시할 수 있다면 더 좋았다. 그들은 사람들을 기쁘게 하기 위해 살았을 뿐 아니라 사람들의 존경을 받기를 간절히 갈망했다. 물론 거룩함이 자신들의 동기였지만 그들은 일부 영국 청교도들과 같이 거룩함을 하나님보다도 더 사랑했다.

그들에게 은밀한 가운데 보시는 한 분(오직 하나님)은 그다지 매력적이지 못했던 것이다. 그러나 예수님은 자신을 따르는 이들이 다르게 행동하기를 원했다. 마태복음 6장에 기록된 주님의 가르침을 보자.

○ 구제할 때 사람들 앞에서가 아니라 은밀하게 해야 한다. "은밀한 중에 보시는" 우리 아버지께서 우리에게 갚으실 것이기 때문이다(4절).

○ 기도할 때 "은밀한 중에 보시는" 우리 아버지께서 우리에게 갚으시도록 방에 들어가 문을 닫고 기도하라고 하셨다(6절).

○ 금식할 때 사람들 앞에서 표 내지 말고 "은밀한 중에 보시는" 한 분 하나님 앞에 행하여야 한다. 그분이 우리에게 갚으실 것이기

때문이다(18절).

가르침이 당신의 마음을 사로잡았는가? 진심으로 그러기를 바란다. 그것은 당신이 하나님을 더 많이 갈망한다는 뜻이고, 질투하시는 하나님의 인정을 받기 위해 사람들의 칭찬을 피하려고 애쓴다는 뜻이다.

말라기는 "그때에 여호와를 경외하는 자들이 피차에 말하매 여호와께서 그것을 분명히 들으시고"라고 했다. 그들은 서로 말했지만, 분명히 듣고 계신 보이지 않는 한 분 하나님을 의식했던 것이다. "여호와를 경외하는 자와 그 이름을 존중히 여기는 자를 위하여 여호와 앞에 있는 기념책에 기록하셨느니라"(말 3:16). 예수님은 "내가 너희에게 이르노니 사람이 무슨 무익한 말을 하든지 심판 날에 이에 대하여 심문을 받으리니"(마 12:36)라고 하셨다. 우리가 다른 이들과 말할 때, 듣는 그 사람보다도 하나님을 더욱 의식해야 한다. 옛 영가의 노랫말처럼 그분은 보고 계신다.

그분은 당신의 모든 행동을 보시며
당신의 모든 말을 들으신다네.
내 주님은 언제나 언제나 언제나 쓰고 계시네.
그분은 당신의 모든 행동을 보시며
당신의 모든 말을 들으신다네.

내 주님은 언제나 쓰고 계시네.[2]

– 작자 미상

무서운 말이다. 그러나 우리가 만약 하나님으로부터만 오는 영광을 구하지 않았던 죄와 우리의 부주의함을 돌아보며 마음에 찔림이 있다면 아직 희망이 있다.

이 가르침은 교사와 설교자들에게 분명한 깨달음을 준다. 또 이 원칙은 바울의 삶에도 중요한 영향을 미쳤다. 그는 설교할 때 단 하나의 청중이신 하나님 앞에서 설교했노라고 말했다. "우리는 수많은 사람들처럼 하나님의 말씀을 혼잡하게 하지 아니하고 곧 순전함으로 하나님께 받은 것같이 하나님 앞에서와 그리스도 안에서 말하노라"(고후 2:17).

나는 유감스럽게도 이 분야에서 처참하게 실패했다. 25년 전 영국 본머스(Bournemouth)에서 설교한 일이 있다. 그들을 가리켜 "이스터 피플"(Easter People; 부활을 믿는 사람들)이라고 했는데, 그날 강연 자리에는 약 2천 명이나 되는 회중이 모였다. 나는 정말 잘하고 싶었고, 최선을 다했다. 보통 설교를 마치면 사람들은 즉시 설교자에게 찾아와 "오늘 말씀 감사합니다"라든가 그 비슷한 말을 해 주기 마련이다. 그러나 그날은 아무도 그런 말을 해 주지 않았다.

고백하기 창피하지만 나는 누군가 찾아와 격려가 되는 말을 해 주지 않을까 기다리며 그곳에서 몇 분 동안이나 서성거렸다. 내가 그때 거기 머물러 있었던 이유는 내가 한 분이신 하나님을 의식하며 설교하기보다 2천 명의 청중을 의식하며 설교했기 때문이다.

결국 만족스럽지 못한 기분으로 차에 탄 뒤 기분 전환을 해 보려고 무진 애를 쓰며 런던까지 두 시간을 운전해 왔다. 나는 "오늘 밤 제 설교가 어떠셨나요?" 하고 주님께 여쭤 보았다. 내 질문에 그분이 항상 답변을 해 주시는 것은 아니었지만, 주님은 그날 정말 내게 아무런 말씀도 해 주지 않으셨다. 나는 하루이틀 지나고 나서 그때 기분을 극복했지만 일 년 전 런던 웸블리에서 설교를 마치고 났을 때 다시 그때 일이 떠올랐다.

어느 여인이 내게 찾아와서 "목사님, 기억하지 못하실 수도 있지만 25년 전에 본머스에서 설교하신 적이 있었어요."

"오, 그래요. 기억해요. 잊지 않았습니다."

"정말요?" 그녀는 되물었다. "저는 그날 구원을 받았답니다."

깜짝 놀랐다. 그 말은 그날 밤 내 설교가 그렇게 나쁘지 않았다는 첫 번째 증거였기 때문이다. 그것은 하나님이 한 분이신 청중을 잊어버리고 사람들을 기쁘게 하기 원하는 사람들의 생각을 뒤집고 계심을 보여 준다.

이 책과 내가 쓴 대부분의 책에서 요한복음 5장 44절을 인용했다. 수년 동안 나는 이 말씀에 사로잡혀 살기를 원했다. 하지만 여러 차례 실패할 수밖에 없었다. 심지어 이 책을 쓰는 지금 이 순간에도 나는 누가 보아도 탁월하게 쓰고 싶은 마음과 하나님으로부터만 칭찬받고 싶은 마음 사이를 아슬아슬하게 오가고 있다.

사람들의 칭찬보다 하나님께 인정받고자 갈망하는 것은 매우 고귀한 목표다. 바리새인이 되는 것은 쉽다. 바리새인이 되는 법을 배우려고 대학까지 갈 필요도 없다. 그것은 신학자들이 말하는 것과 같이 원죄에 해당되는 것으로 우리 안에 내재된 본성이다.

그렇다면 오직 주님으로부터만 오는 인정이란 무엇인가? 두 가지를 생각해 볼 수 있다. 첫째, 때로 하나님은 감사하게도 우리에게 성령의 내적 간증을 허락해 주신다. 그것은 당신이 하나님 한 분만을 순전한 마음으로 섬겼음을 알게 해 주는 기분 좋은 느낌이다. 하나님은 당신에게 그 사실을 알려 주시는데, 그 기분은 이루 말할 수 없이 좋다. 둘째, 마지막 심판대 앞에서 그 모든 일에 대한 인정을 받는 것이다. 그때 예수님은 우리를 바라보시며 "참 잘했다"라고 말씀하실 것이다. 나는 다른 어떤 것보다도 이 말씀을 듣고 싶다.

• Part 3

나를 활짝 열어 '있는 그대로의 하나님'을 모셔 들이다

MORE of GOD

6 장

심판대 앞에서 불타지 않을 행실로 일상을 건축하라

이 닦아 둔 것 외에 능히 다른 터를 닦아 둘 자가 없으니
이 터는 곧 예수 그리스도라 만일 누구든지 금이나 은이나 보석이나
나무나 풀이나 짚으로 이 터 위에 세우면 각 사람의 공적이 나타날 터인데
그 날이 공적을 밝히리니 이는 불로 나타내고
그 불이 각 사람의 공적이 어떠한 것을 시험할 것임이라
만일 누구든지 그 위에 세운 공적이 그대로 있으면 상을 받고
누구든지 그 공적이 불타면 해를 받으리니
그러나 자신은 구원을 받되 불 가운데서 받은 것 같으리라

고린도전서 3장 11-15절

나는 어느 곳에 가든지 1801년에 있었던 케인 리지 부흥 이야기를 즐겨 한다. 《빌리 그레이엄》(*In A Prophet With Honor: The Billy Graham Story*, 고려원 역간)의 저자 윌리엄 마틴도 케인 리지 부흥 이야기를 자주 한다. 그는 그 사건을 "미국의 두 번째 대각성 운동"[1]이라고 부른다.

나는 수년 전 영국 박물관에서 그 부흥 사건을 연구했고 그것과 관련하여 많은 책들을 읽으려고 애썼다. 우리는 지금 헨더슨빌에 사는데, 그곳에서 겨우 한 시간 정도 떨어진 켄터키주와 테네시주의 경계를 흐르는 붉은 강 근처가 1800년 부흥의 진원지였다. 성령님은 한 장로교회의 성찬식 시간에 엄청난 능력으로 임하셨고, 사람들은 다음 해 켄터키의 케인 리지에서 모이기로 약속했다. 이로 인해 수 천 명의 사람들이 마차를 몰고 켄터키 버번 카운티로 몰려들었고, 이곳은 후에 케인 리지 모임과 성경 공부로 유명해졌다.

1801년 8월 9일 주일 아침에 어느 감리교 평신도 설교자가 쓰러진 나무토막 위에 올라가 고린도후서 5장 10절로 설교했다는 이야기를 들은 기억이 있다.

> 이는 우리가 다 반드시 그리스도의 심판대 앞에 나타나게 되어 각각 선악간에 그 몸으로 행한 것을 따라 받으려 함이라(고후 5:10).

대략 만 5천 명 가량 되는 청중들이 선 채로 그 설교를 경청했는데, 그중에 수백 명이 일시에 땅바닥에 쓰러졌다. 아무도 그 사람들에게 안수한 것이 아니었고 밀어서 넘어뜨린 것도 아니었는데 그냥 그렇게 쓰러졌다. 사람들은 경악했고 이러다 죽는 건 아닌지 걱정하기 시작했다. 그러나 몇 시간 후에 이 사람들은 의식을 되찾았고 구원의 확신을 가지고 일어나 기쁨으로 외쳤다. 또 다른 사람들도 넘어지기 시작했는데 주일에서 수요일까지 4일 동안 최소 500명에 이르는 사람들이 쓰러지는 일이 벌어졌다.[2] 이때 엄청나게 많은 사람들이 소리를 내고 있었기 때문에 한 참가자는 "그 소리가 나이아가라 폭포가 울부짖는 것과도 같았다"고 했다.[3]

케인 리지 부흥은 단지 5-6일 정도 지속되었지만, 뉴잉글랜드의 대각성 운동은 15년 혹은 그 이상(약 1735-1750년 사이) 지속되었다. 현재도 이 두 부흥의 진원지를 연결하는 곳에 바이블 벨트(Bible Belt)가 존재한다.[4] 어떤 역사학자들은 뉴잉글랜드의 대각성 운동이 1776년 7월 4일의 미국 독립 선언에 직접 영향을 미쳤다고도 믿는다.

이 두 각성 운동에는 공통점이 있었는데, 바로 우리가 죽고 나서 벌어질 일들에 대한 관심이었다. 두 각성 운동에서 내가 주목하는 점은 사람들이 죽음 이후의 삶의 중요성에 관심을 보였다는 것이다. 오늘날 대부분의 설교 주제는 현세의 삶에만 초점을 맞추고 있다. 대부분 존재론적인 관점에서 접근하는데, 그렇게 설교하는 사람들은 그 용어를 제대로 정의하지도 못한다. 우리는 '나 중심' 세대에 살아가고 있고, 사람들은 '듣고 기분 좋은' 설교가 있는 곳으로 몰려든다. 나는 이제 또 하나의 대각성 운동이 다가오고 있다고 믿는다. 그때에는 천국과 지옥에 대한 활발한 말씀 선포가 이루어질 것이고 순수한 복음이 회복될 것이다. *Whatever happened to the Gospel*(도대체 복음은 어떻게 된 걸까?)이라는 내 책을 참고하기 바란다.

이번 장에서는 그리스도의 심판대와 그것을 어떻게 준비할 것인지를 중점으로 다룰 것이다. 당신이 하나님을 얼마나 더 깊이 경험하기 원하는지는 그리스도의 심판대 앞에서 드러날 것이고 또한 보상받을 것이다.

하나님의 임재를 더 깊이 경험하는 것에는 두 가지 차원을 고려해야 한다. 첫째는 바로 지금 이 땅에서 어떻게 하면 하나님을 더 깊이 경험할 것인가, 둘째는 그것이 그리스도의 심판대 앞에서 어떤 의미를 가질 것인가다. 바울은 비유를 통해 우리가 그리스도의 심판대를 어떻게 준비해야 하는지 보여 준다. 먼저는 터를 닦고, 그 다음은 그 터 위에 건축물을 짓는 것이다.

우리가 그 위에 있건 그 위에 있지 않건 모든 인생의 가장 기초는 예수 그리스도시다. 만약 당신이 그 터 위에 서 있다면 당신은 구원받은 것이다. 당신은 "그리스도 안에" 있으며 죽고 난 이후 천국에 갈 것이다(고후 5:17, 21; 엡 4:1). 그러나 만약 당신이 그 터에 서 있지 않다면 당신은 구원받지 못한 것이고 죽어 지옥에 갈 것이다. 게다가 올바른 터에 서 있지 않다면 그 위에 건축물을 세우는 것 자체는 애초에 불가능하다. 그러므로 당신이 구원받았는지 여부는 당신이 그 터 위에 서 있느냐의 여부로 판가름이 난다.

한 번 그 터에 서면 당신이 구원받은 사실은 영원히 변치 않는다. 때로는 넘어질 수도 있겠지만 그래도 여전히 그 기초 안에 있다. 찰스 스펄전이 말한 바와 같이, 당신은 큰 배를 타고 가다가 그 위에서 미끄러지거나 넘어질 수 있지만 그 배 바깥으로 떨어지지는 않기 때문이다. 이 주제를 더 자세히 알기 원하는 사람은 *Once Saved, Always Saved*(한번 구원받으면 영원히 구원받은 것이다)라는 내 책을 읽어 보기 바란다.

당신이 터가 되시는 그리스도 위에 서 있고, 하나님을 더 경험하며, 그리스도의 심판대 앞에서 상급을 받기 원한다면 이제는 그 위에 집을 건축할 차례다. 당신이 그리스도의 심판대 앞에서 상급을 받을지 여부는 그 건축물이 얼마나 튼튼하고 건실한지에 달려 있다.

인생을 짓는 데 사용한 재료들

바울은 금, 은, 보석, 나무, 풀, 짚 등을 비유로 들어 그리스도의 심판대에서 상을 나눠 줄 때 평가하는 기준을 알려 준다. "그 날에", 즉 그리스도의 심판대 앞에 서는 날에 불이 우리가 지은 건축물의 품질을 시험할 것이다. 바울이 뜻한 바를 이해하기 위해 우리는 금, 은, 보석, 나무, 풀, 짚과 같은 재료들을 살펴봐야 한다. 어떤 것이 불에 타 없어질 것인가? 나무는? 탄다. 풀은? 탄다. 짚은? 탄다. 금은? 타지 않는다. 은은? 타지 않는다. 보석은? 타지 않는다.

이 재료들은 우리의 행위(행동)를 의미한다. 물론 선한 행실이 우리를 구원해 주는 것이 아니라 우리가 선 터가 그것을 보장해 준다(엡 2:8-9). 그러나 우리의 행위는 건축물을 이루고 그것은 그리스도의 심판대 앞에서 우리가 받을 상을 결정한다. 그리스도의 심판대 앞에서 하나님은 금과 은과 보석으로 비유된 당신의 선행을 상급으로 갚아 주실 것이다. 불이 이것들을 사르지 못할 것이다. 그러나 나무와 풀과 짚으로 비유된 나쁜 행위들은 불에 타 없어질 것이다.

"진정으로 구원받은 사람이 어떻게 나쁜 행실을 할 수 있나요?" 슬프지만 그것이 현실이다. 당신은 이성을 잃고 흥분한 적이 있는가? 누군가를 질투한 적이 있는가? 누군가에게 분한 마음을 품은 적은? 마치 숲을 태워 버리는 작은 불(약 3:5)처럼 혀를 통제하지 못한 적이 있지는 않는가?

앞에서 말한 여섯 가지 재료들을 한데 모은 후에 그 위에 기름을 붓고 성냥을 그어 그 무더기 위에 던져 본다고 상상해 보자. 몇 분이 지나면 무엇이 남겠는가? 오직 금과 은과 보석뿐일 것이다. 나무나 풀, 짚은 모두 타 버릴 것이기 때문이다. 심판의 날에 하나님은 우리가 지은 건축물을 시험하시기 위해 불을 내리실 것이다. 나무나 풀, 짚과 같은 우리의 악행은 모두 타 없어져 버릴 것이다. 만약 금과 은, 보석과 같은 선한 행실들이 있었다면 그것들은 살아남을 것이며, 바울이 말한 바와 같이 우리가 세운 건축물이 그대로 남아 있으면 우리는 상을 받을 것이다(고전 3:14).

그러나 만약 누군가 터 위에 나무, 풀, 짚으로만 건축물을 세웠다고 해 보자. 바울은 15절에 "누구든지 그 공적이 불타면 [상을 잃는] 해를 받으리니 그러나 자신은 구원을 받되[왜냐하면 여전히 터 위에 서 있으니까] 불 가운데서[KJV 성경은 "불에 의하여"로 번역함] 받은 것 같으리라"라고 했다. 이 말씀에 의하면 최소한 이론적으로 보았을 때 구원받은 자라도 그리스도의 심판대 앞에서 보여 줄 선한 행실이 하나도 없을 수 있다는 것이다.

진정으로 구원받은 사람에게 선한 행실이 하나도 없다는 것은 그저 이론적으로만 가능한 것이라고 믿지만, 그러나 하나님만이 유일한 재판관이시니 그분께 맡길 뿐이다. "그러므로 때가 이르기 전 곧 주께서 오시기까지 아무것도 판단하지 말라 그가 어둠에 감추인 것들을 드러내고 마음의 뜻을 나타내시리니 그때에 각 사람에게 하나님으로부터 칭찬이 있으리라"(고전 4:5).

나는 마르틴 루터가 한 말을 자주 인용하는데, 그는 천국에 갈 때 세 가지 사실 때문에 놀랄 것이라고 말하곤 했다. 첫째는 예상치 못했던 사람들을 만나기 때문에, 둘째는 만나리라 기대했지만 그렇지 못한 사람들 때문에, 셋째는 자기 자신이 거기 있다는 사실 때문에 놀랄 것이라고 했다. 루터의 말을 조금 바꾸어 본다면, 나 또한 그리스도의 심판대 앞에서 세 번 놀랄 것 같다. 예상 외로 상을 받는 사람 때문에, 상을 받을 줄 알았는데 그저 불 가운데에서 간신히 구원받은 사람들 때문에, 내가 상을 받는다는 사실 때문에.

질문은 계속된다. 선한 행위들이란 무엇인가? 그것은 하나님의 말씀에 순종하여 행한 모든 일들이다. 다시 말하자면, 그것은 바울이 비유한 바, 금이나 은, 보석 같은 행위들이다. 악한 행실들이란 무엇인가? 그것은 하나님의 말씀에 불순종하여 행한 모든 일들이다. 바울의 비유에 따르자면 나무, 풀, 짚 같은 행위들이다.

금이나 은, 보석 같은 행실들

건강한 신조

우리는 우리가 믿는 바에 책임이 있다. 그렇다. 우리는 하나님의 진리를 수호했다고 그리스도의 심판대 앞에서 상을 받을 것이다. 그러므로 거룩한 말씀을 곡해하는 어떠한 이단적 가르침이라도 걸러 낼 수 있도록 지혜로워야 한다. 우리는 진리를 수호할 책임이 있기 때문이다. 만약 우리가 믿는 교리가 이 사람 저 사람의 주장에 따라 쉽게 바뀐다면 그것은 좋은 일이 아니다.

반드시 똑똑하고 지적이고 교육을 많이 받아야만 하는 것은 아니다. 중요한 것은 마음이 하나님의 진리를 추구하기 원하느냐는 것이다. 그것은 당당하게 성경의 무오함을 믿는 것을 포함한다. 요한복음 7장 17절에서 예수님이 하신 말씀은 이 관계를 이해하는 데

도움을 준다. "사람이 하나님의 뜻을 행하려 하면 이 교훈이 하나님께로부터 왔는지 내가 스스로 말함인지 알리라."

중요한 것은 진리에 대한 사랑이다. 만약 진리를 사랑한다면 그것이 어디로 인도하든지, 그 대가가 무엇이든지 상관없이 당신은 건강한 신앙을 유지할 수 있을 것이다. 자신이 잘못 인도함을 받고 있지 않음을 알 수 있는 방법은 당신이 정직하게 하나님의 뜻을 행하기를 갈망하는지 돌아보는 것이다. 만약 당신이 진심으로 하나님의 뜻을 알기 원하고 그것을 알기 위해 인내한다면, 당신은 가르침의 면에서 잘못된 길에 서 있지 않다고 확신할 수 있다. 물론 이것은 당신이 성경을 잘 안다는 것을 전제했을 때 하는 말이다. 당신은 정녕 그러한가?

여러 해 전, 켄터키 루이빌에 있는 신학교를 다니면서 박사 학위를 얻으려고 독일로 유학 가는 문제를 진지하게 고민했다. 내가 만난 몇몇 사람들은 더 깊이 사고하고 심오한 사상과 씨름하고 싶다면 독일로 유학 가면 좋다고 주장했다. 그래서 나는 그 계획을 실행할 준비를 거의 다 마쳤다. 그런데 하나님의 섭리 가운데 웨인 워드(Wayne Ward, 1921-2012) 박사가 내게 조언을 해 주었다. 그는 내가 전혀 생각해 보지도 못했고 깨닫지도 못했던 것을 말해 주었다. 독일에서 박사 학위를 받기 위해서는, 진리를 추구할 필요가 없고 단지 그들을 깜짝 놀라게 할 만한 아이디어만 있으면 된다는 것이었다. 독일의 신학대학들은 진리를 추구하지 않고, 이전까지 알려지지 않은 희귀한 아이디어들만을 추구한다고 워드 박사는 말했다.

그 일을 계기로 잠시 멈추어 서서 지난 두 세기 동안 진리에 기초하지 않은 새로운 신학을 유행시켰던 독일의 영향력 있는 신학자들을 생각해 보았다. 물론 거기에 예외가 있다고 믿고 싶다. 하지만 워드 박사는 "그들이 추구하는 것은 진리가 아니라네. 거기서는 조금이라도 혁신적인 신학만 있으면 당신도 얼마든지 교수가 될 수 있다네"라고 하면서 나를 가르칠 교수들도 다 그와 같은 방식으로 박사 학위를 얻었다고 덧붙였다. 이것은 물론 당시 워드 박사의 의견에 불과했고 지금은 상황이 다르리라 소망한다. 그러나 나는 지금까지도 워드 박사가 내게 준 경고에 하나님께 감사한다.

진리를 원한다면 하나님의 뜻을 알고 삶을 온전히 드려 그분을 따라가기 위해 애쓰라고 주님은 말씀하셨다. 진리는 머리를 잘 쓰거나 지적이어야 깨달을 수 있는 것이 아니라, 거룩한 말씀에 순종하고자 할 때 잘 깨달을 수 있다. 예수님도 당시 유대인들과 논쟁할 때 이러한 자세로 자신을 변호했다. 예수님은 만약 자신의 가르침이 하나님으로부터 온 것인지 알고 싶다면, 하나님의 뜻을 찾아 순종하도록 애쓰라고 유대인들에게 말씀하셨다.

하나님의 임재를 더 많이 경험하기 원한다는 것을 보이는 방법은 그분의 말씀을 정기적으로 꾸준히 읽으면서 교리적 진리를 꼭 붙잡는 것이다. 설명을 잘하는 신학자가 될 필요는 없지만 당신이 무엇을, 왜 믿는지는 알아야 한다. 무엇이 진리가 아닌지 분별하고 저항할 수 있는 능력을 얻는 것은, 사탄을 분별하고 사탄에게 저항하는 방법을 배우는 것과 같다. 건전한 교리는 그리스도의 심판대 앞에서 불 시험을 이겨 낼 수 있을 정도로 강력한 건축물을 만드는데 반드시 필요하다.

마지막으로 한 가지 이야기를 더 하겠다. 이제 사람들은 성경이 무엇을 가르치는지 알기 원한다면 자유주의자들에게 물어보라고 한다. 지옥, 동성결혼, 열린 유신론, 만인구원설에 대해 성경이 무엇이라 말하는지 자유주의자들에게 물어보라. 자유주의자들은 자신들이 더 이상 성경을 믿지 않기 때문에 자유주의자라고 불린다는 사실을 안다. 그러나 최근 몇 년간 상황은 변했다. 오늘날에는 수많은 사람들이 자신을 성경의 무오함을 믿는 복음주의자라 부르면서 만인구원설에서 영혼 소멸론까지, 동성결혼에서 열린 유신론까지 모든 가르침을 다 받아들인다.

나는 최대한 사랑으로 그러나 단호하게 말하는데, 당신이 알고 있는 성경의 가르침을 부끄러워하지 말라. 만일 당신이 하나님을 더 많이 경험하기 원한다면, 당신은 지난 2천 년 동안 그리스도인들이 견고하게 서 있던 가르침을 부끄러워하지 않을 것이다.

빛 가운데 걸어가기

"그가 빛 가운데 계신 것같이 우리도 빛 가운데 행하면 우리가 서로 사귐이 있고 그 아들 예수의 피가 우리를 모든 죄에서 깨끗하게 하실 것이요”(요일 1:7).

소중히 여기는 사상이지만 성경에서 찾은 것이 아니라면 그것을 내려놓고 먼저 진리 가운데 걷기를 시작해야 한다. 그 진리가 나를 어디로 인도할지 알지 못해도 말이다. 예수님은 자신이 “세상의 빛(요 8:12)”이라고 하셨다. 또한 “나는 길이요 진리요 생명이니”(요 14:6)라고 하셨다. 예수님이 성령을 보내셨는데 그분은 “진리의 영”(요 14:17)이셨다.

예수님은 빌라도와 이런 대화를 나누셨다. “빌라도가 이르되 그러면 네가 왕이 아니냐 예수께서 대답하시되 네 말과 같이 내가 왕이니라 내가 이를 위하여 태어났으며 이를 위하여 세상에 왔나니 곧 진리에 대하여 증언하려 함이로라 무릇 진리에 속한 자는 내 음성을 듣느니라”(요 18:37).

빛 가운데 걸어가는 것은 당신의 개인적인 삶을 향한 하나님의 계획을 받아들이는 것을 포함한다. 하나님은 당신을 원하신다. 당신이 그분을 찾을 때 당신은 조만간 변화해야 할 필요를 깨달을 것이다. 하나님을 따르는 삶은 거의 언제나 이제 그만 안전지대에서 나오라고 요구한다.

1982년 5월, 내 인생을 결정적으로 바꾸는 결심을 내렸다. 아더 블레싯을 웨스트민스터채플 설교자로 초청한 것이다. 그와 좀 더 가까이 사귀고 싶어서였다. 그의 속사람이 내가 만났던 그 어떤 사람보다도 예수님과 가장 가까웠다. 그런데 그의 입에서 전혀 예상치 못한 말씀이 나왔다.

"우리는 이제 거리로 나가 사람들에게 예수님을 전해야 합니다!"

"오, 이런!" 내 입에서 탄식이 흘러나왔다. 그래서 그를 부른 것이 아니었는데……. 어쨌든 나는 그의 제안을 따랐다.

하지만 그 뒤로 또 다른 중요한 결정을 내려야만 했다. 아더 블레싯이 돌아간 이후에 그가 없이도 이 일을 계속할 것인가 하는 문제였다. 1982년 금요일 밤에 나는 '파일럿 라이트'(pilot light; 밥솥이나 오븐 속에 절대로 꺼지지 않는 불. 전자레인지를 켤 때 가장 먼저 켜지는 점화 플러그의 불빛-옮긴이주)의 환상을 보았다. 나는 내가 각 사람의 영혼을 구원하는 사람이 되어야겠다고 깨달았다.

그때까지 나는 강대상 위에서 복음을 선포하는 것만으로도 영혼을 구원하는 내 사명을 잘 감당하는 것이라고 생각했다. 그러다 거리로 나가 복음을 전도한 후에야 비로소 강대상 위에서 설교하는 일이 버킹검 궁전에서 빅토리아역까지 다니며 전도지를 나누어 주는 일보다 훨씬 쉬운 일이라는 사실을 깨달았다. 이 깨달음을 발판 삼아 '파일럿 라이트 미니스트리'(pilot light ministry)가 시작되었다.

한마디로 말해, 하나님이 내게 주신 빛 가운데로 걸어갔다. 그때 내가 만약 그 빛 가운데로 걸어가지 않았다면 하나님은 나를 다른 한쪽으로 몰아가서 결국 어제의 사람으로 전락하게 만드셨으리라. 주님의 은혜 덕분에 감사하게도 나는 믿음의 큰 걸음을 내딛고 사람들을 일대일로 만나는 사역을 지금까지 이어 오고 있다.

빛 가운데 걸어가는 일이 어떤 사람들에게는 그들이 믿는 신조에 영향을 미친다. 또 어떤 이들에게 그것은 십일조와 같이 자신의 지갑을 여는 문제와 관련이 있다. 또 어떤 이들에게 그것은 미운 적들에게 더 이상 분을 품지 않고 완전히 용서해 주는 것을 의미할 수도 있다. 어떤 이들에게 그것은 직업을 바꾸거나 회사를 바꾸거나 먹고 마시는 것을 바꾸는 것을 의미할 수 있다. 어떤 이들에게 그것은 특정 사역에 뛰어들거나 낯선 나라에 나가 선교를 시작하는 것을 의미할 수 있고, 어떤 이들에게 그것은 방언으로 말하고 기도하는 것을 의미할 수 있다. 또 어떤 이들에게는 특정한 가르침이나 사역에 대해 더 이상 저항하기를 멈추고 그것을 받아들이는 것을 의미할 수 있다.

성령의 인도하심을 따라 주님의 빛 가운데 걸어갈 때 비로소 금이나 은, 보석을 재료로 삼은 건축물을 만들어 갈 수 있다. 지불해야 할 대가가 명성이건, 창피함이건, 불편함이건 무엇이든지 상관없이 다 충분히 가치가 있는 것이다. 이 땅에서 절대로 후회가 없을 것이고, 그리스도의 심판대 앞에서도 기뻐하게 될 것이다.

방언의 은사에 마음 열기

이것은 오늘날 말씀을 중요하게 여기는 사람들에게 더욱 필요하지 않을까 생각한다. 오늘날 교회들마다 말씀과 성령 사이에 조용한 이혼이 진행되고 있다. 이혼을 하면 그 부모 슬하 자녀 가운데 어떤 아이들은 엄마와 함께 살고, 어떤 아이들은 아빠와 산다. 이 이혼에서 말씀 사역의 편에 서는 이들은 성경 강해와 복음, 건전한 신학(이신칭의와 하나님의 주권 등)을 마땅히 강조한다. 그들은 "우리는 견고한 교리가 필요하다"고 말하곤 한다. 성령 사역의 편에 서는 이들은 사도행전과 이적과 기사, 기적, 살아 역사하시는 성령의 은사들을 강조한다. 그들은 "우리에게 필요한 것은 능력이다"라고 말하곤 한다.

나는 두 가지 모두 필요하다고 생각한다. 그 둘이 연합할 때 폭발적인 결과를 거둘 수 있다. 일반적으로 말해, 말씀 사역을 강조하는 사람들은 갈라디아서 5장 22-23절에 나오는 성령의 열매를 강조한다. 성령 사역을 강조하는 사람들은 고린도전서 12장 8-10절에 나오는 성령의 은사를 강조한다. 우리에게는 그 두 가지가 다 필요하다!

말씀 편에 선 사람들이 흔히 부딪히는 문제가 있다. 바로 방언으로 말하고 기도하는 것이다. 방언의 은사가 아니었더라면 은사 중지론자들의 가르침도 없었으리라 생각한다. 방언을 하는 사람들은 억울한 누명을 뒤집어쓸 때가 있다. 은사 중지론은 사도들의 시대 이후로 기적이 '중지되었다'고 주장하는 가르침이다. 그러나 성경에는 그런 말씀이 어디에도 없다. 그런데도 어떤 이들은 고집스럽게도 그 주장을 고수하며 그들의 편견을 신조로 바꾸어서 하나님 이 오래전에 직접 은사 중지를 결정하셨다고 주장한다. 그러면서 아무도 지혜나, 예언, 기적의 은사는 부인하지 않는다. 바울이 이 "방언"의 은사를 목록에 집어넣으면서 모두가 불편해진 것이다.

말씀 편에 선 사람들은 "그러나 바울은 '더 큰 은사'를 사모하라고 하셨는데, 더 큰 은사란 사랑이다"라고 말한다. 그러면서 재빨리 "방언은 은사의 목록 중에 가장 저급한 것으로, 조금도 중요하지 않다"라고 덧붙이곤 한다.

그렇다 할지라도 나는 "하나님을 더 깊이 경험하고 싶다면 바닥부터 시작하라!"고 말하고 싶다. 오늘날 많은 그리스도인들에게 방언의 은사보다 더 큰 오명을 안겨 주는 문제는 없다. 만약 사람들에게서 비난받고 오명을 얻더라도 그래서 하나님을 더 깊이 경험할 수만 있다면 당신은 그것을 받아들일 마음이 있는가?

슬프지만 어떤 사람들은 방언의 은사를 끝까지 진지하게 받아들이지 않을 것이고, 결국 끝까지 저항할 것이다. 말씀 편에 선 어떤 사람들은 어떻게 해서든 방언을 하지 않는 것을 합리화시켜 줄 수 있는 성경 주석이나 교리를 찾아서 그 뒤에 숨으려 한다. 여기 해결점이 있다. 방언의 은사는 당신의 교만한 마음에 유일하게 도전하는 성령의 은사다. 여기서 진정한 변화가 시작되는 것이다.

당신도 진지하게 고민해 보았으면 한다. "다 방언을 말하는 자이겠느냐"(물론 아니다; 고전 12:30)라는 말씀에 나도 동의한다. 그러나 나는 당신이 먼저 방언을 하고자 하는 마음을 갖는 것이 중요하다고 본다. 자신에게는 해당 사항이 없다고 말하며 너무 서둘러 도망

가지 말고, 먼저 그분 앞에 모든 가능성을 열어 놓기 바란다. 어떤 이들에게는 그것이 하나님을 더 깊이 경험하는 데에 가장 큰 방해가 되었을 수도 있다. 브루스 메츠거(Bruce Metzger) 박사 밑에서 공부했던 한 친구가 그에게 이렇게 질문했다고 한다(메츠거는 아마도 21세기가 낳은 가장 탁월한 헬라어 학자일 것이다).

"바울이 로마서 8장 26-27절에 '성령이 말할 수 없는 탄식으로 기도한다'고 쓴 것은 방언으로 기도한다는 뜻이었습니까?" 그러자 메츠거는 "물론이지, 바울이 그런 뜻으로 한 말이 맞다"라고 했다. 메츠거는 장로교인이고 아마도 은사 중지론자였을 테지만, 이 사실을 내 친구에게 인정할 정도로 학자적 양심과 객관성을 갖춘 사람이었다.

영혼 구하기

"의인의 열매는 생명나무라 지혜로운 자는 사람을 얻느니라"(잠 11:30). 하나님이 빌리 그레이엄에게 그렇게 큰 축복을 주신 이유가 무엇인지 궁금하지 않은가? 또 기드온과 유대인들과 아더 블레싯 혹은 D. 제임스 케네디(D. James Kennedy) 그리고 플로리다 포트로더데일(Fort Lauderdale)의 코랄리지장로교회(Coral Ridge Presbyterian Church)를 축복하신 이유가 궁금하지 않는가? 이 사람들과 교회들을 관통하는 공통 요소가 있는데, 바로 그들이 모두 영혼을 구원하는 사람들이었다는 사실이다. 오직 그것뿐이다. 그들의 유일한 관심사는 사람들이 예수 그리스도께로 돌아오는 것을 보는 것이었다.

웨스트민스터채플에서 가장 힘들었던 시간은 열두 명 중 여섯 명의 집사들이 내게 등을 돌리면서 교회에서 내쫓길 위기에 처한 때였다. 그 모든 시련은 한 가지 일과 닿아 있었는데, 복음 전도를 점점 강조한 것 때문이었다. 내가 아더 블레싯을 초대하지 않았다면 집사들은 내 사역에 등을 돌리지 않았을 것이다. 아더 블레싯이 우리를 웨스트민스터의 길가로 이끌어 내지 않았다면 전통적인 성도들의 큰 반발을 사지 않아도 되었을 것이다. 물론 우리 교회 어떤 사람들은 찬양팀이나 우리가 부르는 옛 찬송가를 싫어했다. 또 어떤 사람들은 내 목회가 마틴 로이드 존스의 방식과 정반대라고 생각했다. 그러나 우리가 파일럿 라이트 미니스트리를 시작하지 않았더라면 사탄은 우리를 뒤엎으려 하지 않았을 것이다.

논란이 정점에 이른 1982년 4월부터 1985년 1월까지 집사들의 절반은 나를 웨스트민스터채플에서 내쫓아야 한다는 생각을 굳히고 있었다. 그러나 내 옛 친구 해리 킬브라이드(Harry Kilbride)는 거듭 거듭 내가 무사히 살아남을 것이라는 확신을 주었다. 왜냐하면 하나님이 당신의 아들을 이 땅에 보내사 십자가에 죽게 하신 목적이 바로 잃어버린 영혼의 구원을 이루기 위함이었기 때문이다. 해리는 우리 부부가 살아남을 것을 알았다. 해리는 다른 문제라면 몰라도 영혼 구원 문제와 관련해서라면 하나님이 내 곁에 든든히 서 계실 것을 알았다.

나는 그 일에 대해 많은 생각을 해 보았다. 예수님이 십자가에서 돌아가신 이유는 세상을 구원하시기 위해서였다. 그것은 복음 전도, 즉 영혼을 구원하기 위함이었다. "나를 따라오라 내가 너희를 사람을 낚는 어부가 되게 하리라 하시니"(마 4:19).

아더 블레싯이 우리를 길거리로 나가게 했던 유일한 이유도 그것 때문이었다. 사람들에게 영원한 시간을 어디서 보낼 것인지를 이야기하기 위해서였다. 나는 역사상 그 어느 누구보다도 일대일 전도를 통해 가장 많은 사람들을 그리스도께로 인도한 사람 중 하나가 아더 블레싯이라고 확신한다.

앞서 언급한 바와 같이 그는 웨스트민스터채플에서 설교하려고 우리와 함께 머물던 6주 동안 "이제는 길거리로 나가야 합니다"라고 내게 말했다. 당시 그 제안에 그다지 감동이 없었지만, 나는 아더를 존중하는 마음에서 그와 함께 따라 나갔다. 이 사역 때문에 교회가 크게 술렁였지만, 동시에 우리 교회가 그때껏 맛보지 못했던 최고의 기쁨과 자유를 선물받았다. 그렇다고 당장 부흥이 찾아온 것은 아니었다. 하지만 우리는 그저 전통을 따랐던 과거 여러 해 동안과는 비교할 수 없을 정도로 더 나은 존재들이 되었다.

그날 이후로 내 삶도 완전히 달라졌다. 나는 버킹검 게이트를 지나가는 행인들에게 어떻게 하면 복음을 더 잘 전할 수 있는지를 배웠다. 그날 이후로 35년 동안 얼마나 많은 사람들이 진정으로 회심했는지 알 수는 없지만, 나는 기차와 비행기, 택시, 그리고 각 가정에서 적어도 천 명이 넘는 사람들에게 예수님을 전하고 그들이 예수님을 영접하도록 인도했다. 천국에 가면 일대일 전도로 영혼을 구원한 일에 최고의 상급을 받을 사람이 있고, 같은 이유로 그저 평범한 대접을 받을 사람이 있을 것이다. 무엇보다도 영혼 구원에 힘썼더니 하나님의 더 깊은 임재에 대한 갈망 또한 더욱 커졌다. *God meant it for Good*(하나님은 그것을 선으로 바꾸사)을 비롯해 많은 책들을 쓸 수 있도록 성령으로부터 받은 영감은 더 큰 축복의 시작에 불과했다.

당신의 삶에도 한번 적용해 보기를 바란다. 물론 그렇게 하는 것은 당신의 안전지대를 훨씬 벗어나는 일일 수 있다. 혹여나 그래서 망설인다면 당신에게 단도직입적으로 묻고 싶다. "한 영혼을 예수님께로 인도한 적이 있는가? 예수님에 대해, 구원받아야 할 필요성에 대해 사람들에게 이야기한 적이 있는가?"

당신이 하나님의 임재를 더 깊이 경험할 수 있느냐는 이 문제와 직접 연결되어 있다. 이렇게 주님을 증거하는 일은 금식을 하거나 헌금 액수를 늘리는 것과 같은 방법으로 대체할 수 없다. 영혼을 구원하는 일은 금과 은, 보석을 사용해 당신의 건축물을 세워 가는 일이다.

빌레몬에게 전한 바울의 말을 잊지 말자. "이로써 네 믿음의 교제가 우리 가운데 있는 선을 알게 하고 그리스도께 이르도록 역사하느니라"(몬 6절).

성적 순결

몇 해 전에 영국에서 가장 큰 기독교 콘퍼런스인 스프링 하베스트(Spring Harvest)가 열렸을 때 어떤 강사가 설교하는 자리에 참석했는데, 그가 내게 설교가 끝나면 앞으로 나온 사람들을 위해 상담하고 기도해 달라고 부탁했다. 그 강사가 축사를 주제로 설교한 터라 주로 영적 전쟁이나 악한 영들의 세계와 관련된 질문들을 하리라 짐작했는데, 놀랍게도 내가 상담했던 젊은 싱글 남자부터 결혼한 부부, 심지어 목회자 사모까지 대부분 자신들의 성(性)적 문제를 상담해 왔다. 자위행위와 불임, 성적 불감증과 불륜에 이르기까지 고민도 다양했다. 물론 웨스트민스터채플 사무실에서도 이러한 문제들을 상담해 본 적은 있었지만, 나는 그날 저녁 그렇게 많은 질문에 대답할 준비가 되어 있지는 않았다. 그들 모두는 자신의 성생활을 붙잡고 있는 악한 영의 손아귀에서 벗어날 수 있는 기도가 필요했다.

성적 순결은 사람들이 쉽게 주목할 만한 자리에 있는 기독교 지도자들이나 로마 가톨릭 사제들, 그리고 독신의 그리스도인이나 교회에서 거의 잘 알려지지 않은 성도들까지 모두와 관련이 있는 문제다. 이것은 이제 과거보다 더 많은 사람들의 관심을 사로잡는 문제가 되었다. 할리우드 영화가 인기를 얻은 것도 성적 어필 때문이고, 요즘은 텔레비전 프로그램들도 그 기준을 적용해 평가를 받는다. 그들은 성과 관련된 거의 모든 것을 상품화시키며 가정을 갈라놓고 있다. 빌리 그레이엄은 언젠가 내 친구에게 사탄이 하나님의 종들 가운데 가장 탁월한 사람들의 75퍼센트를 성적 타락으로 빼앗아 가 버리는 것 같다고 탄식했다.

성적 죄악만큼 예수 그리스도의 이름과 교회의 명예에 먹칠을 하는 것은 없다. 신문과 잡지들은 기독교 지도자들이 타락한 소식을 너무도 좋아해서 그런 일이 벌어지면 이를 대대적으로 기사화한다. 더 많은 기독교인들이 성적 유혹에 넘어갈수록 세상은 더 자신 있게 "거 봐라. 그들도 우리와 다른 게 하나도 없지 않느냐" 하고 떠벌린다.

"남녀간의 성관계는 할리우드에서 만들어진 게 아니라 은혜의 보좌 위에서 만들어졌다"고 클라이드 내러모어(Clyde Narramore, 1916-2015) 박사는 말하곤 했다. "하나님이 성을 사용하여 남자로 결혼하게 하시고, 야망을 사용하여 봉사하게 하시며, 두려움을 사용하여 믿음으로 나아가게 하신다"[5]는 말은 마르틴 루터의 말로 곳곳에서 자주 인용한다.

그러나 요즈음엔 성관계를 맺기 위해 결혼할 때까지 기다리는 사람이 그리 많지 않다. 슬프게도 그것은 그리스도인 사이에서도 큰 차이가 없다. 나는 혹여나 서로 성관계를 맺는 미혼 성도들이 교회를 떠날까 봐 염려해서 이 문제를 덮고 넘어가는 많은 목회자들을 알고 있다. 어떤 유명한 복음주의 설교자는 결혼 때까지 성적인 순결을 지켜야 한다고 강한 어조로 설교했는데 수많은 사람들이 교회에 오지 않겠다고 협박하는 바람에 일주일 만에 그 설교를 웹

사이트에서 내리는 사건도 있었다.

자위행위 역시 많은 기독교인들과 목회자들이 짓는 죄 가운데 하나다. 마틴 로이드 존스는 "수백 명"의 설교자들이 이 문제를 가지고 상담하기 위해 자신을 찾아왔다고 말했다. 자위행위는 혼전 성관계나 간음과 비교했을 때 상대적으로 덜 심각한 문제이긴 하다. 흔히 우리는 결혼 전에 맺는 성관계를 혼전 성관계라 하고, 결혼한 사람들이 불륜을 저지르는 것을 간음이라고 한다. 음욕을 품는 것은 "간음하지 말라"(출 20:14)는 제7계명에 대한 예수님의 해석을 어기는 것이다. 예수님은 사람을 음욕에 찬 눈으로 바라보는 것조차도 "마음"으로 간음한 것이라고 하셨다(마 5:28). 그래서 포르노를 보거나 음란물을 읽는 것이 죄악이 되는 것이다.

어쩌면 포르노를 보는 것 자체는 아무에게도 해를 끼치는 것이 아니니까 괜찮다고 생각할지 모른다. 그러나 사람들이 실제 부부관계보다 포르노가 더 흥분된다고 생각하면서 결혼관계를 파탄으로 몰아가는 경우가 종종 발생한다. 그리고 같은 이유로 많은 젊은 남성들이 불임을 경험하게 된다.

"만약 자위행위는 하더라도 외적인 성관계를 맺지 않는다면 그 남자나 여자는 성적 순결을 지키는 것 아닌가요?" 하고 질문하는 이도 있다. 솔직히 말하자면 나도 모르겠다. 다만 그 사람은 "두렵고 떨림으로" 네 구원을 이루라는 말씀(빌 2:12)을 진지하게 생각해 보아야 할 것이다. 동일한 원리가 동성애에도 적용된다. 사람은 자신 안에 있는 경향성 때문에 책망받을 수는 없지만, 다른 건강한 이성애자들이 그러는 것처럼 동성애자들도 자신의 성적 충동을 억제하도록 애써야만 한다.

이성애로 맺어진 결혼 관계 밖에서 성관계를 갖고자 하는 유혹에 저항하는 것은 금이나 은, 보석으로 된 건축물을 세우도록 돕는 것이다. 한마디로 말해, 만약 당신이 하나님을 더 깊이 체험하기 원한다면 성적인 욕구를 저항함으로써 그것을 증명해야만 한다. 보디발의 아내가 유혹할 때 요셉도 견디기 힘들었을 것이다. 그가 '달아난 것'(창 39:12)을 보면 요셉도 그 유혹을 이기기가 쉽지 않았음을 알 수 있다.

사실 그것은 '완벽한 외도'가 될 수도 있었다. 그녀만 남편에게 그 사실을 감추면 요셉을 알았던 어느 누구도 이 사실을 알지 못했을 것이다. 그럼에도 불구하고 그는 "아니오!"라고 단호히 거절했다. 그때 천사들은 "그렇지!" 하며 다들 좋아했을 것이다. 당시 요셉은 자신이 언젠가 애굽의 총리가 되도록 구별되어 있었다는 사실을 전혀 알지 못했을 것이다.

하나님은 당신이 젊든지 나이가 들었든지 상관없이 당신의 인생을 위한 계획을 가지고 계신다. 성적 유혹에 빠져서 그 계획을 망쳐버리는 일이 없기를 바란다. 성적 부도덕이 하나님과 동행하는 길을 방해하지 못하게 하라. 절대로 그럴 만큼 가치 있는 일이 아니다.

믿음 안에서 인내하기

금, 은, 보석으로 건축물을 만들기 원한다면 끝까지 인내하는 것이 필수 덕목이다. 일부 교사들이 당신이 끝까지 인내하지 못한다는 것은 진정으로 거듭나지 못했다는 증거이므로 결국 당신은 죽어 지옥에 갈 것이라고 가르치는 것을 잘 안다. 나는 그들이 왜 그렇게 믿는지 안다. 그러나 진정으로 거듭났지만, 어떤 이유에서인지 극심한 좌절 가운데 유혹에 넘어지거나 히브리서 6장 4-6절에 묘사한 것처럼 시험에 든 사람들이 있다는 것을 또한 잘 안다.

> 한 번 빛을 받고 하늘의 은사를 맛보고 성령에 참여한 바 되고 하나님의 선한 말씀과 내세의 능력을 맛보고도 타락한 자들은 다시 새롭게 하여 회개하게 할 수 없나니 이는 그들이 하나님의 아들을 다시 십자가에 못 박아 드러내 놓고 욕되게 함이라(히 6:4-6).

히브리서 기자는 진정으로 거듭난 유대 그리스도인들과 하나님이 진노 가운데 절대 그의 안식에 들어오지 못하리라 맹세하셨던(히 3:11) 고대 이스라엘 사람들을 비교하고 있다. 그들이 놓친 것은 "안식" 혹은 약속의 땅(가나안 땅)이었다. 그들은 금이나 은, 보석으로 건축물을 세우지 않은 사람들이었다. 그들은 불 가운데에서 간신히 구원을 얻은 것과 같아서 상급을 모두 잃어버리고 말 것이다(고전 3:14-15).

그렇다고 해서 믿음을 고백하고 세례를 받은 사람들이 모두 구원받았다는 말은 아니다. 하지만 나는 유월절을 지켰고 홍해를 건넜던 이스라엘 사람들을 천국에서 만나기를 기대한다. 그런데 슬프게도 그들 대부분은 하나님을 기쁘시게 하지 못했다(고전 10:5). 하나님은 그들이 약속의 땅에 들어가지 못할 것이라고 진노 가운데 맹세하셨다. 히브리서 6장 4-6절은 모세 시대 이스라엘 사람들처럼 구원받긴 했지만 약속의 유산을 상속받지 못하고 상급을 잃어버린 사람들에게 주신 말씀이다.

요컨대 진정으로 구원은 받았으되 어떤 이유로든 경주를 끝까지 잘 마치지 못한 사람들은 상급을 받지 못할 것이다. 또한 진정으로 거듭나지 않았으면서 말로만 믿는다고 고백했던 그리스도인들이 죽으면 그들은 영원한 심판을 면치 못할 것이다. 나는 구원받은 신자들이 나쁜 습관들에서 완전히 자유함을 얻지 못하거나 어떤 이유로 하나님을 실망시켜서 결국 마지막 그리스도의 심판대 앞에서 아무런 상급을 받지 못할 처지에 놓일 수 있다고 믿는다. 안타깝지만 그들은 더 깊은 하나님의 임재를 경험하기를 원치 않았던 사람들이다. 나나 당신이 절대로 그들을 판단할 수 있는 재판관이 될 수 없음은 물론이다. 우리 모두 바울이 한 말을 기억하자.

> 그러므로 때가 이르기 전 곧 주께서 오시기까지 아무것도
> 판단하지 말라 그가 어둠에 감추인 것들을 드러내고 마음의

뜻을 나타내시리니 그때에 각 사람에게 하나님으로부터 칭찬이 있으리라(고전 4:5).

앞에서 루터가 한 말을 조금 바꾸어 인용했다. 그리스도의 심판대 앞에 설 때 아무런 상급을 받지 못할 줄 알았던 사람들 가운데 어떤 사람들은 상급을 받을 것이고, 반드시 상급을 받을 줄 알았던 사람들 가운데 전혀 상급을 못 받는 사람도 있을 것이다. 그러나 만약 그리스도의 심판대 앞에서 내가 상급을 받는다면 그것이 가장 놀라운 일이 될 것이다.

바울은 고린도전서 9장 27절에서 자신도 그러한 상급을 받을 수 있을지 확신이 없다고 말한다.

내가 내 몸을 쳐 복종하게 함은 내가 남에게 전파한 후에 자신이 도리어 버림을 당할까 두려워함이로다.

그게 바로 지금 내 모습이다. 나는 이제 노인이고, 앞으로 몇 년을 더 살지 모른다. 내가 구원을 잃는 일은 없겠지만, 유산이나 상급을 못 받을 수도 있다. AD 55년에 바울도 이같이 생각했다. 그러나 AD 65년에 그가 로마 감옥에서 임박한 죽음을 기다리며 마지막 서신을 쓸 때 그는 자신이 원하던 것을 마침내 얻었노라고 선포했다.

전제와 같이 내가 벌써 부어지고 나의 떠날 시각이 가까웠도다 나는 선한 싸움을 싸우고 나의 달려갈 길을 마치고 믿음을 지켰으니 이제 후로는 나를 위하여 의의 면류관이 예비되었으므로 주 곧 의로우신 재판장이 그날에 내게 주실 것이며 내게만 아니라 주의 나타나심을 사모하는 모든 자에게도니라(딤후 4:6-8).

나무나 풀, 짚 같은 행실들

건강하지 못한 가르침

시중에는 잘못된 신조들이 다양하게 존재하는데 경계선을 긋기가 모호한 경우가 대부분이다. 만약 1에서 10까지로 그 정도를 나누고 1을 '분명한 이단'이라고 보고 10을 '관점의 차이가 있을 수 있는 해석'이라고 볼 때, 모든 가르침에 적절한 숫자를 적어 넣어 분류하는 일은 쉽지 않을 것이다.

칼 바르트(Karl Barth, 1886-1968)를 예로 들어 보자. 그는 조나단 에드워즈 이래로 가장 위대한 신학자라 불린다. 그러나 의심할 여지없이 그는 만인구원설을 믿는 자였다. 그는 자신의 저서 어느 곳에도 지옥에 가는 사람에 관해 언급하지 않았다. 그가 위험한 이유는 정통적인 가르침을 믿던 건강한 복음주의자들을 유혹해서 자신의 관점으로 끌고 갔기 때문이다. 그들은 왜 그의 관점을 수용했을까?

사람들이 그리했던 것은 바르트가 '처녀의 몸에 나고 죽으셔서 부활하신 예수 그리스도를 믿는 사람'으로 자신을 소개했기 때문이라고 나는 생각한다.

그는 또한 스스로 개혁주의 신학자라고 말하면서 자주 장 칼뱅을 인용했는데, 그래서 젊은 복음주의자들은 처음에 그를 만났을 때 "안전하다"고 느꼈다. 하지만 바르트를 따르기로 한 사람들은 그저 그를 따르는 것으로 멈추지 않았다. 이건 또 다른 이야기이지만 내 말의 핵심은 이것이다. 만약 누군가 J. I. 패커(J. I. Packer)가 바르트를 가리켜 "천사의 편에 있는 자"라고 말한 것을 믿는다면, 그는 결국 바르트도 기독교인이었고 천국에 있을 것이라고 말하게 될 것이다. 사실 로마서 10장 9-10절에 의하면 바르트는 구원받은 것이 맞긴 하다. 그러나 바르트주의는 분명 위험하다.

루돌프 불트만(Rudolf Bultmann, 1884-1976)을 예로 들어 보자. 그는 소위 말해 "비신화화"라는 개념을 설계한 사람으로 유명하다. 그는 성경이 사실일 수도 있고 그렇지 않을 수도 있는 신화나 옛 이야기로 가득 차 있다고 주장했다. 처녀가 아이를 낳거나 예수님이 물 위를 걸으시고 죽음에서 부활하신 이야기들은 모두 기껏 해 봐야 "신화"에 불과하다고 그는 말했다. 그러면서 불트만은 "하지만 걱정 마라. 우리는 그런 신화를 통해서도 좋은 교훈을 얻을 수 있다"고 덧붙였다. '하나님은 베드로가 그러했던 것처럼 우리도 물 위를 걷기 원하신다. 베드로가 실제로 물 위를 걸었는지 아닌지(아마도 걷지 않았겠지만)는 중요하지 않다. 불가능한 상황도 능히 극복할 수 있다는 믿음만 있으면 우리는 얼마든지 큰 도움을 얻을 수 있다'는 것이 그의 주장이었다.

실상 불트만은 단 한순간도 성경의 진리를 믿지 않았다. 그러나 그는 우리가 그 신화 속에서도 놀라운 교훈들을 배울 수 있다고 가르쳤다. 너무나 슬픈 일이지만 이러한 사람은 구원받을 수 없다. 만약 진정으로 거듭난 사람이 불트만의 책을 읽고 그의 가르침에 홍분한다면 어떻게 될까? 그는 자기의 구원을 잃어버릴까? 아니면 그는 애초부터 구원을 받지 못한 자였을까? 어떻게 진정으로 거듭난 사람이 불트만의 신학과 같은 이단적인 사상에 빠질 수가 있을까? 나는 그것이 가능하긴 하지만 흔히 일어나는 일은 아니라고 본다. 나는 재판관이 아니다. 그렇지만 불트만과 같이 분별력 없는 이에게 영향 받은 사람들의 가르침을 여과 없이 받아들이는 순진한 기독교인들이 많이 있음을 나는 본다.

불트만이나 바르트처럼 위험한 신학을 제시한 사람들도 어쩌면 구원받을 수 있을지 모르겠다. 기독교인의 완덕(perfection)에 대해 이야기하며 알미니안주의(인간의 자유의지를 믿고, 진정한 회심 이후에도 구원을 잃을 가능성이 있음을 주장)를 널리 알렸던 존 웨슬리(John Wesley, 1703-1791)는 진정한 하나님의 사람이었다. 그를 가장 반대했던 사람은 예정론을 믿었던 조지 휫필드(George Whitefield, 1714-1770)다. 누군가 웨슬리에게 다가와 휫필드를 천국에서 볼 수 있을 것 같냐고 물었을 때, 웨슬리는 "아니요, 그는 하나님의 보좌에 너무도 가까이 있어서 그곳에서 멀리 떨어져 있을 나는 그를 볼 수조차 없을 겁니다!"라고 대답했다고 한다.[6] 얼마나 아름다운 대답인가!

60년대 초반에 어느 교회에서 설교를 한 적이 있는데 그때 예수님을 하나님이라고 불렀다고 해서 문제가 되었다. 그 시절을 되돌아보면 그런 믿음을 가진 사람들이 도대체 구원받을 수 있었을까 하는 생각이 든다. 하지만 역시 나는 그들의 재판관이 아니다.

"하나님은 미래를 알지 못하고, 그의 피조물의 도움으로 더욱 풍성함을 누리며, 우리가 무언가 기여해 주기를 기대하신다"는 '열린 신론'의 가르침은 매우 위험하다. 그러나 이런 가르침에 빠진 이들 가운데 어떤 이들은, 적어도 내가 매우 잘 아는 친구들은 진정으로 회심한 사람들이다. 구원받은 사람은 예수님이 그들의 죄를 십자가에서 모두 사하셨기 때문에 더 이상 회개할 필요가 없다는 '극단적 은혜'를 가르치는 사람들도 나는 구원받았다고 믿는다. 하지만 이 얼마나 형편없는 가르침인가!

건강하지 않은 교리는 나무나 풀 혹은 짚과 같다. 마르틴 루터가 야고보서를 가리켜 "지푸라기 서신"[7]이라고 했을 때 그는 고린도전서 3장 12절에 나온 "짚"을 의미했던 것이다. 아주 끔찍한 말이었지만, 그렇다고 루터가 진정으로 회심하지 않았다는 뜻은 아니다.

실상 나는 우리 모두의 내면에 약간의 나무와 풀, 짚이 있다고 생각한다. 그래서 만약 불이 임하면 금이나 은, 보석으로 짓지 않은 것은 모두 타 버릴 것이다. 하나님이 말씀에 비추어서 누가 상급을 받고 받지 못하는지 결정하는 것은 내 소관이 아니다. 하나님이 재판관이 되실 것이기 때문이다.

그러나 이것 하나는 확실하다. 하나님은 건강하지 않은 가르침을 싫어하시며 우리는 바른 교리를 고수해야 한다는 사실이다. 나는 가능하면 가장 순수한 신학으로 집을 짓고 싶다. 우리는 성경과 그 가르침을 대할 때 언제나 두렵고 떨림으로 받아들여야 한다.

분을 품는 것

이 장에서 나는 금과 은, 보석으로 지은 건축물의 핵심 요소만 소개하고자 한다. 사실 이 내용은 너무도 중요해서 한 장 전체를 할애할 만하다. 하지만 여기에서는 그 건축물의 핵심 요소를 소개하는 데서 그치려 한다.

"너희가 사람의 잘못을 용서하면 너희 하늘 아버지께서도 너희 잘못을 용서하시려니와 너희가 사람의 잘못을 용서하지 아니하면 너희 아버지께서도 너희 잘못을 용서하지 아니하시리라"(마 6:14-15).

이 말씀은 산상설교 중에 등장하는데, 주기도문으로 알려진 기도에 대한 말씀에 바로 이어진다. 주기도문에 이런 말씀이 있다. "우리가 우리에게 죄 지은 자를 사하여 준 것같이 우리 죄를 사하여 주시옵고"(마 6:12). 누가의 버전은 "우리가 우리에게 죄 지은 모든 사람을 용서하오니 우리 죄도 사하여 주시옵고"(눅 11:4).

용서하지 못하기 때문에 마음에 분을 품는 것이다. 분한 마음은 상처로 인해 생겨난 쓰라린 마음, 화 또는 원한으로, 숨쉬는 만큼이나 자연스럽게 생겨나는 감정이다. 누구도 내게 어떻게 분을 품는지 가르쳐 줄 필요가 없다. 훈련이나 교육을 받아야 느낄 수 있는 감정도 아니다. 어린아이들은 아주 어렸을 때부터 분노를 배운다. 세상에서 가장 자연스러운 것은 내게 상처를 준 사람에게 보복하고 싶은 마음이다. 당신은 '그 인간'이 지은 죄에 합당한 벌을 받기를 바란다.

하지만 그게 왜 잘못되었다는 것인가? 그것이 성령님을 근심하게 하기 때문이다. 성령님을 근심하게 하지 말라. '우리가 그 안에서 구원의 날까지 인 치심을 받았다'고 말하고 난 뒤 바울은 이렇게 말했다.

> 너희는 모든 악독과 노함과 분냄과 떠드는 것과 비방하는 것을 모든 악의와 함께 버리고 서로 친절하게 하며 불쌍히 여기며 서로 용서하기를 하나님이 그리스도 안에서 너희를 용서하심과 같이 하라(엡 4:31-32).

이 말씀에는 좋은 소식과 나쁜 소식이 있다. 먼저 좋은 소식은 우리가 성령님을 근심하게 한다 해도 구원을 잃지는 않는다는 사실이다. 결국 바울은 구원의 날까지 인 치심을 받았다고 말하지 않았는가!(엡 4:30) 정말 좋은 소식이다.

그리스도인이 되는 데 용서가 선결 과제는 아니다. 만약 그랬다면 아무도 구원받지 못했다. 예수님은 주기도문에 "우리 죄를 사하여 주시옵고"(마 6:12; 눅 11:4)라는 기도를 넣으셨다. 우리가 매일 죄짓고 산다는 것을 아셨기 때문이다. 예수님은 이 기도 가운데 우리를 위해 이렇게 가장 은혜로운 선물을 예비하셨다. 이 죄와 빚, 허물은 거의 언제나 서로를 용서하지 못하는 우리의 연약함과 관련되어 쓰이기 때문에 예수님은 또한 우리에게 죄지은 자를 우리가 용서하게 해 달라고 덧붙이신 것이다.

주기도문은 어쩌면 역사상 가장 많은 거짓말쟁이들을 만들어 낸 문서에 해당할지도 모르겠다(왜냐하면 사람들이 정작 자기는 남들을 용서하지 않았으면서 우리가 우리에게 죄지은 자를 용서해 준 것같이 주님도 우리 죄를 용서해 달라고 간구했기 때문이다). 그러나 우리가 주님을 탓할 수는 없는 노릇이니, 그저 자신을 책망하든지 아니면 주기도문을 외우지 말아야 하지 않을까? 하지만 기도하지 않는 것은 이 기도를 올리라고 명령하신 주님께 불순종하는 것이 되니 진퇴양난이다(마 6:9; 눅 11:2).

어쩌면 당신은 예수님이 "너희가 사람의 잘못을 용서하지 아니하면 너희 아버지께서도 너희 잘못을 용서하지 아니하시리라"(마 6:15)라고 말씀하지 않으셨냐고 이야기할 수도 있다. 절대적으로 옳은 말씀이다. 그러나 이 경고는 구원과 관련해서 하신 말씀이 아니다. 주기도문은 어떻게 해야 그리스도인이 될 것인지를 가르쳐 주는 기도가 아니다. 그것은 이미 가족이 된 사람들을 향해 가르쳐 주신 것이다. 어떤 이들은 또 "이 말씀은 당신이 다른 사람들의 죄를 용서해 주지 않으면 당신도 구원을 잃을 수 있다는 것을 보여 주지 않느냐"고 말한다. 만약 그것이 사실이라면 아무도 구원받지 못할 것이다. 당신은 남을 용서하는 데에 전혀 문제가 없다고 자신 있게 말할 수 있는가?

예수님은 이미 주님의 가정 안에 있는 사람들에게 주기도문을 가르치셨다. 이 기도를 통해 우리는 하나님 나라를 유산으로 상속받을 것이다. 모든 그리스도인들은 다 유산을 상속받도록 부름을 받았다. 그러나 어떤 이들은 그렇게 하고, 어떤 이들은 그렇게 하지 못한다. 유산을 상속받는 사람들은 다른 이들을 지속적으로 용납하는 사람들이다. 유산을 상속받지 못하는 사람들은 용서하기를 거부하고 마음에 분을 품은 사람들이다.

이 개념은 매우 중요하기 때문에 나중에 다시 다루도록 하겠다. 하지만 우선 당신이 하나님을 더 깊이 경험하기 원한다면 당신에게 죄지은 자들을 완전히 용서함으로써 당신의 열심을 증명해 보여야 한다. 그것은 분명 아주 힘든 도전이 될 것이다.

원망하기

원망하기는 감사하기와 정반대 일이다. 하나님이 감사하지 않는 마음을 얼마나 싫어하시는 알아보려거든 자기들에게 주어진 유산을 잃어버린 이전 세대의 이스라엘 백성들을 묘사한 글을 읽어 보기 바란다.

> 이러한 일은 우리의 본보기가 되어 우리로 하여금 그들이 악을 즐겨 한 것같이 즐겨 하는 자가 되지 않게 하려 함이니 그들 가운데 어떤 사람들과 같이 너희는 우상 숭배하는 자가 되지 말라 기록된 바 백성이 앉아서 먹고 마시며 일어나서 뛰논다 함과 같으니라 그들 중의 어떤 사람들이 음행하다가 하루에 이만 삼천 명이 죽었나니 우리는 그들과 같이 음행하지 말자 그들 가운데 어떤 사람들이 주를 시험하다가 뱀에게 멸망하였나니 우리는 그들과 같이 시험하지 말자 그들 가운데 어떤 사람들이 원망하다가 멸망시키는 자에게 멸망하였나니 너희는 그들과 같이 원망하지 말라(고전 10:6-10).

위에 언급한 죄악들, 곧 우상숭배, 음행, 주를 시험하는 것, 원망하는 것을 눈여겨보라. 원망은 음행만큼이나 수치스러운 일이 아니기 때문에 우리는 하나님이 그것을 얼마나 미워하시는지 과소평가하기 쉽다. 그러나 그분의 눈으로 바라볼 때 그 죄는 음행만큼이나 악하다. 이 사실 하나만으로도 우리는 멈추어 생각해 보아야 한다.

아울러 로마서 1장 18-32절에 제시한 해 아래 생각할 수 있는 가장 끔찍한 죄악들의 목록도 기억해야 할 것인데, 그 가운데 "하나님을 알되 하나님을 영화롭게도 아니하며 감사하지도 [아니하는]"(21절)

죄악이 포함되어 있음을 주목하라. 어느 날 빌립보서 4장 6절을 놓고 설교하다가 놀라운 깨달음을 얻었다.

> 아무것도 염려하지 말고 다만 모든 일에 기도와 간구로, 너희 구할 것을 감사함으로 하나님께 아뢰라(빌 4:6).

무슨 이유 때문인지 한참 설교하는 가운데 내 인생이 주마등처럼 눈앞을 스쳐 지나갔다. 그때 문득 빌립보서 4장 6절의 "감사함으로"라는 바울의 말을 읊조릴 때 마음으로 감사하지 않았던 죄가 있었다는 깨달음을 얻었다. 예상치 못한 일이라 마음의 준비가 되어 있지 않았지만, 나는 너무나 떨려서 어서 빨리 설교를 끝내고 내 사무실 책상으로 돌아가 그분 앞에 엎드려 회개할 수 있게 해 달라고 조용히 주님께 간구했다. 마침내 사무실로 돌아가 문을 닫고 당분간 혼자 있을 수 있게 되었을 때 나는 정말 여러 해 동안 하지 않았던 회개를 하기 시작했다.

성령님은 하나님이 나를 위해 행하신 놀라운 일들과 결코 잊어서는 안 되는 큰일들을 생각나게 하셨다. 그리고 나는 주님이 이렇게 말씀하시는 것을 들은 것 같다.

"너는 켄터키에서 왔지. 그런데 너는 내가 너를 이 자리에 있게 한 일을 감사하느냐?"

나는 대답했다.

"주님, 제가 늘 감사해한다는 것을 이미 아시지 않습니까?"

그분은 말씀하셨다.

"하지만 너는 내게 그렇게 고백하지 않았지."

나는 내가 당연히 감사히 여겼어야 할 여러 가지 큰일들, 너무도 분명한 일들을 다 말할 수 있었다. 그때마다 나는 "하지만 주님, 제가 늘 감사한다는 거 아시지 않습니까?"라고 말씀 드렸고, 그분은 계속해서 "그래도 너는 내게 그렇게 고백하지 않았다"고 하셨다. 너무도 부끄러웠다.

그날 이후 하나님 앞에 한 가지를 맹세했다. 그리고 그 맹세는 지금도 지키는데, 바로 반드시 감사하는 사람이 되자는 것이다. 다음 날 아침 묵상 노트를 쓸 때부터 그 전날 감사했던 모든 일에 하나님께 감사를 표시하기 시작했다. 그러는 데 단지 20초밖에 걸리지 않았지만 꼭 하나님께 감사를 표현하는 것을 잊지 않았다.

세 가지 법칙을 제안한다. 첫째, 하나님은 감사를 좋아하신다. 둘째, 하나님은 감사하지 않는 마음을 미워하신다. 셋째, 감사하는 태도는 가르침을 통해 습득된다. 이 깨달음으로 인해 나는 우리 회중에게도 감사를 가르치기 시작했다. 바울이 회심한 자들에게 성화에 대해 가르쳐야 했던 것처럼 사람들은 감사를 배워야 한다. 결국 성화는 감사의 교리를 배우는 과정이라 할 수 있다.

마요 클리닉(Mayo Clinic)에서 발간하는 월간소식지를 받아 보는데, 몇 해 전에 감사하는 사람들이 더 장수한다는 연구 결과를 발표한 것을 본 적이 있다. 이런 사실이 또 다른 동기부여가 되지는 않을까?

한번은 예수님이 나병 환자들을 고치신 적이 있었다. 그중 오직 한 사람만 돌아와 예수님께 감사했다. 예수님이 하신 첫마디는 "열 사람이 다 깨끗함을 받지 아니하였느냐 그 아홉은 어디 있느냐"(눅 17:17)였다. 하나님은 감사를 좋아하신다. 그분은 감사하지 않는 마음을 아시고 싫어하신다. 원망으로 가득 차 있는 것은 감사하지 않고 있다는 마음의 증거다. 사랑의 마음으로 충고하는데, 하나님이 감사하지 않는 마음을 얼마나 미워하시는지 깨닫는다면 당신은 당장 그것을 그만둘 것이다.

불평이 가득한 그리스도인들은 이 사실을 깨닫지 못하겠지만, 그들은 나무나 풀 혹은 짚을 가지고 건축물을 짓는 것이다. 당장 트집 잡기를 멈추라. 중얼거리며 원망하는 일도 멈추라. 불평하는 것도 그만두라.

당신에게 도움이 될 만한 머리글자 모음을 소개하려 한다. 무엇인가를 말하기 전에 반드시 스스로에게 물어봐야 할 것이 있는데, 그것은 "내가 이제 말하려는 것이 다른 사람들의 필요(NEED)를 채워 주는 것인가?"라는 것이다. NEED는 네 단어의 첫 글자를 딴 것이다. 모든 사람들에게는 어떤 필요가 있다. 우리 모두는 무언가 필요한 존재다. 그래서 누군가 내 필요를 꼭 채워 주는 말을 할 때 그것이 칭찬이건 충고이건 큰 만족을 얻는다. 그러므로 어떤 말을 하기에 앞서 다음과 같은 질문들을 스스로에게 하기를 바란다.

○ **N**ecessary. **"필요한 말인가?"** 내가 꼭 이 말을 해야 하는가? 이제 말하려는 것이 꼭 필요한 것인가? 만약 그렇지 않다면, 나는 말하지 않을 것이다. 또한 기억할 것은 말이 많으면 허물을 면하기 어렵다(잠 10:19)는 사실이다. 꼭 해야 할 말만 하고 더 이상 하지 말라. 그러면 많은 슬픔과 후회를 면할 수 있을 것이다.

○ **E**mancipating. **"사람을 자유롭게 해 주는 말인가?"** 당신이 오늘 만나야 하는 사람이 열 명이라면 그중 열 명이 무언가에 죄책감을 갖고 있으리라는 사실을 아는가? 무언가 그들을 자유케 해 줄 말을 하라! 예수님도 말씀으로 사람들을 자유케 하셨다. "주는 영이시니 주의 영이 계신 곳에는 자유가 있느니라"(고후 3:17).

○ **E**nergizing. **"열정을 불러일으키는 말인가?"** 세상에는 두 종류의 사람이 있다. 활력을 솟아나게 하는 사람이 있고, 불평만 일삼는 사람이 있다. 불평만 하는 사람이 당신에게 걸어오는 것이 두렵지 않은가? 당신은 그가 무슨 말을 할지 예상할 수 있다. 그 말을 들으면 기운이 빠지고 사기도 떨어진다. 그러나 당신에게 열정을 불러일으키는 그 사람은 당신을 세워 주고 사기를 높여 준다.

○ **Dignifying. "사람들의 자존감을 세워 주는 말인가?"** 예수님은 사람들을 존귀하게 여기셨다. 일곱 귀신을 쫓아내 버린 막달라 마리아를 그렇게 대하셨다(눅 8:2). 그녀는 창녀였지만 예수님은 그녀를 존귀하게 대하셨다. 간음하다 붙잡힌 여인은 예수님이 무슨 말씀을 하실까 두려워했지만, 그분은 "나도 너를 정죄하지 아니하노니 가서 다시는 죄를 범하지 말라"(요 8:11)라고 하셨다.

필요한 말(Necessary), 자유케 하는 말(Emancipating), 열정을 불러일으키는 말(Energizing), 자존감을 세워 주는 말(Dignifying)이 NEED다. 예수님이 하신 말씀들은 모두 사람들의 필요를 채워 주는 말이었다. 원망의 말은 당신과 내가 짓는 건물의 나무나 풀, 짚에 불과하다.

험담

험담은 다른 사람들의 개인적인 삶에 험하고 못마땅하거나 사실이 아닌 내용에 귀 기울이는 것이다. 그것은 실패했거나 폭로되었거나 혹은 끔찍한 일을 경험한 영화배우나 정치인과 같은 공인의 이야기일 수 있다. 혹은 당신과 원수처럼 지내는 사람에 관한 이야기일 수도 있다. 험담은 주로 질투심 때문에 생겨난다. 질투심을 없애면 험담은 즉시 사라질 것이다.

험담은 불필요하다. 만약 앞서 말한 머리글자 모음 NEED를 실천한다면 험담은 자취도 없이 사라질 것이다. 그것은 어느 누구의 필요도 채워 주지 못한다. 더구나 그것은 하나님의 임재를 더 많이 체험하기 원하는 사람들에게 부정적인 영향을 미친다. "남의 말하기를 좋아하는 자의 말은 별식과 같아서 배 속 깊은 데로 내려가느니라"(잠 18:8). 나는 이 말이 무슨 뜻인지 정확히 이해한다. 그것을 여러 차례 직접 경험했기 때문이다.

"은을 사랑하는 자는 은으로 만족하지 못하고"(전 5:10)라고 했는데, 이 말은 험담에도 동일하게 적용이 가능하다. 한번 험담에 귀 기울이기 시작하면 아무리 들어도 만족을 모를 것이다. 마치 입맛만 다시게 만들고 만족을 주지 못하는 한 입 거리 음식과 같아서 그것은 우리 내면 깊은 곳에 있는 악한 동기와 은밀한 소망을 건드린다.

그것은 사람을 공허하게 만들고, 만족을 모르는 부정한 사람으로 만들어 버린다. 감히 말하는데 만약 당신과 내가 열심으로 하나님을 아는 지식을 추구하지 않고 그분의 임재를 구하지도 않는다면 우리는 사실상 험담을 듣고 있으면서도 그 사실을 거의 인식하지 못할 것이다. 우리 삶의 일부가 된 나머지 깨닫지 못할 때가 많다. 험담 덕분에 잡지들은 많이 팔려 나가고, 때로는 험담이 사람들과의 관계를 유지하는 수단이 되기도 한다. 뉴스 채널 중에는 정치적인 적수를 향해 끊임없이 정치 공세를 펼치고 또 노골적인 내용들을 보도함으로써 높은 평가 등급을 유지하는 곳이 있다.

유감스럽지만 서로 자주 만나는 사람들 가운데 어떤 이들은 다른 사람들을 험담하는 것 외에는 함께할 아무런 이유도 발견하지 못하는 경우가 있다. "가장 최근 소식은 뭐야?" 하면서 자신들의 불안정한 자아를 잠시나마 잠재워 줄 정보를 찾는다. 그게 사실이건 아니건 자기가 싫어하는 누군가의 평판을 떨어뜨리는 것이라면 뭐든 말이다.

어쩌면 험담 중에는 실제 사실이거나 실제로 일어난 일이 있을 수 있다. 그러나 어떤 경우든지 험담은 질투심을 먹고 자라난다. "평온한 마음은 육신의 생명이나 시기는 뼈를 썩게 하느니라"(잠 14:30)라는 말씀처럼 험담은 우리 개인의 존엄성을 빼앗아 간다. 옳든지 그르든지, 시기를 좋아하는 사람은 뜬소문을 더 많이 듣고 싶어 한다. 사실 여부를 떠나 우리가 시기하는 사람과 관련해 나쁜 소식이 들리면 우리 안에 있는 죄 된 본성은 꿈틀거린다.

> 네 원수가 넘어질 때에 즐거워하지 말며 그가 엎드러질 때에 마음에 기뻐하지 말라 여호와께서 이것을 보시고 기뻐하지 아니하사 그의 진노를 그에게서 옮기실까 두려우니라(잠 24:17-18).

이 말씀을 들으면 어떤 느낌이 드는가? 만약 당신이 다른 사람에게 일어난 나쁜 소식을 듣고 즐거워한다면 하나님은 그것을 주목하시다가 당신을 심판하실지도 모른다. 바울은 우리에게 "즐거워하는 자들과 함께 즐거워하고 우는 자들과 함께 울라"(롬 12:15)고 권면했다. 당신과 함께 울어 줄 누군가를 찾는 것은 그렇게 어렵지 않다. 드물지만 진정한 친구는 당신과 함께 즐거워할 사람이다. 그러나 험담은 다른 사람에게 일어난 나쁜 소식으로 인해 즐거워한다.

험담에는 다양한 종류가 있다. '믿음으로 행하기'라는 블로그는 험담을 다음과 같이 다양한 종류로 분류했다.

○ **누군가의 명성에 흠집을 내려고 그에 대해 헛소문 퍼뜨리기.** 우리는 남을 비방하는 것을 '벗어 버려야' 한다(골 3:8). 야고보도 "서로 비방하지 말라"(약 4:11)고 했다.

○ **험담하며 돌아다니기.** 당신이 누군가에 대해 들은 "흥미 있는 정보"를 다른 사람에게 퍼뜨리는 것이다. "두루 다니며 한담하는 자는 남의 비밀을 누설하나니 입술을 벌린 자를 사귀지 말지니라"(잠 20:19).

○ **거짓 소문 반복하기.** 어떤 소문이 사실인지 아직 확인되지 않았지만 무엇인가 좋지 않은 말을 들었을 때 그것이 사실이기를 바라며 반복해서 말하는 것이다.

○ **우습지 않은 농담하기.** 사실을 농담처럼 만들어서 다른 이들이 타인을 좋지 않게 생각하게 만드는 것이다(아시아인의 외모에 대한 농담과 같이 사람들에 대한 편견을 담아 농담처럼 말하는 것-옮긴이주). 사람들이

흔히 말하는 것처럼 '농담 중에 진담'을 말하는 것이다.

○ **씨앗 뿌리기.** 뿌린 대로 거둔다. 사람들 가운데 분열을 가져올 수 있는 씨앗을 심으면, 그저 작고 무례한 말 한마디라도 사실 여부와 상관없이 사람들을 이간질할 수 있다. "패역한 자는 다툼을 일으키고 말쟁이는 친한 벗을 이간하느니라"(잠 16:28).

○ **넌지시 암시하며 수군거리기.** 이것은 듣는 사람에게 가장 악한 상황을 상상하게 만드는 말이다. 예를 들어 한 남자가 한 여성을 차에 태워 주었을 때 그 뒤로 사람들이 쑥덕거리며 하는 말이 이와 같은 것이다. 그래서 빌리 그레이엄은 집을 떠나 출장을 가면 언제나 자신의 친구인 T. W. 윌슨(Wilson)과 함께 호텔방을 썼다. 나는 언젠가 조이스 마이어(Joyce Meyer)를 차에 태워 준 적이 있었는데, 단 두 블록을 이동하는데도 그녀는 그 차에 다른 여성을 동승하게 했다.

○ **"내가 전부 오해했다"면서도 계속해서 험담하기.** "자신이 오해한 것 같다고 인정하면서도 어쨌든 계속 소문을 퍼뜨리는 것이다." 만약 사실이라면 정말 흥미로운 일이 될 것 같아 계속해서 말하는 것이다.[8]

험담은 그 내용이 혹여나 사실이라 할지라도 반드시 피해야만 한다. 윌리엄 퍼킨스(William Perkins, 1558-1602)에게서 한 가지 배운 점은 사탄이 진실을 말하더라도 믿지 말라는 것이다. 험담도 마찬가지다. 사탄의 숨결이 그 뒤에 숨겨져 있기 때문이다. 그것은 당신을 영적으로 빨아먹을 것이다. 험담하고 싶은 유혹이 들면 방울뱀이 다가왔다고 생각해라. 그것과 절대로 관계를 맺지 말라. 이와 같은 일에서 당신 자신을 순전하게 지켜라. 험담은 누군가를 세워 주거나 열정을 불러일으키는 것이 아니라 정결하고 온전하며 거룩한 동기를 모조리 말려 버린다.

누군가 험담하는 것이 듣고 싶거나 험담을 퍼뜨리고 싶은 유혹이 들 때면 자신에게 이렇게 물어보라. “이런 일에 동참하면서도 과연 내가 하나님을 더 깊이 경험할 수 있을까?”

7 장

크든 작든 오늘의 '시험'을 귀하게 여기라

내 형제들아 너희가 여러 가지 시험을 당하거든
온전히 기쁘게 여기라
야고보서 1장 2절

내가 겪은 소소한 이야기 하나를 하려 한다. 좀 어리석다 여길 수도 있지만 나는 이 일로 인생이 달라졌다. 1979년 여름, 우리 부부는 아이들을 디즈니 월드에 데려가려고 플로리다 키심미에 가 있었다. 하지만 내가 가장 기대했던 것은 디즈니 월드가 아니라 그 때까지 먹어 본 중에서 최고의 맛을 자랑하는 그 근처 피자 가게였다. 지난여름 먹었던 그 가게 피자 맛을 떠올리며 일 년 내내 여름 휴가를 기대했다.

마침내 그 순간이 찾아왔고, 피자 가게에 들른 우리는 큰 기대감으로 주문했다. 그러나 45분을 기다리다가 결국 내 인내심은 한계에 도달했다. 설상가상으로 마침내 점원이 우리 테이블로 다가온다 싶었는데, 빈손으로 와서 한다는 말이 "손님, 뭘 주문하셨지요?" 하고 다시 묻는 것이 아닌가! 우리 주문을 잊은 것이다. 급기야 나는 폭발하고 말았다.

우여곡절 끝에 주문한 피자를 받았고, 우리는 호텔방에서 먹으려고 피자를 들고 차를 탔다. 그런데 비가 어찌나 많이 내리는지 가까운 코앞도 잘 보이지 않을 지경이었다. 모두가 흠뻑 젖어 버렸다. 호텔에 도착하자 아내와 아이들은 각자 자기 피자를 들고서는 호텔방으로 쏜살같이 올라갔다. 나도 내 피자를 들고 차에서 내렸는데, 아뿔싸! 그만 깊이가 30센티미터는 족히 되는 물웅덩이에 발을 딛고 말았다. 그 바람에 치솟은 웅덩이 물이 들고 있던 피자 상자를 덮쳤고 상자를 열어 보니 아니나다를까 피자가 페퍼로니, 버섯, 소시지, 고추, 토마토 그리고 치즈로 뒤덮인 작은 전함처럼 빗물 위로 두둥실 떠다니고 있었다. 참담했다.

더군다나 잔뜩 낙심한 채 방에 들어가서 다시 피자 가게로 돌아가야겠다고 가족들에게 말했더니만 내 말은 듣는 둥 마는 둥 하면서 텔레비전 시청에만 빠져 있었다. 하지만 무엇보다 아까 그 점원을 어떻게 다시 상대할지가 제일 걱정이었다.

비는 그쳤다. 피자 가게까지는 차로 단 5분밖에 걸리지 않았는데, 감사하게도 그 5분 동안에 성령님은 은혜를 베푸셔서 놀라운 일을 하셨다. 당시 설교하려고 준비하고 있던 야고보서 1장 2절(앞서 인용함)이 갑자기 내 마음속에 떠올랐던 것이다. 나는 스스로에게 말했다. "내가 설교할 내용이 진리든지 아니면 다 거짓말인 거다. 나는 이 불편한 상황을 기쁨으로 받아들여야 한다. 이 시험을 귀하게 여겨야 한다." 그렇다. "시험(trial)을 귀하게 여기다"라는 표현을 바로 이때 발견했다.

결론부터 말하자면, 나는 피자 가게로 가서 아까 그 점원을 찾아가 정말 공손한 태도로 무슨 일이 벌어졌는지 사정을 설명했다. 그런데 그가 정말 놀랍게도 자비를 베풀어서 새 피자 하나를 거저 내주는 것이 아닌가!

그러나 무엇보다도 내가 가장 분명하게 기억하는 것은 다음 날 디즈니 월드에서 하루를 보내는 동안 마음속에서 기쁨이 잠시도 떠나지 않았다는 사실이다. 강도 높은 롤러코스터를 타든 뜨거운 태양 아래서 시원한 포도주스를 마시든, 하나님의 충만한 임재가 온종일 나를 떠나지 않았다. 이 모든 것이 시련을 귀하게 여긴 덕에 누린 특권이었다. 이제 나는 그전의 모습으로 돌아갈 수 없음을 알았고, 정말 그렇게 되었다.

그렇다고 해서 내가 갑작스런 시험에 맞닥뜨릴 때마다 꼭 예수님처럼 행동했다는 뜻은 아니다. 다만 예상치 못한 일로 인해 내 계획이 망가져 버리거나 불편함이 찾아올 때면 언제나 불평, 불만에 차서 투덜거리곤 하던 내가 1979년 여름 이후로 크게 달라졌다는 말이다. 이번 장을 읽을 때 피자 가게의 경험이 나를 바꾸었던 것과 동일한 역사가 당신에게도 일어나기를 바란다.

피자 가게 경험과 야고보서 1장 2절에서 배운 중요한 교훈은 모든 시험이 하나님의 선물이라는 것이다. 그것은 하나님으로부터 온 선물이자, 대통령이나 여왕 혹은 여러분이 이야기 나누고 싶어 하는 유명 인사에게서 받은 것보다도 훨씬 더 귀한 초대장이라는 사실이다. 이 초대장은 당신의 성품과 깊은 관련이 있다. 그것 때문에 하나님은 당신에게 때로는 작게, 때로는 크게 시험을 주신다. 그분은 우리에게 이러한 시험을 허락하시는데, 그 시험은 우리를 하나님께로 더 가까이 나아오게 하고 그분을 더 많이 경험할 수 있게 해 주는 초대장과 함께 배달된다.

하나님을 더 경험하기 원하는가? 그렇게 할 수 있는 아주 좋은 방법 가운데 하나는 그분이 당신 삶에 허락하신 시험을 존귀하게 여기는 것이다. 내가 무척 좋아하는 찬송가 중에 하나가 〈영광스럽도다 참된 평화는〉이다. 3절에 이런 가사가 있다.

맘의 기쁨이나 시련이라도
모두 하늘에서 내려오도다.
주를 의지하고 믿기만 하면
주의 뜻을 따라 살게 되리라.[1]
- 프란시스 R. 하버갈 (Frances R. Havergal, 1836-1879)

헬라어 '페이라스모스'(peirasmos)는 '시험, 시련 혹은 유혹'을 뜻한다.[2] 이 단어들은 서로 혼용해서 쓰일 수 있기 때문에 페이라스모스를 시험으로 해석할지 유혹으로 해석할지는 문맥에 따라 결정해야 한다.

흥미로운 것은 저 찬송가의 저자가 시련은 하늘에서 내려온다고 표현한 것이다. 시험도 기쁨처럼 하나님으로부터 온다. 하나님은 그 두 가지를 모두 조율하시는 분이다. 그래서 야고보는 어떤 시험을 당하든지 기쁨으로 받으라고 권면한다. 결국 당신은 90세 된 어느 성인이 내게 말해 준 것과 같이 그 둘이 하나가 되는 것을 경험할 것이다. "나는 주님을 정말 오랫동안 섬겼는데, 이제는 도무지 축복과 시험을 분간할 수 없게 되었다네."

일부러 시험을 자초하지는 말라

시험을 기쁨으로 받아들이라고 하니, 어떤 사람들은 더 큰 기쁨을 얻으려면 애써 시험거리를 만들어야 하는 건가 오해한다. 절대로 그렇게 하지 말라. 이 점을 이해하는 것이 중요하다. 바로 이런 이유 때문에 우리는 주기도문으로 매일 기도해야 한다.

예수님이 가르쳐 주신 기도에는 "우리를 시험에 들게 마시옵고"(마 6:13; 원문은 "유혹에 빠지지 않게 하옵시고"이다-옮긴이주)라는 기도가 있다. *The Lord's Prayer*(주기도문)에서 이미 설명했지만, 이 간구는 주기도문에서 가장 해석하기 어려운 부분이다. 하나님이 우리를 유혹에 빠지게 하실 수도 있다는 점을 암시하는 것처럼 보이기 때문이다. 그러나 그렇지 않다. 예수님의 동생 야고보가 그의 서신 야고보서에서 이 문제를 크게 다룬 것도 그 때문이었을 가능성이 있는데, 그 일부를 이번 장에서 다룰 것이다.

> 사람이 시험을 받을 때에 내가 하나님께 시험을 받는다 하지 말지니 하나님은 악에게 시험을 받지도 아니하시고 친히 아무도 시험하지 아니하시느니라 오직 각 사람이 시험을 받는 것은 자기 욕심에 끌려 미혹됨이니, 욕심이 잉태한즉 죄를 낳고 죄가 장성한즉 사망을 낳느니라(약 1:13-15).

하나님은 어떠한 경우에도 절대로 우리를 '유혹하시지'(tempt) 않는다. 물론, 우리를 '시험하실'(test) 수는 있다. 헬라어로는 모두 동일할지라도 이 단어들 사이에는 커다란 차이점이 존재한다. 우리는 "하나님이 아브라함을 시험"(창 22:1)하셨다고 들었다. 그것은 아브라함이 진심으로 하나님을 두려워하는지 알아보기 위해 그분이 마련하신 함정이었다. 이러한 시험은 하나님이 아닌 아브라함의 유익을 위해서였다. 하나님은 이미 아브라함이 마음속에 품은 생각을 다 알고 계셨다. 그러나 아브라함은 그러한 상황에서 자신이 어떤 선택을 내릴 것인지 본인이 직접 경험해 볼 필요가 있었다.

하나님은 우리 자신이 어떤 존재인지 직접 볼 수 있도록 그분의 섭리 가운데 시험이나 시련을 허락하실 수 있다. 시험이란 그런 것이다. 하나님은 우리가 무엇을 알고 있는지 알아보시려고 시험을 치르게 하신다. 그러므로 하나님이 우리를 '유혹'하신다고 말해서는 안 된다.

마이클 이튼은 "~으로"(into)라는 단어를 강조하며, 하나님이 우리를 "깊은 나락으로 던지지 않도록" 기도해야 한다고 말했다. 시험은 오기 마련이다. 예수님은 세상에서 우리가 환난을 당할 것이라고 말씀하셨다(요 16:33). 나가서 시험거리를 찾으라는 게 아니라 하나님이 우리를 시험에서 건져 주기 기뻐하시기를 기도해야 한다.

하지만 만약 시험을 피하려 노력하거나 유혹이나 시련에 빠지지 않도록 기도한 이후에도 여전히 시련 한가운데 있다면 그때에는 그것을 기쁨으로 받아들여야 한다. 그러면 이 일을 하나님이 허락하신 것이지 나 때문에 일어난 일이 아님을 깨달을 것이다. 만약 하나님이 당신이 겪는 고통의 설계자이심을 깨달았다면 이제 시험도 기쁨으로 받아들이라는 명령에 순종하면 된다. 야고보는 우리가 문제나 "시험에 빠질 때에"(fall into - KJV, 새번역) 그 모든 것을 기쁨으로 받아들일 수 있다고 했다(약 1:2). 무언가에 빠지거나 한쪽 편으로 떨어진다는 말에 해당하는 헬라어는 '파라핍토'(parapiptō)다.[3] NIV 성경은 '시험을 마주하다'(face trials)라고 표현했지만, 이렇게 번역하면 핵심을 놓친다. 시험이 올 때 그것을 그저 바라만 보고 있다 해서 자동으로 기쁨이 솟아나는 것은 아니다. 우리가 '시험에 깊이 빠질 때'(fall into it), 비로소 그것을 더할 나위 없이 기쁨으로 여길 수 있는 자격을 갖추는 것이다.

물론 우리의 어리석음으로 온갖 시험을 자초할 수도 있다. 베드로는 "너희 중에 누구든지 살인이나 도둑질이나 악행이나 남의 일을 간섭하는 자로 고난을 받지 말려니와"(벧전 4:15)라고 경고했다. 이 구절에 기록한 것처럼 모든 시험이 하나님으로부터 오는 것은 아니다. 우리는 자기가 지은 죄 때문에 고난을 겪을 수도 있다. 또한 남의 일에 간섭하거나 참견하는 어리석은 행동(살후 3:11; 딤전 5:13) 때문에 핍박을 받을 수도 있다.

참견하는 사람은 남의 일 들춰보기 좋아하고 험담하며 문제를 일으키는 사람이다. 이런 사람들은 스스로 고난을 자초했으면서 오히려 핍박을 받았노라고 말하기를 좋아한다. 이런 사람들은 시험을 귀하게 여기기 전에 먼저 회개부터 해야 한다.

그렇다면 이어지는 바울의 말을 어떻게 이해해야 할까?

> 사람이 감당할 시험밖에는 너희가 당한 것이 없나니 오직 하나님은 미쁘사 너희가 감당하지 못할 시험당함을 허락하지 아니하시고 시험당할 즈음에 또한 피할 길을 내사 너희로 능히 감당하게 하시느니라(고전 10:13).

새 신자라면 반드시 암송해야 할 말씀이다. 이 말씀은 그리스도인들의 성장에 매우 중요할 뿐 아니라 하나님이 일을 행하시는 방식에 좋은 영감을 준다. 비록 페이라스모스를 '유혹당하다' 혹은 '유혹'이라는 뜻으로 해석할 수도 있지만, 동일한 단어가 '시험당하다'와 '시험'을 뜻하기도 한다.

성적 유혹

그러나 만약 시험이 성적 유혹의 형태로 온다면 그 시험을 어떻게 귀하게 여길 것인가? 먼저, 그것을 하나님에게서 온 시험으로 간주해야 한다. 그분이 당신에게 은혜를 보여 주시려고 그리하시는 것이다. 단 이것은 시험이지 성적 유혹에 넘어가도 좋다는 신호를 주신 것이 아님을 기억해야 한다. 둘째로, 우리는 이런 경우에 죄

짓기를 거절함으로써 시험을 귀하게 견디어야 한다. 앞에서 본 바와 같이 요셉도 그렇게 했다.

웨스트민스터채플 사무실로 찾아와 어떻게 간음에 빠졌는지를 설명한 한 커플이 있었다. "우리는 둘 다 이 문제를 놓고 기도해 보았습니다. 그날 주기도문도 외웠고요. 그런데 우리는 약속도 하지 않았는데 그날 다시 마주쳤고, 우리 둘이 하나가 되도록 하나님이 허락하셨다고 생각했어요"라고 말했다. 그들은 자신들이 짓고 있는 죄를 그렇게 바라보기로 선택한 것이다.

요셉도 어쩌면 하나님이 그의 외로움을 달래 주고, 또 하나님께 갖고 있을지 모를 억울한 마음도 풀어 주려고 보디발의 아내를 선물로 주셨다며 다가온 성적 유혹을 합리화할 수도 있었다. 하지만 요셉은 죄를 짓지 않기로 선택함으로써 시험을 잘 이겨 냈다.

고린도전서 10장 13절에서 하나님은 당신이 동성애자건 이성애자건 성적 유혹을 이겨 낼 수 있음을 보장하신다. 모든 것은 당신의 선택에 달려 있다. 시험을 겪으면서도 거룩함을 유지할 때 당신은 시험을 존귀하게 만든 사람이다. 유혹에 넘어가서 자신을 정당화시키는 사람은 시험을 무가치하게 만든 사람이다.

고린도전서 10장 13절은 모든 종류의 시험(슬픔, 재정 손실, 질병 혹은 실직까지 무엇이든 당신을 깊은 나락으로 던져 버리는 것)을 자기가 만든 것이 아니라 하나님이 허락하신 시험으로 여기게 한다. 그런 때에 하나님을 탓하거나 불평하지 않기로 결단함으로써 당신은 그런 시험을 귀하게 여길 수 있는 준비가 된 것이다.

시험에 기쁨을 전가하라

야고보가 1장 2절에서 바울이 로마서 4장에 쓴 것과 동일한 헬라어를 쓰지는 않지만, 두 말씀을 비교해 보면 각각의 말씀을 동일하게 적용할 수 있다. 야고보는 "기쁘게 여기라"고 했고 바울은 우리의 믿음이 '의로 여겨진 바 되었다'고 했다.

> 성경이 무엇을 말하느냐 아브라함이 하나님을 믿으매 그것이 그에게 의로 여겨진 바 되었느니라 일하는 자에게는 그 삯이 은혜로 여겨지지 아니하고 보수로 여겨지거니와 일을 아니할지라도 경건하지 아니한 자를 의롭다 하시는 이를 믿는 자에게는 그의 믿음을 의로 여기시나니 일한 것이 없이 하나님께 의로 여기심을 받는 사람의 복에 대하여 다윗이 말한 바 불법이 사함을 받고 죄가 가리어짐을 받는 사람들은 복이 있고 주께서 그 죄를 인정하지 아니하실 사람은 복이 있도다 함과 같으니라(롬 4:3-8).

하나님께 의롭다 여겨진 아브라함의 믿음을 바울이 풀어쓴 내용과 야고보가 시험이라 간주한 내용을 비교해 보면, 동일한 적용점이 나타난다.

○ 하나님이 아브라함의 믿음을 의롭다고 여기신 것처럼 우리도 시험을 기쁨으로 여겨야 한다.

○ 아브라함의 믿음이 하나님께 의로운 것으로 인정되었다. 그러므로 우리도 시험을 기쁨의 근원으로 인정해야 한다.

○ 우리가 우리를 의롭게 하시는 하나님을 신뢰할 때 우리의 믿음은 의로운 것으로 여겨진다. 그러므로 시험에 빠질 때 그것을 기쁨의 기회로 여겨야 한다.

전가한다(impute)는 말은 책임이나 공로를 어딘가에 넘겨준다는 뜻이다. 우리가 행한 선행을 의지하던 믿음을 예수님이 십자가에서 우리를 위해 행하신 일을 의지하는 믿음으로 바꿀 때(선행으로 구원받는 것이 아니라 예수님의 십자가 공로로 구원받는다고 믿게 될 때-옮긴이주) 하나님은 우리 안에 그분의 의로움을 전가해 주신다. 그래서 그분의 의로움이 우리의 공로가 된다. 하나님은 이제 우리를 그렇게 바라보신다. 우리가 그리스도의 보혈을 믿으면 하나님은 우리를 의롭다 여겨 주신다.

"허물의 사함을 받고 자신의 죄가 가려진 자는 복이 있도다 마음에 간사함이 없고 여호와께 정죄를 당하지 아니하는 자는 복이 있도다"(시 32:1-2). 다윗의 시에서도 나타나듯이 시험을 슬픔으로만 볼 것이 아니라 기쁨으로 여겨야 한다.

여기 중요한 내용이 있다. 하나님이 아브라함에게 약속하신 것을 믿기 전까지 아브라함에게는 의롭다고 할 만한 것이 전혀 없었다. 그러나 그가 하늘의 별과 같이 수많은 자손들을 얻으리라는 하나님의 약속을 믿었기 때문에 아브라함은 단번에 의로운 자가 되었다(창 15:5-6). 아브라함은 하나님께 "하나님, 농담 좀 그만하세요. 제 나이가 지금 여든다섯이고 아내는 일흔다섯인데, 그 말씀을 지금 저한테 믿으라는 건가요?" 하고 말할 수도 있었을 것이다. 그러나 아브라함은 하나님의 말씀을 그대로 믿었고, 그래서 하나님은 그를 의롭다 여기셨다.

하나님은 아브라함이 거룩한 사람이 될 때까지 기다렸다가 그를 의롭다 하시지 않았다. 하나님은 그때 바로 그 자리에서, 단번에 의롭다고 하셨다. 마찬가지로 우리 역시 기쁨이 시험을 송두리째 바꾸어 놓음으로써 그것이 우리 삶에 긍정적인 변화를 가져올 때까지 오랜 시간을 기다리지 않아도 된다. 지금 바로 그것을 실천할 수 있다.

로마서 8장 28절이 처음부터 당장 참인 것으로 판명되리라 기대해서는 안 된다. "우리가 알거니와 하나님을 사랑하는 자 곧 그의 뜻대로 부르심을 입은 자들에게는 모든 것이 합력하여 선을 이루느니라."

옳은 말이지만 당장 내일 오후에 결말을 볼 수 있는 문제는 아니다. 시험인 줄 알았던 것이 결국 선으로 판정 나기까지는 상당한 시간이 걸리기 때문이다.

야고보는 시험은 우리의 유익을 위해 주어지는 것이며, 시간이 지날수록 그것을 더욱 분명히 볼 수 있을 것이라 말한다. 다만 그것이 좋은 결과로 나타날 때까지 기다릴 필요 없이 지금 그 일을 좋은 것으로 받아들이면 되는 것이다.

로마서 8장 28절은 분명한 사실이다. 그러나 그것이 객관적인 결과로 눈에 드러날 때까지는 시간이 필요하다. 웨스트민스터채플에서 사역한 25년의 시간 동안 내가 경험했던 가장 큰 시험거리들은 역설적이게도 오늘날 내가 가장 소중하게 여기는 것들이다. 정직하게 말해 내 인생 최악의 경험이라고 생각했던 것들이 이제 와 돌이켜보면 내게 일어난 최고의 사건들이라고 고백할 수 있다.

내 어리석은 행동들도 결국은 합력하여 선을 이루었다. 내 어리석음이 자초했던 고난도 하나님은 용광로 안에 모두 넣어 녹여 버리셨다. 그분은 우리 삶의 악하고 흉한 모습들도 선한 무늬로 바꾸어 버리시는 은혜롭고 선하신 하나님이다.

야고보는 야고보서 1장 2절에서 더 이상 믿음이 필요 없는 먼 미래까지 기다릴 것 없이 바로 지금 모든 시험을 기쁨으로 받아들이라고 권한다. 그는 이 시험이 미래에 얼마나 좋은 결과를 가져올지 조금도 예상할 수 없지만, 지금부터 믿음으로 큰 승리를 거두라고 한다. 바로 지금 시험과 비극, 상처와 실패를 기쁨으로 바꾸라고 권면하는 것이다.

하나님의 임재를 경험하기 원하는가? 그렇다면 바로 지금 시험을 귀하게 받아들임으로써 그러한 당신의 열정을 증명해 보이라. 흔히 큰 영광 바로 직전에는 큰 시험이 놓여 있다. 뒤에서 고린도후서 3장 18절을 살펴볼 것인데, 이 말씀은 우리가 한 "영광에서 다른 영광으로" 변화한다고 말한다.

절정경험이라는 것이 있는데, 최고의 경지에서 하나님을 의식하게 만드는 것이다. 하나님은 우리가 바른길에 서 있다는 것(우리가 진정으로 하나님을 더욱더 원하는 상태)을 확인시켜 주시기 위해 이러한 경험을 허락하신다. 우리가 한 "영광에서 다른 영광으로" 간다는 것은 하나님을 더 깊이 경험한다는 뜻이다.

그러나 하나님께로 더 가까이 이르기 전에 작은 시험이건 아주 고통스러운 시험이건 먼저 시험이 찾아온다. 사탄의 공격이 있으면 하나님도 반드시 가까이 계시다는 것을 나는 내 경험에 비추어 말할 수 있다. 그러면 무언가 곧 좋은 일이 일어난다. 이는 베드로전서 5장 10절에 기록한 진술과도 일치한다.

> 모든 은혜의 하나님 곧 그리스도 안에서 너희를 부르사 자기의 영원한 영광에 들어가게 하신 이가 잠깐 고난을 당한 너희를 친히 온전하게 하시며 굳건하게 하시며 강하게 하시며 터를 견고하게 하시리라.

1984년 5월 빌리 그레이엄이 설교하기 위해 웨스트민스터채플에 방문했을 때였다. 그 직전 금요일에 나와 함께 약 두 시간 가까이 함께했는데, 그때 그가 이런 이야기를 했었다.

"우리는 어느 곳에서 전도 집회를 하건 항상 그 집회가 시작되기 바로 직전에 사탄의 공격을 경험합니다. 누군가 아프거나 병이 드는가 하면, 팀원들 가운데 다툼이 일어나기도 하고 그렇게 항상 무슨 일이 벌어집니다."

실제로 그는 나와 그런 대화를 나눈 뒤에 갑자기 이유 없이 코피를 쏟아서 병원에 급히 가야만 했다. 결국 그는 병원 침대에 누워 있다가 바로 웨스트민스터채플로 설교하러 와야 했는데, 설교 중간에 혹시 코피를 쏟을지 몰라 휴지 상자를 들고 들어왔다. 우리 교회에서 설교했기 때문만이 아니라 몇 주 동안 이어지는 영국 선교 관련 회의가 그날 저녁 우리 교회에서 시작될 예정이었기 때문에 그는 자신이 공격을 받고 있다고 느꼈다.

심각한 시험에 들어 부정적인 생각이 들려고 할 때, 우리는 그 결과가 좋은 쪽으로 결론 나기 전이라도 그 자리에서 이 시험은 긍정적인 결과를 가져올 것이라 생각하며 즉시 마음을 고쳐먹어야 한다. 어떤 일로 인해 자기 연민의 감정이 일어난다면 즉시 시험은 즐거워할 일이라 생각하며 마음을 다잡으라. 나쁜 소식을 듣고 크게 상심할 때에 바로 그 자리에서 이것은 좋은 소식이라 생각해야 한다.

어떻게 그리할 수 있을까? 만약 아브라함이 너무나 터무니없어 보이는 말씀일지라도 그것을 하나님의 말씀으로 믿었다면 우리도 야고보의 말씀을 하나님의 말씀으로 받아들이고 시험을 기쁨으로 돌리도록 해야 한다.

그렇게 하는 일이 쉽다고 말하는 것은 절대 아니다. 피자 사건 이후에 내가 이 장에 쓴 모든 내용의 좋은 모델이 되었기 때문에 이 글을 쓰는 것도 아니다. 나도 지금까지 많은 실패를 경험했고, 어쩌면 이 책의 독자들에게 인정하고 싶지 않을 정도로 계속해서 실패할지도 모른다. 하지만 내게는 전과 달라진 것이 있다. 하나님 앞에서 내 책무를 잘 알게 된 것, 이제 이 시험을 귀하게 여기며 기쁨으로 받아들일 수 있게 된 것이다.

지금 이 글을 읽는 이들 가운데 어떤 이는 자신의 인생에서 가장 큰 시험의 한복판에 있을 수도 있다. 바로 당신이 그 사람인가? 사도 바울은 그가 겪은 가장 큰 시험을 이렇게 묘사했다.

> 형제들아 우리가 아시아에서 당한 환난을 너희가 모르기를 원하지 아니하노니 힘에 겹도록 심한 고난을 당하여 살 소망까지 끊어지고 우리는 우리 자신이 사형 선고를 받은 줄 알았으니 이는 우리로 자기를 의지하지 말고 오직 죽은 자를 다시 살리시는 하나님만 의지하게 하심이라 그가 이같이 큰 사망에서 우리를 건지셨고 또 건지실 것이며 이후에도 건지시기를 그에게 바라노라 너희도

우리를 위하여 간구함으로 도우라 이는 우리가 많은 사람의 기도로 얻은 은사로 말미암아 많은 사람이 우리를 위하여 감사하게 하려 함이라(고후 1:8-11).

세계적으로 권위를 인정받는 신약학자와 이 본문을 두고 대화를 나눈 적이 있다. 그는 바울이 시험을 당하기 이전에 쓴 글들(고린도전서, 데살로니가전·후서, 갈라디아서, 아마도 디모데전서와 디도서까지)과 이 시험을 겪고 나서 쓴 글(고린도후서, 로마서, 에베소서, 빌립보서, 골로새서, 디모데후서) 사이에는 분명한 차이점이 있다고 말했다. 만약 이 학자의 평가가 정확하다면, 그것은 시험이 바울에게 가져다준 것이 무엇인지 분명하게 알려 준다. 바로 그의 영성이 더욱 풍성해진 것이다.

앞에서 읽은 바와 같이 바울은 간증 가운데 "이는 우리로 자기를 의지하지 말고 오직 죽은 자를 다시 살리시는 하나님만 의지하게 하심이라"라고 고백했다. 나는 바울이 언제나 하나님을 의지했으리라 가정했지만, 바울은 실상 그가 마땅히 그러해야 할 만큼 항상 하나님을 의지한 것은 아니었다고 고백한다. 시험은 그가 그 어느 때보다도 하나님을 더욱 신뢰하게 했다. 당신이 시험을 기쁨으로 대체해야 할 또 다른 이유는 당신이 그리스도의 제자로 살고자 할 때 시험이 놀라운 능력을 발휘하기 때문이다.

모든 시험에는
정해진 유통기한이 있다

하나님이 우리에게 허락하신 시험은 우연한 사고로 생겨나는 것이 아니며 유통기한도 정해져 있다. 바울은 우리가 "이를 위하여 세움을 받은"(살전 3:3) 존재라고 말한다. 하나님은 그 건축물의 버팀돌이 되시며, 우리가 어느 정도까지 버틸 수 있는지도 잘 아신다. 그러므로 그분은 그 시험이 지속되는 시간에 제한을 두셨다. 문제는 그 시험이 얼마나 계속될지 오직 하나님만 아신다는 사실이다. 하지만 우리에게 닥친 시험이 언젠가는 끝난다는 사실을 아는 것만으로도 안심이 되지 않는가? 끝도 없이 계속될 것만 같지만 모든 시험은 반드시 끝이 난다.

반드시 기억해야 할 것이 있다. 모든 시험은 하나님으로부터 오는데, 그 목적은 그 시험이 끝날 때까지 우리가 그것을 귀하게 여기는지 아니면 불평불만으로 일관하는지를 보기 위함이다. 이것은 당신이 통과할 수도 실패할 수도 있는 시험이다. 그게 하나님이 일하시는 방식이다. 당신이 통과하면 하나님은 더 높은 영광의 자리로 당신을 높이실 것이다. 이것이 바로 "그와 같은 형상으로 변화하여 영광에서 영광에 이르니"(고후 3:18)라는 말씀의 의미다. 거의 대부분의 경우 이와 같은 변화가 생기기 전에 어떤 형태로든 시험이 찾아온다.

만약 통과하면 정말 만족스러운 보상이 주어질 것이다. 초자연적인 평안과 기쁨이 찾아올 것이다. 내주하시는 성령님의 증언하심을 통해 자신이 시험을 통과했다는 사실을 알게 될 것이다. 내가 피자 가게 사건을 하나님으로부터 온 선물로 받아들였던 바로 다음 날 디즈니 월드에서 하루 종일 느낀 것이 이것이었다.

하지만 당신이 실패하면 어떻게 될까? 인생은 그대로 흘러갈 것이고 당신에게는 아무 일도 일어나지 않을 것이다. 그리고 당신은 시험당하는 동안 계속해서 불평을 늘어놓는 바람에 놓치고 만 것들이 무엇이었는지조차 알지 못하게 될 것이다. 부끄럽지만 나도 여러 해 동안 원하던 목표를 이루지 못하고 실망스러운 일만 연달아 일어났을 때 그렇게 반응했다. 시험을 소중히 여기는 마음에 대한 새로운 깨달음이 임하고 난 직후에 웨스트민스터채플에서 야고보서 1장 2절을 본문 삼아 설교했다. 그때 비로소 내가 지난 수년 동안 얼마나 큰 기쁨의 기회를 놓쳤는지 깨달았다. 또 그 기간 동안 잃어버렸던 영적 진보의 기회 또한 생각해 보았다.

나는 그저 로마서 8장 28절의 진리를 주장하며 과거를 돌아보지 않는 것 외에는 달리 할 일이 없었다. 그러나 이것만큼은 분명하다. 1979년 8월 이후로 나는 내게 찾아온 모든 시험을 크든 작든 소중히 여기게 되었다.

작은 시험들과 심각한 시험들

이제 가장 중요한 문제에 도달했다. 모든 시험에 제한된 시간이 있는 것은 알겠는데, 당연히 시험의 강도라는 것도 생각해 봐야 하지 않을까? 우리 각자가 느끼는 느낌과 고통의 정도는 다르다. 예를 들어 슬픈 감정은 오랫동안 남아 있을 수 있다. 재정적 실패를 회복하는 데도 꽤 긴 시간이 걸릴 수 있다. 질병이나 아픔도 여러 해 동안 계속될 수 있다. 그런데 어떻게 이런 종류의 시험에도 사전에 정해진 유통기한이 있다고 말할 수 있을까? 답은 하나님이 그 와중에 스스로 회복하고 새롭게 할 수 있는 시간과 여유를 허락해 주신다는 것이다.

1963년 12월 29일, 나는 매우 '비현실적인' 정신 상태에 들어갔다. 그게 당시 내 상태를 설명할 수 있는 가장 적절한 표현이다. 그 모든 것은 내가 오하이오에서 목회하던 교회와 나이 많은 내 멘토에게서 동시에 심한 거절을 경험한 이후 생겨난 증상이었다. 그 일이 일어난 날을 아직도 생생하게 기억한다. 그리고 언젠가는 그 기억이 사라질 것이라 생각했다. 하지만 바울이 "육체의 가시"가 사라지기를 세 번이나 기도했지만(고후 12:7-8) 그렇게 되지 않았듯 나도 내 기억이 사라지기를 천 번도 넘게 기도했지만 아직도 기억이 난다.

마틴 로이드 존스를 포함해 수백 명은 족히 되는 지인들이 나를 위해 기도해 주었다. 어떤 오순절주의자는 내가 귀신 들렸다고도 했다. 어느 심리학자는 내가 '정신착란'을 겪고 있다고도 했다. 내가 아는 한 가지는 그것이 아직도 내 안에 남아 있다는 것이다. 그렇지만 나는 또한 주님의 임재로(행 3:20) '내가 새롭게 되는 시간'이 있었음을 고백한다. 하나님은 그때부터 지금까지 나와 함께 계시며 웨스트민스터채플의 목회자가 되기까지 나를 지켜 주셨다.

나는 아직도 그 기억이 사라지기를 소망한다. 그런 이유 때문에 나는 "땅 깊은 곳에서 다시 이끌어 올리시리이다"(시 71:20)라는 말씀을 자주 묵상한다. 사실 너무 고통스러운 나머지 천국에 가는 편이 더 나을 것 같고, 하나님이 나를 위해 갖고 계신 다음번 계획도 그것이 아닐까 하는 생각이 들기도 했다. 어쩌면 당신은 그것보다 천 배 더 힘든 시험, 예를 들면 학대를 당하거나, 범죄의 희생자가 되거나, 자동차 사고로 평생 장애를 안고 살아야 하거나, 배우자 혹은 자녀를 잃었거나, 건강을 잃었거나, 친구로부터 영원히 거절당하는 일을 경험했을 수도 있다.

그러나 당신은 하나님이 여전히 거기 계셨다는 사실을 고백할 수 있다. 성경 말씀 두 구절이 생각난다.

> 내가 영원히 다투지 아니하며 내가 끊임없이 노하지 아니할 것은 내가 지은 그의 영과 혼이 내 앞에서 피곤할까 함이라(사 57:16).

> 이는 그가 우리의 체질을 아시며 우리가 단지 먼지뿐임을 기억하심이로다(시 103:14).

그분은 당신이 얼마나 견딜 수 있는지를 잘 아신다. 그래서 하나님은 끝이 없어 보이는 시험에 힘들어 할 때 1분도 늦거나 빠르지 않게 정확한 타이밍에 개입하신다. 그러므로 영구 장애를 안고 있는 사람도 오래도록 계속되는 시험에 감사할 수 있는 소중한 기회를 얻는 것이다. 그들은 영구 장애를 안고 살면서도 종종 마주하는 다른 작은 시험 또한 귀하게 여길 수 있게 된다.

하나님은 그분이 우리에게 주신 시험을 우리가 소중히 여길 때 영광을 받으시며 그 이름이 높임을 받으신다. 바울은 "그러므로 너희에게 구하노니 너희를 위한 나의 여러 환난에 대하여 낙심하지 말라 이는 너희의 영광이니라"(엡 3:13)라고 했다. "너희의 영광"이라는 말을 생각해 보라! 그것은 또한 당신의 영광이기도 하다.

왜 시험을 귀하게 여겨야 하나

시험을 귀하게 여김으로써 당신의 믿음도 자라난다. 시험을 귀하게 여기는 마음이 성품을 빚어내고 바른 세계관을 갖게 해 준다. 그 마음은 당신을 하나님께로 더 가까이 인도하며 하나님을 더 깊이 경험하는 데에 반드시 있어야 하는 요소를 제공한다.

하나님은 시험을 주셔서 우리가 하나님을 바라보게 하신다. 시험에 빠졌을 때야 비로소 우리는 '그동안 내가 하나님께 충분히 관심을 기울이지 않았다'는 사실을 인정하게 된다. 우리는 하나님의 지혜에 온전히 순복함으로 시험을 귀하게 여기게 되고, 그분의 더 큰 임재 가운데 있는 자신을 발견하게 된다.

믿음은 하나님을 기쁘시게 한다. "믿음이 없이는 하나님을 기쁘시게 하지 못하나니 하나님께 나아가는 자는 반드시 그가 계신 것과 또한 그가 자기를 찾는 자들에게 상 주시는 이심을 믿어야 할지니라"(히 11:6). 더 높은 수준의 영광은 언제나 더 큰 수준의 믿음을 의미한다. 하나님은 자기 백성들을 자라나게 하기 위해 일반적으로 다음과 같은 방법을 택하신다.

> 또한 그로 말미암아 우리가 믿음으로 서 있는 이 은혜에 들어감을 얻었으며 하나님의 영광을 바라고 즐거워하느니라 다만 이뿐 아니라 우리가 환난 중에도 즐거워하나니 이는 환난은 인내를, 인내는 연단을, 연단은 소망을 이루는 줄 앎이로다 소망이 우리를 부끄럽게 하지 아니함은 우리에게 주신 성령으로 말미암아 하나님의 사랑이 우리 마음에 부은 바 됨이니(롬 5:2-5).

시험을 소중히 여기는 것은 주님과 동행하는 가운데 우리들이 내딛어야 할 다음 발걸음이다. 시험은 큰 것일 수도 있고 작은 것일 수도 있다. 그러나 우리가 천국에 이를 때까지 시험은 끝나지 않을 것이다. 그러니 시험에 익숙해지고, 그것을 하나님의 선물로 받아들이는 법을 배우기 바란다. 언젠가는 당신도 축복과 시험을 분별하기가 어렵다고 말할 날이 올 것이다.

물론 우리는 시험이 오기를 원치 않는다. 그래서 "우리를 시험에 들게 하지 마시옵고"(마 6:13)라며 주기도문을 올린다. 또 매일 우리를 시험에서 지켜 주십사 기도한다. 그러나 만약 시험이 온다면, 혹은 시험이 왔다면, 그것이 우리를 더 나은 주의 남종과 여종으로 만들기 원하시는 주권자 하나님의 전략의 일부임을 기억하기 바란다.

어떻게 시험을 귀하게 여길 것인가

이 장을 마치기 전에, 나는 어떤 시험이 당신의 삶에 찾아오든 그것을 귀하게 여기는 몇 가지 실질적인 비결들을 나누고자 한다.

담대하게 받아들이라

당신이 하나님을 더 많이 경험할 수 있도록 그분이 선택하신 길을 무시하지 말라. 때로는 전혀 기대하지 않았던 사람이 내 집 문을 두드릴 때가 있다. 그럴 때는 어떻게 하는가? 당신은 문을 열고 친절함과 존중을 표한다. 시험은 하나님이 가장 불편한 시간에 당신의 집 문을 두드리는 것과 같다. 불청객이 당신의 집에 찾아왔을지라도 유명인사가 방문한 것처럼 그를 대접하라.

당황하지 말라

갑작스런 시험이 들이닥칠 때, 예를 들어 열쇠를 잃어버렸거나 끔찍한 시련에 처했을 때 당신이 보이는 첫 반응은 공황 상태에 빠지는 것이다. 하나님이 당신이 만난 시험을 온전히 제어하고 계시다는 사실을 알면 그 순간에 도움을 얻을 수 있다.

어느 날 아침에 내가 대예배 시간에 드린 기도에 감사하기 위해 내 사무실로 찾아온 아프리카계 성도를 잊을 수가 없다. 나는 그날 아침 "주님, 주님은 어떤 상황에도 당황하지 않는 분이십니다"라고 기도했다. 그런데 그 기도가 그에게 꼭 필요한 내용이었던 것이다. 그는 자기 나라에서 대통령 후보로 출마한 상태라고 후에 설명했다.

하나님이 시험을 주신 데는 목적이 있다

우리 삶에 일어나는 모든 시험에는 목적이 있다. 하나님이 주시는 것은 무엇이든 좋은 것이다. 어쩌면 하나님이 왜 시험을 주시는지 하루이틀 안에 다 알 수 없을 수도 있다. 그러나 하나님이 어떤 일의 배후에 계시다면 분명히 당신을 위한 계획을 가지고 계시다는 것을 확신해도 좋다. 그때에 그것이 당신에게 필요해서 주신 것이다. 하나님께 우연한 사고란 없다. 당신과 나에게는 사고로 보이지만 하나님께는 그렇지 않다.

시험은 반드시 끝난다는 사실을 기억하라

모든 시험에는 붙박이 시간표가 있다는 사실을 잊지 말라. 그것들은 당신의 금을 정련하도록 디자인되어 있다. "불길은 당신을 상하게 하지 않을 것이다. 그것은 단지 당신에게 묻어 있는 찌꺼기를 태워서 당신의 금을 정련하려는 것뿐이다"(작자 미상).[4] 하나님은 당신에게 주신 시험 기간을 필요보다 하루라도 더 연장하지 않으실 것이다. 시작할 때부터 이미 끝을 알고 계신 그분은 시험을 얼마나 지속시키실지 마음으로 이미 결심하고 계신다. 그러므로 모든 것이 끝나야 진정으로 끝나는 것이다. 그 날이 오면 당신은 비로소 지나온 날들을 돌아보게 될 것이다.

잠시든 오랜 시간이 걸리든 시험(exam)임을 기억하라

통과하든지 실패하든지 둘 중 하나다. 나는 런던에 온 첫해에 아내와 내가 경험했던 갑작스런 고난을 잊을 수 없다. 런던 경찰국은 우리가 가진 운전면허가 유효하지 않다면서 우리에게 운전 금지 명령을 내렸다. 우리는 자동차를 주차장 진입로에서부터 1인치도 움직일 수 없었다. 그때가 오후 3시 25분이었는데, 하교하는 아이들을 데리러 가려고 아내가 막 집을 나서려던 찰나였다. 나는 그녀를 막아서고 전화로 통보받은 내용을 설명했다.

"하나님이 시험을 소중하게 여길 수 있는 기회를 주시는 것 같아요. 전에는 실패했지만 이번만큼은 하나님이 주신 이 시험에서 꼭 A+를 받고 싶어요! 나도 어떻게 해야 할지는 모르겠지만 절대로 당황하거나 불평하지 않을 생각이에요."

그녀도 동의했고, 문제는 잘 해결되었다. 한 친구가 대신 아이들을 데려다준 것이다. 우리는 면허증을 따기 위해 다시 운전면허 시험을 봐야만 했다. 당시는 모든 것이 그렇게 어렵고 힘들었지만 그 사건은 우리가 성장할 수 있는 전환점이 되었다.

불평하지 말라

앞 장에서 이야기했던 것처럼, 만약 하나님이 불평하며 불만을 늘어놓는 것을 얼마나 싫어하시는지 깨달았다면 나는 진작 그것을 멈췄을 것이다. "절대로 불평하지 말라. 절대로 설명하지 말라. 절대로 사과하지 말라"는 경구가 어디에서 유래했는지를 물을 때 영국공군이나 영국첩보기관를 포함한 여러 기관이 언급되곤 한다. 그 이유 가운데 하나는 영국이 가지고 있는 '고난 앞에 끈질기게 맞서는 기질' 때문이다. 우리는 때때로 사과할 필요가 있기 때문에 나는 "절대로 사과하지 말라"는 부분에는 동의하지 않는다. 그러나 불평하지 않고 투덜거리지 않는 법을 배우는 것은 하나님이 우리를 위해 예비하신 시험을 소중히 여기는 것만큼이나 중요하다.

시험을 소중히 여기는 것은

당신이 하나님을 진심으로 원한다는 것을 보여 준다

이 본문을 기억하라. "그때에 여호와를 경외하는 자들이 피차에 말하매 여호와께서 그것을 분명히 들으시고 여호와를 경외하는 자와 그 이름을 존중히 여기는 자를 위하여 여호와 앞에 있는 기념책에 기록하셨느니라"(말 3:16).

만약 시험 한복판에 있다면 주님께서 당신을 지켜보고 있다는 사실을 기억하라. 그리고 스스로에게 질문해 보라. "나는 하나님의 임재를 더 깊이 경험하고 싶은가 그렇지 않은가? 지금이야말로 내가 주님을 얼마나 더 원하는지 증명할 수 있는 기회다."

지금 이 순간 인생 최대의 시련을 만나 씨름하고 있다면 권면하고 싶다. 이 말씀을 깊이 생각해 보기 바란다. 시험은 끝날 것이다. 모든 것이 다 끝나야 진정으로 끝나는 것이다. 그리고 당신은 이 고난 가운데 하나님을 영화롭게 했기를 소원하게 될 것이다. 그분을 정말로 영화롭게 한다면 절대로 후회하지 않을 것이다. 그뿐만 아니라 시험이 끝나고 그것을 귀하게 여김으로써 만족을 경험했다면 덤으로 하나님께서 허락하시는 인정과 기분 좋은 평강이 당신 마음에 자리하는 것을 느낄 수 있을 것이다. 내가 보장한다.

당신은 정말 하나님을 더 깊이 경험하기 원하는가?

8 장

완전한 용서, 더 큰 임재의 수문을 연다

서로 친절하게 하며 불쌍히 여기며 서로 용서하기를
하나님이 그리스도 안에서 너희를 용서하심과 같이 하라
에베소서 4장 32절

우리 부부가 경험했던 최악의 시험은 건강이나 재정, 가정 문제 혹은 부부 문제가 아닌 '배신'이었다. 우리는 웨스트민스터채플을 섬기던 시절 살면서 가장 고통스러운 시험을 치렀다. 우리는 큰 타격을 입었고 생각지도 못한 황량한 미래로 가는 듯했다. 당시 우리는 그 고통을 아무에게도 말할 수 없었는데, 단 한 사람 루마니아에서 온 요세프 천(Josef Tson)에게는 그동안 무슨 일이 있는지 '그들이' 우리에게 무슨 짓을 했는지 소상하게 다 털어놓았다. 그는 들은 이야기를 아무에게나 전하는 사람이 아니라는 걸 알고 있었기 때문이다. 어쩌면 나는 그가 내 어깨 위로 팔을 얹으며 "당신이 화날 만도 하네요"라고 맞장구쳐 주기를 기대했던 것 같다.

그런데 아니었다. 그는 나를 쳐다보더니 "당신은 그들을 완전히 용서해 주어야 합니다. 그들을 완전히 용서할 때까지 당신은 쇠사슬에 묶여 있을 거예요. 먼저 그들을 풀어 주세요. 그래야 당신도 풀려날 수 있습니다."

누군가 내게 해 준 말 중에 가장 위대한 말이었다.

"친구의 아픈 책망은 충직으로 말미암는 것이나 원수의 잦은 입맞춤은 거짓에서 난 것이니라"(잠 27:6).

그의 말이 내 인생을 완전히 뒤바꾸었다. 사실 그것을 받아들이는 일은 쉽지 않았다. 처음에는 항변하며 말했다 "요세프, 아직 할 말이 남았어요. 더 기막힌 이야기가 있다고요."

그런데 그 말이 끝나기도 전에 그는 "당신은 그들을 완전히 용서해 주어야 해요"라고 루마니아인 특유의 어조로 말했다. 그리고 결코 잊을 수 없는 말을 다시 했다. "그들을 풀어 주세요. 그러면 당신도 풀려날 겁니다."

결국 나는 그의 말대로 했다. 그 일과 관련된 사람들을 정말로 다 용서했다. 그러나 나는 얼마 후에도 내 마음속 깊은 곳이 아직도 상처와 분노로 흔들리고 있음을 발견했다. 내 그런 사정을 아무도 몰랐기 때문이다. 상처를 받으면 우리는 모든 사람이 그 사실을 알아주었으면 한다. 이 쓰라린 상처가 속에서 샘물처럼 폭발할 때마다 나는 그들 모두를 마음속으로부터 다시금 용서해야만 했다.

대부분의 경우에는 상대방이 구하지도 않았는데 먼저 나서서 "나는 당신을 용서합니다"라는 말을 해서는 절대로 안 된다. 그런 말은 도리어 비생산적이다. 더러는 문제를 훨씬 악화시킬 수 있다. 상대방은 당신이 그들을 비난한다고 느끼며 "내가 도대체 뭘 잘못했는데?" 할 것이다. 좋든 싫든 우리가 용서해야 할 대부분의 사람들은 진심으로 그리고 정직하게 자신은 어떤 잘못도 저지른 적이 없다고 믿는다. 대부분의 경우 그들은 우리가 깊이 상처받았다는 사실을 모르거나 우리가 왜 상처받았는지 이해하지 못한다.

당신이 용서해 줘야 할 사람을 거짓말 탐지기로 테스트한다면 아마도 그들은 매우 우수한 점수로 통과할 것이다. 진정으로 자신이 잘못한 것이 하나도 없다고 믿기 때문이다. 당신도 이런 어려움에 직면해 있는가? 당신이 용서해야 할 사람들은 어떠한 비난에도 자신은 완전히 결백하다고 믿는다. 그래서 우리는 더 상처를 받고 그들을 용서하기가 더 어려워진다.

상대가 만약 “정말 미안하고, 내 자신이 너무 부끄러워요”라고 말한다면 그를 용서하기가 훨씬 쉽다. 자신이 한 일로 미안해하는 사람들을 용서하는 데는 그다지 큰 은혜가 필요 없다.

가장 힘든 건 대부분 자신이 우리에게 얼마나 깊은 상처를 입혔는지 그래서 우리가 얼마나 큰 피해를 입었는지 알지 못하는 사람을 용서하는 것이다. 당신을 침몰시키고 당신의 명예를 실추시키며 할 수만 있다면 당신을 파괴하기 원했던 사람을 용서하는 일은 무척 힘들다. 자신이 무슨 일을 했는지 모르는 사람을 용서하는 것은 지극히 어려운 일이다. 자기가 무슨 짓을 저질렀는지 알지만 전혀 미안해하지 않는 사람을 용서하는 것은 그보다 더욱 어렵다.

어떤 경우든지 우리에게는 선택의 여지가 있고, 앞으로 나아갈 수 있는 유일한 길은 (하나님을 더 경험하기 원한다면) 그들을 완전히 용서하는 것이다.

확실히 해야 할 세 가지

이때 확실히 해야 할 세 가지가 있다. 첫째, 완전한 용서란 의지적 행동이라는 점이다. 당신은 그렇게 하기로 스스로 선택한 것이다. 하나님이 당신을 항복시킬 때까지 기다리지 말라. 사실 그분은 그렇게 일하시지도 않는다. 완전한 용서는 우리가 마땅히 누군가를 용서해야 한다는 확신을 주시는 성령의 내적 확신에서 나온다. 당신은 마음에서 우러나 그래야 한다는 것을 안다. 하지만 반드시 그러기로 마음으로 결정하고, 그다음에 실제로 그렇게 행해야만 한다. 그렇지 않으면 절대로 누군가를 용서할 수 없다. 결국 모든 것은 우리 본성에 반하는 것이고, 당신과 내가 해야 하는 행동 가운데 가장 어려운 일에 해당할 것이다.

둘째, 완전히 용서한다고 해서 그들의 행동을 정당하다고 인정하는 것은 아니다. 어떤 이들은 "내가 만약 그들을 용서하면 그들에게 죄가 없다고 인정하는 것이 되지 않습니까?"라고 울분을 토한다. 그렇지 않다. 간음하다 걸린 여인의 죄를 용서해 주셨을 때 주님은 그녀를 정죄하지 않으셨으나, 그녀에게 죄악된 삶을 즉시 떠나라고 분명히 말씀하셨다. 그분은 절대로 그녀의 행위가 정당하다 인정하지 않으셨다. 그녀 또한 그 사실을 잘 이해했을 것이다.

셋째, 어떤 이들은 '완전한 용서'와 '현실을 부정하며 사는 것'을 혼동한다. 당신은 실제로는 현실을 부정하고 있으면서 누군가를 온전히 용서한 것으로 착각하는 위험에 빠질 수 있다. 현실을 부정한다는 것은 당신의 원수가 한 행동을 부인하거나 그것을 의식적 혹은 무의식적으로 마음속에 억눌러 두는 것을 말한다. 때로는 죄를 범한 이의 행위 때문에 공포가 너무도 큰 나머지 그것이 피해자의 감정 속에 살아 움직여서 피해자 자신이 당한 일이 얼마나 나쁜 것인지 인지하지 못하거나, 사실 그렇게 나쁜 것은 아니었다고 스스로 자위할 수가 있다.

만약 그렇게 현실을 부인한다면 당신은 진정으로 누군가를 용서하는 것이 아니다. 상대방이 행한 일을 분명하게 직시하며 "그가 한 행위는 끔찍하고 불의하며 생각조차 할 수 없는 악이다"라고 스스로에게 의식적으로 말할 때 진정으로 용서할 수 있다. 용서는 두 눈을 똑바로 뜨고서 하는 것이다. 현실을 부정하면서 살아간다면 완전한 용서는 요원하다. 자신이 당한 행위가 얼마나 끔찍한 것인지 이해하지만 그럼에도 불구하고 여전히 그 사람을 용서하기로 할 때 완전한 용서가 이루어진다.

완전한 용서는 타인이 행한 "악한 것을 생각하지 아니함"(고전 13:5)을 뜻하지만, 동시에 내가 더 이상 생각하지 않기로 선택한 타인의 그 악행을 분명하게 직시하는 것이기도 하다. 그래서 이 일에는 엄청난 은혜가 필요하며, 초자연적인 세계로 넘어가야만 가능하다. 복수를 포기하고 모든 것을 하나님께 맡겨 드리는, 우리의 본성으로는 설명할 수 없는 일을 하는 것이다.

저마다 풀어낼 이야기들이 많이 있을 것이다. 이 글을 읽는 이들 중에는 내가 경험한 것보다 훨씬 더 큰 상처를 입은 사람도 있을 것이다. 어쩌면 강간을 당했을 수도, 어렸을 때 친척이나 힘을 가진 어른, 리더, 심지어 영적 리더에게 학대를 받았을 수도 있다. 그 사람이 당신에게 악을 행했다는 사실을 부인할 수도 있다. 어쩌면 당신의 배우자가 바람을 피우고서도 도리어 당신 탓이라며 당신을 나무랐을 수도 있다. 가장 친한 친구가 당신을 실망시키거나 배신했을 수도 있다. 당신은 억울하게 누명을 썼는데 모두가 그 거짓말을 믿고 있을 수도 있다. 당신은 인종적 편견의 희생자일 수 있고, 사람들이 당신의 피부색 때문에 혹은 당신이 사는 동네 때문에 당신을 차별하고 미워할 수도 있다. 그들은 당신이 자신들과 다른 신념을 가지고 있다며 당신을 미워한다.

혹은 질투가 나서 당신을 미워한다. 당신의 외모 때문에 미워하고, 당신이 소유한 부와 이룩한 성공 때문에 미워한다. 혹은 당신의 능력, 당신이 가진 인맥, 당신의 배경, 당신이 받은 교육, 당신의 직업으로 인해 당신을 미워한다. 어쩌면 당신은 억울하게 감옥에 수감되었거나 누군가 당신 물건을 훔쳐서 큰돈을 잃었을 수도 있다. 또 누군가 당신의 명성에 큰 흠집을 냈을 수도 있다. 어쩌면 어떤 자리를 보장받았지만 그 자리가 당신 친구나 혹은 심지어 원수에게 돌아갔을 수도 있다.

어쩌면 누군가 당신 돈을 훔쳐 갔을 수 있다. 어쩌면 어떤 사람 혹은 가장 친한 친구가 당신의 배우자에게 유혹의 눈길을 보냈을 수 있다. 아니면 누군가 당신과 관련해 전혀 근거 없는 이야기를 인터넷에 올렸을 수도 있다. 또 누군가가 아무런 이유도 없이 갑자기 당신과의 대화를 거절했을 수도 있다. 어쩌면 누군가가 당신이 원하는 자리를 위한 인터뷰를 하지 못하게 막았을 수도 있다. 혹은 누군가가 당신의 친한 친구나 친척을 살해했을 수 있다. 이런 예를 끝도 없이 들 수 있다.

이런 상황에서 내가 믿는 것은, 고난이 클수록 기름 부으심이 더욱 크다는 사실이다. 만약 당신이 자신에게 악을 행한 사람을 완전히 용서할 수만 있다면(이것은 정말 큰 '만약'이지만) 당신이 받는 고통은 결코 무가치하지 않을 것이다. 먼저 이루어져야 할 것은 당신이 상대방을 완전히 용서하는 것이다. 이는 단순히 그 사람을 '상대'하는 차원이 아니라 하나님이 그를 축복하시도록 진심으로 기도하는 것을 뜻한다(당신이 하나님께 "저 사람을 좀 상대해 주십시오"라고 간구할 때 내심 바라는 것은 하나님이 그 사람을 죽여 주시든지, 아니면 적어도 그 인간이 고통을 겪기를 바라는 것이다).

두려운 일이지만, 기름 부으심이 클수록 고난도 크다. 예외도 있지만 기름 부으심이 탁월했던 많은 사역자들이 큰 고통을 경험하는 경우가 많았다. 성경에서 큰 기름 부으심을 받았던 사람들은 주로 큰 고난을 당한 사람들이었는데, 아브라함, 이삭, 야곱, 요셉, 모세, 사무엘, 이사야, 예레미야 그리고 다른 많은 이들이 그렇게 고난을 당했다. 위대한 기름 부으심은 흔히 고난의 왕관과 함께 주어지는데 그것은 우리가 자신을 높이지 못하게 하기 위함이다.

만약 당신이 하나님 나라에서 특별한 지위와 역할을 맡았다면 분명히 보다 적은 책임을 맡은 주위 사람들보다 더 큰 분량의 고통을 경험할 가능성이 높다. 그 고난은 예를 들어 치료할 수 없는 질병처럼 육체적인 것, 혹은 믿음 때문에 당하는 박해 같은 것일 수도 있다.

하나님을 더 깊이 경험하고 싶다면

문제는 당신이 하나님을 더 깊이 경험하기 원하느냐 그렇지 않느냐는 것이다. 당신은 얼마나 큰 대가를 지불하든지 상관없이 하나님을 더 체험하기 원하는가? 만약 당신이 가진 모든 것을 포기해야 한다면 어쩌겠는가?(잠 4:7) 그래도 여전히 그분을 더 원하겠는가?

"나는 그가 한 일을 절대로 잊지 않을 것이다"라는 말을 해 본 적이 있는가? 누군가에게 "나는 절대로 그 일을 잊지 않겠다!"(그가 한 말에 반드시 대가를 치르게 하겠다!)라고 말한 적이 있는가? 존 F. 케네디는 "당신의 원수를 용서하라. 그러나 그들의 이름은 절대로 잊어버리지 말라"[1]라는 말을 한 것으로 유명하다.

이 글을 읽는 독자 가운데는 이러한 선택권을 가지고 기로에 서서 어디로 갈까 망설이는 이들이 있을 수 있다. 받은 대로 갚아 주고 복수할 것인가, 아니면 하나님을 더 원할 것인가?

복수에게 이별의 입맞춤을 할 생각이 있는가? "복수는 내 것이다"(롬 12:19; 신 32:35)라는 성경 말씀처럼 복수가 진정으로 하나님께 속해 있다는 사실을 아는가? "그렇습니다. 나는 압니다" 하고 말할지는 모르지만 곧 "하지만 그분은 너무 느려요" 하고 대답한다. 단언하는데, 하나님은 당신의 감정도 돌보신다. 그분은 고난당하고, 억울하게 고소당하고, 강간당하며, 인종적 편견과 그 밖에 수천 가지의 이유들로 인해 소외된 사람에게 관심이 크시다. 그분께서 직접 일하시게 하자! 여기 당신에게 주는 최고의 조언이 있다.

> 악을 악으로, 욕을 욕으로 갚지 말고 도리어 복을 빌라 이를 위하여 너희가 부르심을 받았으니 이는 복을 이어받게 하려 하심이라 그러므로 생명을 사랑하고 좋은 날 보기를 원하는 자는 혀를 금하여 악한 말을 그치며 그 입술로 거짓을 말하지 말고 악에서 떠나 선을 행하고 화평을 구하며 그것을 따르라 주의 눈은 의인을 향하시고 그의 귀는 의인의 간구에 기울이시되 주의 얼굴은 악행하는 자들을 대하시느니라 하였느니라 또 너희가 열심으로 선을 행하면 누가 너희를 해하리요 그러나 의를 위하여 고난을 받으면 복 있는 자니 그들이 두려워하는 것을 두려워하지 말며 근심하지 말고(벧전 3:9-14).

만약 원수에게 복수하는 일이 당신에게 가장 좋다면 시간이 흘러 때가 되면 그 일이 반드시 이루어질 것이다. 하지만 복수할 기회를 기다리는 중에 하나님의 뜻을 헤아리게 될 수도 있는데, 그렇게 되면 다른 어떤 것보다 하나님의 뜻을 깨닫는 것이 더 큰 만족을 가져다준다는 것 또한 사실이다.

당신에게 악을 행한 사람들에게 하나님이 복수하지 않으신다고 말하는 것이 아니다. 그분은 그렇게 하실 수 있지만 그 일이 반드시 당신에게 유익이 될 때에만 그렇게 하신다. 당신이 다른 어떤 것보다 더욱 그분을 경험하기 원한다면 "하나님은 당신으로부터 어떤 좋은 것도 아끼지 않으실 것이다"(시 84:11). 하나님은 당신에게 그분을 두 배나 더 깊이 경험하는 기쁨을 주실 뿐 아니라 당신의 원수에게 보복해 주실 수도 있다. 그분은 정말 그렇게 하실 수 있는 분이다. 그러나 당신이 하나님을 깊이 경험하는 기쁨을 누리면, 원수에게 복수하고 싶은 마음이 뜨거운 태양 아래 물과 같이 모두 다 증발해 버릴 수도 있다.

과거에 있었던 어떤 일을 하나님이 신원해 주시기를 바라는가? 그러나 하나님을 더 깊이 경험할 수만 있다면 그 억울함을 풀 기회를 포기할 수도 있는가? 신원과 보복은 비슷하다. 하나님은 둘 다를 주관하는 분이시며, 그분이 하시는 일이 이런 일들이다. 복수란 당신의 원수가 벌을 받는 것이고, 신원이란 당신이 뒤집어쓴 억울한 누명을 벗는 것이다. 그 둘 다 당신의 자부심 혹은 자존감과 관련이 있다. 하나님은 그 두 가지를 다 주관하신다.

참고로 말하자면, 그분이 자신의 일을 이루시는 데는 우리의 도움이 필요치 않다. 우리가 그분을 도와 드리려고 하면, 그분은(우리가 자기 멋대로 문제를 해결하려고 할 때 얼마나 사태를 악화시킬 수 있는지 잘 볼 수 있도록) 그 일에서 완전히 손을 떼시고 우리가 직접 문제를 해결하도록 내버려 두실 것이다.

하나님이 가장 잘하시는 일을 하는 특권을 빼앗지 말라. 그분에게서 자신이 좋아하시는 일을 행하는 즐거움을 빼앗지 말라. 그리고 그분이 어떻게 그 문제를 해결하실지 알아내려고 애쓰지도 말라. 그분은 그저 이런 문제를 다루는 데 천재적인 재능을 가지고 계시다고만 말하겠다. 당신이 아무리 이 문제에 탁월하다 할지라도 하나님이 일하시는 방식에 비하면 새 발의 피만큼도 미치지 못할 것이다. 그냥 그분께서 해결하시도록 가만히 있으라. 만약 하나님이 신원하시며 보복하시는 일에 얼마나 탁월한지 궁금하다면 에스더서에서 하나님이 어떻게 모르드개의 억울함을 풀어 주시고 그의 원수에게 보복하셨는지를 읽어 보라(에 2:21-7:10).

무엇이 당신에게 더 큰 힘과 열정, 재미와 즐거움 그리고 기쁨을 준다고 생각하는가? 주님을 기뻐함으로 힘을 얻을 수는 없을까?(느 8:10) 성령님이 함께 동행하는 동안 우리를 연단시키기만 하는 분이 아니라, 성령님 자체가 언제나 기쁨으로 충만한 분이라는 사실을 알고 있는가? 그렇다. 삼위일체 중 세 번째 위격에 해당하는 성령님은 기쁨으로 충만하신 분이다. 그뿐만 아니라 성부 하나님도 기쁨으로 충만하시며(시 16:11), 예수님도 그러하시다(요 15:11).

다시 말해, 하나님을 더 깊이 체험하는 것은 더 큰 기쁨을 경험한다는 뜻이다. 당신의 혈압이 제자리를 찾고 건강을 되찾아 장수할 것이다. 나아가 하나님은 당신이 꿈도 꿔 보지 못한 방식으로 당신을 사용하실 것이다. 하나님이 잘하시는 일을 빼앗지 말라!

마음을 아프게 한 사람들에게 보복하고 싶은 것은 인지상정이다. 보복하거나 신원하기를 바라는 욕구를 더 증폭시키기 위해 대학 수업까지 들을 필요는 없다. 특별한 가르침을 받지 않아도 우리 자아가 알아서 작동한다. 성적인 욕구가 창조 당시 우리에게 주어진 자연스러운 선물인 것처럼, 중요한 존재가 되고 싶은 욕구도 자연스러운 욕망이다. 억울함을 풀고 복수하고 싶은 마음은 우리의 자존감과 연결된 자연스러운 욕구다.

그러므로 남을 완전히 용서하려는 마음이나 보복과 신원을 포기하려는 마음은 초자연적인 현상이라 할 수 있다. 초자연적이라는 말은 우리의 본성을 넘어서는 일이라는 뜻이다. 그것은 하나님만이 주실 수 있고, 당신이 누군가를 완전히 용서하면 당신은 초자연적인 영역으로 넘어가는 것이다.

초자연적인 세계로 넘어가고 싶은가? 그렇다면 당신에게 상처준 사람을 용서하라. 그들을 축복하며 기도하라.

"하나님을 더 경험할 수 있는 또 다른 방법이 없을까?" 이런 의문이 들 수 있다. 어쩌면 또 있을 수 있다. 앞 장에서 다루었던 시험을 소중히 여기는 것이 그 한 예가 될 수 있다. 그것을 실천하면 하나님을 더 경험할 수 있을 것이다. 이 책 전체에서 '어떻게 하면 하나님을 더 경험할 수 있는지'를 이야기한다. 그러나 만약 내 생각이 옳다면, 하나님을 더 깊이 경험하도록 이끄는 방법을 우리 입맛대로 선택할 수 없다. 하나님을 진심으로 원한다면, 우리는 그분을 가까이 경험할 수 있도록 이끄는 것이라면 무엇이든지 두 손으로 꼭 붙잡아야 한다.

"브릴크림(Brylcreem; 남성용 헤어젤-옮긴이주) 종교"라는 말을 들어 보았는가? 브릴크림 회사는 "살짝만 발라도 효과가 있다"는 슬로건을 내세웠다. 당신은 성령님을 그저 살짝만 바르기를 원하는가? 물론 아니라고 답하겠지만 유감스럽게도 오늘날 너무도 많은 사람들이 이 "브릴크림 종교"에 빠져 있는 것 같다. 그들 중 한 사람이 되지 말라. 그저 대중적인 종교에 만족하지 말라.

누군가를 완전히 용서했는지 어떻게 알 수 있는가

우리가 누군가를 완전히 용서했는지 어떻게 알 수 있을까? 우리가 하나님을 더욱 원한다면, 즉 완전한 용서가 하나님을 더욱 원하는 우리의 마음을 보여 준다는 것을 안다면 우리는 우리에게 상처 준 사람들을 실제로 완전히 용서했는지 꼭 알아야 한다. 만약 내가 이번 장 남은 부분에서 당신이 당신에게 상처 준 사람을 아직 완전히 용서한 것이 아님을 증명해 보인다면, 당신은 진정으로 그들을 용서할 의향이 있는가? 이 장은 우리를 인생의 기로(결단의 순간)에 서게 한다. 당신이 선택한 방향에 따라 하나님을 열망하는 당신의 마음을 보여 줄 기회를 얻을 것이다.

그렇다면 자신이 하나님을 더욱더 원하는지 어떻게 확신할 수 있을까? 바울은 그리스도 안에서 하나님이 우리를 용서해 주신 것처럼 우리도 용서해야 한다고 말한다(엡 4:32; 골 3:13). 그렇다면 하나님은 어느 정도나 우리를 용서해 주신 것일까?

그가 내게 한 일을 아무에게도 말하지 않는다

하나님은 당신과 내가 어떠한 죄를 저질렀는지 아무에게도 말씀하지 않으실 것이다. 그분은 우리 모두의 "비밀"을 아시지만, 그것들을 모두 잊어버리시겠다 약속하셨다. "다시 우리를 불쌍히 여기셔서 우리의 죄악을 발로 밟으시고 우리의 모든 죄를 깊은 바다에 던지시리이다"(미 7:19).

물론 나는 당신을 잘 모른다. 그렇지만 솔직히 말하는데 하나님은 어느 누구도 나를 만나거나 내 말을 듣고 싶지도 않을 정도로 나를 완전히 파멸시키고 매장시킬 수 있는 정보를 가지고 계신다. 그럼에도 불구하고 사람들은 그 내용을 절대로 알 수 없으리라는 사실을 아는가? "동이 서에서 먼 것같이 우리의 죄과를 우리에게서 멀리 옮기셨으며"(시 103:12).

그러나 하나님이 내 죄악을 "잊어버리시기로" 선택하셨다고 해서 그분이 기억상실증에 걸렸다고 생각해서는 안 된다. 우리의 어떤 죄를 용서하셨는지 그분은 아주 잘 아신다. 예수님의 가르침이 그 증거다. "일곱 번이 아니라 일흔일곱 번이라도"(마 18:22; 어떤 역본은 "일곱 번씩 일곱 번이라도"라고 옮긴다) 용서하라고 명하신 후 '용서하지 않는 종'의 비유를 가르치셨다.

> 그러므로 천국은 그 종들과 결산하려 하던 어떤 임금과 같으니 결산할 때에 만 달란트 빚진 자 하나를 데려오매 갚을 것이 없는지라 주인이 명하여 그 몸과 아내와 자식들과 모든 소유를 다 팔아 갚게 하라 하니 그 종이 엎드려 절하며 이르되 내게 참으소서 다 갚으리이다 하거늘 그 종의 주인이 불쌍히 여겨 놓아 보내며 그 빚을 탕감하여 주었더니 그 종이 나가서 자기에게 백 데나리온 빚진 동료 한 사람을 만나 붙들어 목을 잡고 이르되 빚을 갚으라 하매 그 동료가 엎드려 간구하여 이르되 나에게 참아 주소서 갚으리이다 하되 허락하지 아니하고 이에 가서 그가 빚을 갚도록 옥에 가두거늘 그 동료들이 그것을 보고 몹시 딱하게 여겨 주인에게 가서 그 일을 다 알리니 이에 주인이 그를 불러다가 말하되 악한 종아 네가 빌기에 내가 네 빚을 전부 탕감하여 주었거늘 내가 너를 불쌍히 여김과 같이 너도 네 동료를 불쌍히 여김이 마땅하지 아니하냐 하고 주인이 노하여 그 빚을 다 갚도록 그를 옥졸들에게 넘기니라 너희가 각각 마음으로부터 형제를 용서하지 아니하면 나의 하늘 아버지께서도 너희에게 이와 같이 하시리라(마 18:23-35).

이 비유에서 주인은 자신이 무엇을 용서했는지 분명히 알고 있었다. 그래서 후에 자신이 베푼 용서의 정신이 그 종에게서 다른 종으로 흘러가지 않자 자신이 했던 용서를 취소한다. 하나님이 우리를 용서하셨을 때 우리도 그 용서의 정신을 본받아 다른 이들을 용서하기를 기대하셨다. 당신이 나에게 악을 행하거나 상처를 주고 혹은 나를 배신했기 때문에 내가 그 사실을 다른 모든 사람들에게 말하고 다닌다면, 나는 내가 용서받은 대로 남을 용서할 것이라는 주님의 기대를 저버린 사람이 되고 마는 것이다. 하나님은 이것을 조금도 기뻐하지 않으신다. 그분은 화를 내시며 우리를 책망하실 것이다. 구원을 잃는다는 말은 아니지만, 하나님을 더욱 깊이 경험할 기회를 놓쳤음을 의미한다. 그분은 자신이 우리를 용서해 주신 것만큼이나 우리도 다른 사람들을 용서하리라 기대하신다.

만약 내가 하나님을 더욱 원한다면 나는 그들이 내게 얼마나 큰 악을 행했는지 다른 사람들에게 말하지 않을 것이다. 물론 그들이 내게 행한 악을 하나님께 고할 수는 있다. 거기까지는 괜찮다. 하나님은 우리의 모든 불평을 그분에게 쏟기를 원하신다. 그분의 어깨는 넓다. "내가 소리 내어 여호와께 부르짖으며 소리 내어 여호와께 간구하는도다 내가 내 원통함을 그의 앞에 토로하며 내 우환을 그의 앞에 진술하는도다"(시 142:1-2).

하나님은 우리가 그분께만 아픔을 토로할 때 기뻐하신다. 그분께만 모든 것을 털어놓으라. 사람들이 당신에게 어떻게 했는지 오직 하나님께 하소연할 때 당신은 그분을 존귀하게 여기는 것이다. 그러나 만약 당신이 그 사실을 다른 사람들에게도 이야기하고 하나님께도 이야기한다면, 그분은 그저 누가 나쁜 짓을 했는지 알고 있는 사람들 가운데 또 하나가 되고 만다. 19세기에 남부 지역에 있는 목화밭에서 힘든 일을 하던 흑인이 부른 영가를 보자.

> 내가 겪은 아픔을 아는 이 아무도 없네.
> 예수님밖에는 아는 이 아무도 없네.
> – 작자 미상

요셉은 이것을 아름답게 묘사한다. 그는 자기 형제들이 처음에는 그를 죽이려고 모의했다가 마지막 순간에 이스마엘 상인들에게 팔았다는 사실(창 37:19-28)을 정확히 알고 있었다. 하나님이 꿈에 보여 주신 내용처럼 그의 형제들이 언젠가는 그에게 절하게 되리라는 것을 알았기에, 그는 어느 날 이 형제들을 "이놈들!" 하고 잡아서는 그 대가를 치르게 하려고 마음먹었을 수도 있었겠다고 나는 생각한다.

그는 이제 애굽의 총리가 되었으니 그들에게 책을 집어 던지며 호통을 칠 수도 있었을 것이다. 그러나 그가 꾼 꿈이 성취될 즈음에 요셉은 완전히 변화된 사람(새로운 사람, 깨어진 사람)이 되었다. 그래서 그들을 처벌하는 대신 그는 "모든 사람을 자기에게서 물러가라"(창

45:1)고 했다. 그렇게 방 안에 자신과 열한 형제만이 남았다.

왜 그랬을까? 그는 이 열한 형제들이 자신에게 행한 일들이 애굽에 있는 그 누구에게도 알려지기를 원치 않았기 때문이다. 그는 그의 형제들이 아버지 야곱을 가나안으로부터 애굽로 모셔와 함께 살기를 원했다. 그는 애굽의 모든 백성들이 그의 형제들을 존경하기를 원했다. 만약 소문이 새어 나간다면 모든 애굽 사람들이 그의 형제들을 미워하리라는 사실을 그는 알았다. 그래서 문을 닫은 후 요셉은 형제들에게 자신의 정체를 밝혔고 그들에게 완전한 용서를 베풀었다.

요셉은 예수님이 오시기 전 구약 시대에 예수님을 미리 생각해 볼 수 있도록 보냄받은 그리스도의 전형과도 같다. 요셉은 진정한 경건이 무엇인지 보여 주었고, 주님이 자비를 베푸시듯 그도 자비를 베풀었다(눅 6:36). 하나님이 당신이나 내 죄악을 세상에 폭로하지 않은 것처럼, 요셉 또한 형제들의 만행을 애굽의 어느 누구에게도 폭로하지 않았다.

보통 우리는 누군가 우리에게 악을 행하면 즉시 전화번호를 눌러서는 '그들이' 무슨 짓을 저질렀는지 수화기 너머의 또 다른 누군가에게 고자질하지 않는가? '그런 나쁜 사람'을 다른 사람이 존경하는 모습을 도저히 참을 수가 없기 때문이다. 세상이 그렇게 악한 이를 존경한다는 사실을 견딜 수가 없다. 또한 그의 비리를 폭로함으로써 나를 해한 그가 벌을 받기를 원한다. 그래서 그가 한 행동을 빠짐없이 속속들이 모두에게 말하는 것이다. 하지만 그래서는 안 된다.

다만 몇 가지 예외의 경우가 있다. 첫째, 누군가 당신에게 악행을 저질렀을 때 마음 편히 털어놓을 수 있는 한 사람은 필요하다. 치유 상담학적 이유로, 전해 들은 말을 다시 누군가에게 전파하지 않을 수 있는 안전한 대화 상대가 누구에게나 한 사람은 필요하다. 친한 친구나 목회자, 사역자 혹은 상담자가 좋은 대상이 될 수 있다. 그런 사람을 찾아보기를 권한다. 그러나 두 사람이나 혹은 200명에게 말해서는 안 된다. 오직 단 한 사람을 찾아서 나누는 것이 좋다.

둘째, 범죄는 반드시 신고해야 한다. 어떤 여인이 웨스트민스터 채플에 찾아와서 "경찰이 저를 강간한 범인을 붙잡았다면서 저더러 법정에서 증언해 달라고 해요" 하고 말했다. 그 말에 나는 결연하게 대답했다. "꼭 그렇게 하시기를 바랍니다."

"하지만 목사님, 저한테는 사람들의 죄를 용서하라고 하셨잖아요. 그래서 저는 마음으로 이미 그를 용서했는걸요?"

"잘하셨습니다. 저도 그 말을 믿고, 자매님이 참 자랑스럽습니다. 자매님의 용서와는 별개로 이 사건은 범죄 사건입니다. 마음속의 분노를 가라앉히셨으니 법정에 서서 그들이 질문할 때 담대하게 바른 대답만 하시면 됩니다."

얼마 뒤 그녀는 그렇게 했다.

어쩌면 세 번째 예외 상황이 있을 수도 있는데, 그것은 당신이 경험한 이야기를 통해 누군가 도움을 얻을 만한 사람에게 간증을 나누는 것이다. 이때 주의할 것이 있는데, 상처 준 사람을 나쁘게 말하지 않아야 하며 그 사람의 정체가 드러나지 않도록 해야 한다. 그 사람이 나쁜 평가를 받기를 바라지 않고 하나님의 영광을 위해 당신이 겪은 일만 나눈다면, 그 이야기는 누군가에게 도움이 될 수도 있을 것이다.

이 세 가지 예외를 제외하고는 아무에게도 죄지은 자에 대해 말하지 않는다는 규칙을 꼭 지켜야 한다. 이 세 가지 경우 외에 남의 죄악을 공공연히 이야기한다면 이는 복수를 하고 싶고 그들에게 벌을 주고 싶기 때문이다. "사랑 안에 두려움이 없고 온전한 사랑이 두려움을 내쫓나니 두려움에는 형벌이 있음이라"(요일 4:18). 완전한 사랑은 벌주고 싶은 마음과 보복하고 싶은 마음을 없애 준다.

진정으로 하나님을 더욱 원한다면 우리에게 부당하게 행한 사람들에게 보복하려 들지 않는다. 더불어 하나님이 모든 문제를 다루시도록 기꺼이 내드릴 것이다. 이것은 그분이 감당하실 일이다. 하나님은 문제를 풀기 원하신다. 문제를 환영하신다. 그러나 그들이 무슨 일을 했는지 우리가 말하는 순간, 그분이 우리를 위해 해 주기를 원하셨던 일들을 빼앗아 버리는 격이 된다. 하나님 전문 영역의 일을 빼앗는 일이 부디 없기를 바란다.

그가 나를 두려워하지 않게 한다

요셉이 통역자 없이 히브리어로 "나는 요셉입니다" 하고 형제들에게 이야기하자 그들은 너무도 두려웠다. 그들은 요셉 앞에서 "놀라" 대답조차 하지 못했다(창 45:3). 요셉의 감정이 매우 격해진 순간이었다. "요셉이 큰 소리로 우니 애굽 사람에게 들리며 바로의 궁중에 들리더라"(2절). 야곱이 처음 라헬을 보았을 때 소리 내어 울었다(창 29:11)는 기사처럼 이것을 고대근동 지역의 문화로 볼 수도 있겠지만, 그 이상의 무엇인가가 더 있는 듯 보인다.

앙갚음하고 싶었던 사람을 용서하기로 결단할 때 갑자기 고통과 안도의 감정이 동시에 올라올 수 있다. 용서는 고통스러운 작업이다. 오랫동안 기다려 왔던 보복의 순간을 포기하는 것이기 때문이다. 그것에 작별을 고하는 것이다. 헤아릴 수 없이 고통스럽지만 동시에 놀라운 자유를 경험하게 된다. 자신에게 상처를 준 사람들을 용서하도록 사람들을 초대할 때 긍정적인 반응을 보이는 사람들은 대개 많은 눈물을 흘린다.

반대로 그와 같이 용서했지만 어떤 감정적인 동요도 보이지 않는 사람들을 보았다. 중요한 것은 다시 이전 모습으로 돌아가지 않겠노라고 스스로 의지를 다지는 것이다. 요셉이 큰 소리로 울었던 것이 그들을 용서했다는 뜻은 아니다. 그것은 그들에게 "내게로 가까이 오소서"(창 45:4)라고 말하는 것이었다. 그는 그들이 불안해하고 두려워하고 있다는 사실을 알았다. 아마도 그가 항상 바라던 순간이었을 텐데, 막상 바라던 모든 일이 그의 앞에 펼쳐졌을 때 그는 이를 거부한다.

"내게로 가까이 오소서."

그는 그저 그들에게 사랑을 베풀고 싶었다. "온전한 사랑이 두려움을 내쫓나니"(요일 4:18).

완전한 용서는 당신의 원수들을 편안하게 해 주는 것이다. 그 사람이 벼랑 끝에 세워 불안해하게 하는 대신 그들을 존귀하게 대접하며 그들에게 친절을 베푸는 것이다. 요셉은 그렇게 했다. 그는 그들이 자신을 두려워하는 것을 원치 않았다.

그가 죄책감을 느끼지 않게 한다

요셉은 그의 형제들이 약 20여 년 전에 그에게 저질렀던 악행들 때문에 괴로워한다는 사실을 알았다. 그래서 그는 "당신들이 나를 이곳에 팔았다고 해서 근심하지 마소서 한탄하지 마소서"(창 45:5)라고 말했다. 그는 이 모든 일 뒤에 하나님의 섭리가 있었음을 확신시켜 줌으로써 그들의 고통을 덜어 주고자 했다. "하나님이 생명을 구원하시려고 나를 당신들보다 먼저 보내셨나이다."

잠시 정직해져 보자. 당신은 누군가에게 "당신을 용서합니다" 하고 말했지만 여전히 그 사람이 그 문제에 죄책감을 느끼기를 바란 적이 있는가? 만약 그렇다면, 당신은 여전히 그에게 칼을 들이대고 있는 것과 같다. 특히 그들이 미안해하지 않을 때나, 당신이 상처받은 것을 알지 못하거나, 심지어 자신들이 무슨 짓을 했는지 알지만 아무 문제가 없다고 생각할 때는 그들을 용서하는 데 큰 은혜가 필요하다.

당신에게 주는 도전이 있다. 당신을 해한 상대를 지금 당장 용서하라. 상대가 아무런 잘못도 저지르지 않았다고 생각한다 해도 용서하라! 상대가 미안해하지 않더라도 용서하라! 상대가 내게 상처를 주었다는 사실을 조금도 알지 못해도 용서하라. 예수님은 자신을 십자가에 못 박은 이들을 위해 기도하셨다. "아버지 저들을 사하여 주옵소서 자기들이 하는 것을 알지 못함이니이다"(눅 23:34).

이것은 당신이 예수님처럼 될 수 있는 황금과 같은 기회다. 예수님과 같은 자비를 보여 줄 수 있는 기회를 날려 버리지 말라. 만약 그들이 정말 뉘우치고 돌아와 미안하다고 한 뒤에 당신이 그들을 용서해 준다면, 당신은 아주 적은 상급을 받을 것이다. 그렇지만 만약 그들이 조금도 부끄러움을 느끼지 않을 때 그들을 용서하면 "[당신의] 상이 클 것"(눅 6:35)이다.

당신이 용서해야 할 대상이 가까운 친구들이나 친척 혹은 소위 '거룩한' 사람들 중 하나라면 너무 크게 놀라지 않기를 바란다. 끔찍하지만, 참으로 '거룩한' 사람들조차도 그렇게 될 수 있다.

하늘의 성인(Saints)들과 같이 사는 것은
참으로 영광스러운 날이 되리라.

땅 위의 성인들과 함께 사는 것은

글쎄, 그건 좀 다른 문제다.

– 작자 미상

그의 체면을 세워 준다

체면을 세워 준다는 말은 본래 동양에서 유래한 개념으로, 다른 사람이 창피를 당하거나 당황하지 않게 배려해 준다는 말이다. 그들의 깨어지기 쉬운 자아를 보호해 주는 것이다. 그들을 위해 변명거리를 마련해 주는 것이다. 《카네기 인간관계론》(*How to Win Friends and Influence People*, 씨앗을뿌리는사람 역간)을 쓴 데일 카네기는 당신이 그들의 체면을 살려 준다면 당신은 일생 지속되는 우정을 얻을 것이라 했다.

요셉은 어떻게 그들의 체면을 세워 주었는가? "나를 이리로 보낸 이는 당신들이 아니요 하나님이시라"(창 45:8). 그는 모든 것이 하나님의 계획 안에 있었다고 말했다. 하나님은 그의 증조할아버지 아브라함 때에 훗날 자손들이 애굽에서 나오리라 말씀하셨다. 그러니 누군가 여기에 먼저 와 있어야 하지 않겠는가? 하나님은 단지 "요셉아! 네가 먼저 가라"고 하신 것이다. 요셉은 말하자면 "내가 당신들 중 하나였다 해도 당신들과 똑같이 행동했을 겁니다"라고 말한 것이다.

이 열한 명의 형제들은 자신들에게 찾아온 행운을 믿기가 쉽지 않았으리라. 그들은 요셉이 자신들에게 한 말을 몇 번을 되뇌며 이해하려고 애썼을 것이다. "요셉이 우리가 한 일이 아니라 하나님이 하신 일이라고 하는 거지, 지금?" 그들은 도대체 무슨 일이 벌어졌는지 이해하려고 애썼을 것이다. "우리가 죽이려고 했던 그 애가 그 모든 게 '하나님이 하신 일이다'라고 하다니……."

그걸로 끝이었다. 요셉은 이어 "이 땅에 이 년 동안 흉년이 들었으나 아직 오 년은 밭갈이도 못하고 추수도 못할지라 하나님이 큰 구원으로 당신들의 생명을 보존하고 당신들의 후손을 세상에 두시려고 나를 당신들보다 먼저 보내셨나니 그런즉 나를 이리로 보낸 이는 당신들이 아니요 하나님이시라 하나님이 나를 바로에게 아버지로 삼으시고 그 온 집의 주로 삼으시며 애굽 온 땅의 통치자로 삼으셨나이다"(창 45:6-8)라고 했다.

놀라운 일이다. 완전한 석방은 그들의 지나간 과오를 자꾸만 상기시키는 것이 아니라, 체면을 세워 주고 피할 길을 예비해 주면서 스스로 살아갈 수 있도록 도와주는 것이다.

그의 가장 어두운 비밀을 지켜 준다

누군가의 인생을 파멸에 이르게 할 만한 비밀을 알고 있을 수 있다. 만약 당신이 당신의 원수와 관련해 그러한 사실을 알고 있다면 어떻게 할 것인가? 그 비밀을 이용해 원수를 파멸에 이르게 할 것인가?

요셉의 형제들이 가지고 있었던 가장 어두운 비밀은 무엇이었는가? 그들은 야곱이 요셉을 위해 만들어 준 채색옷을 빼앗은 후에 짐승의 피에 담갔다. 그러고는 그 옷을 야곱에게 보내어 그가 그것을 알아보겠는지 물었다. 야곱은 그것을 알아보았다(창 37:31-35).

이 형제들은 이제 그들의 아버지에게 실제로 무슨 일이 있었는지 이실직고해야 했지만 그러기는 죽기보다 싫었을 것이다. 이 부분이 정말 감동이다. 요셉은 그 일을 형제들이 아버지에게 말하는 것을 허락지 않았다. 그러면서 그는 그들이 아버지 야곱에게 돌아가면 무슨 말을 해야 할지까지 알려 주었다. 이것은 그저 체면을 세워 주는 것을 넘어서 그들의 가장 어두운 비밀까지도 지켜 주는 배려였다.

저마다 모두 내면에 깊이 감추어 둔 비밀이 있다. 하나님은 어느 날 깊이 감추어 둔 비밀을 냅다 들춰내고서 우리를 당황하게 하는 분이 아니시다. 그분은 우리 내면 가장 깊숙한 곳에 있는 가장 어두운 비밀을 지켜 주시는 분이시다. 완전한 용서란 그런 것이다.

완전한 용서를 유지하는 것, 평생 과업

용서하는 작업은 당신이 남은 평생 동안 지속해야 할 일이다. 그것은 마치 의사의 처방을 받고 남은 평생 동안 먹어야 하는 약과도 같다. 일평생 주어진 과업이다.

요셉은 17년 뒤에 야곱이 죽었을 때 이것을 잘 보여 주었다. 그의 형제들은 공황 상태에 빠졌다. 아버지가 세상을 떠났으니 이제는 죽을 수도 있겠다는 생각에 사로잡힌 그들은 요셉에게 달려와 간절히 목숨을 구했다. 그들은 아버지가 돌아가시기만 하면 요셉이 즉시 자신들에게 원수를 갚을 것이라 믿었던 것이다. 우리는 그들이 아버지 야곱에게 자신들의 비밀을 털어놓았는지 아니면 야곱이 스스로 그 사실을 깨달았는지 알 수 없다. 그러나 요셉을 두려워했던 그들은 스스로 이야기를 지어냈다.

> 요셉에게 말을 전하여 이르되 당신의 아버지가 돌아가시기 전에 명령하여 이르시기를 너희는 이같이 요셉에게 이르라 네 형들이 네게 악을 행하였을지라도 이제 바라건대 그들의 허물과 죄를 용서하라 하셨나니 당신 아버지의 하나님의 종들인 우리 죄를 이제 용서하소서 하매 요셉이 그들이 그에게 하는 말을 들을 때에 울었더라(창 50:16-17).

요셉은 슬피 울었다. 요셉의 형제들은 들어와 그의 앞에 엎드려 빌며 말했다. "우리는 당신의 종이라."

이어지는 장면에서 요셉은 수년의 세월이 지나서도 여전히 그들을 용서한다. 요셉은 형제들을 안심시키면서 "요셉이 그들에게 이르되 두려워하지 마소서 내가 하나님을 대신하리이까 당신들은 나를 해하려 하였으나 하나님은 그것을 선으로 바꾸사 오늘과 같이 많은 백성의 생명을 구원하게 하시려 하셨나니"(창 50:19-20). 요셉은 이미 지나간 문제를 다시 거론할 생각이 전혀 없었다. 그는 그들을 이미 용서했기 때문이다.

완전한 용서는 일평생 지속해야 할 과제다. 그러므로 오늘도 용서해야 하고, 내일도 또 용서해야 한다. 당신이 만약 "나는 한 번 용서했으니까 그걸로 충분하다"라고 말한다면 나는 "성화에 대한 당신의 교리에 좀 문제가 있는 것 같다"고 말할 수밖에 없다. "만물보다 거짓되고 심히 부패한 것은 마음이라 누가 능히 이를 알리요마는"(렘 17:9). 바로 이 말씀과 같은 이유 때문에 우리는 살아 있는 동안 매일매일 용서함으로써 거룩을 연습해야 한다.

끊임없이 용서하고 또 용서하는 것은 당신이 하나님을 더 깊이 경험하는 일에 핵심이 되는 원리다. 나는 더 나아가 이것이야말로 하나님의 기름 부으심이 터져 나오는 단계라고 감히 말하고 싶다. 당신은 지속적인 용서를 통해 용서하기로 한 당신의 결심이 진심임을 보여 줄 수 있다.

그를 축복하라

요셉은 "당신들은 두려워하지 마소서 내가 당신들과 당신들의 자녀를 기르리이다 하고 그들을 간곡한 말로 위로했다"(창 50:21). 원수들을 축복하면 당신은 하나님을 더욱더 원하는 당신의 진심을 마침내 온전히 증명해 낸 것이 된다. 원수를 축복할 수 있는 방법이 두 가지가 있다. 첫째, 그들의 필요를 채우고 그들을 돌보아 주는 것이다. 뒤돌아볼 것도 없다. 원수 갚는 것의 정반대는 그들을 축복하는 것이다. 둘째, 그들을 위해 기도하는 것이다.

예수님은 말씀하셨다.

> 나는 너희에게 이르노니 너희 원수를 사랑하며 너희를 박해하는 자를 위하여 기도하라 이같이 한즉 하늘에 계신 너희 아버지의 아들이 되리니 이는 하나님이 그 해를 악인과 선인에게 비추시며 비를 의로운 자와 불의한 자에게 내려주심이라 너희가 너희를 사랑하는 자를 사랑하면 무슨 상이 있으리요 세리도 이같이 아니하느냐(마 5:44-46).

> 너희 원수를 사랑하며 너희를 미워하는 자를 선대하며 너희를 저주하는 자를 위하여 축복하며 너희를 모욕하는 자를 위하여 기도하라 …… 너희가 만일 너희를 사랑하는 자만을 사랑하면 칭찬받을 것이 무엇이냐 죄인들도 사랑하는 자는 사랑하느니라 너희가 만일 선대하는 자만을 선대하면 칭찬받을 것이 무엇이냐 죄인들도 이렇게 하느니라 …… 오직 너희는 원수를 사랑하고 선대하며 아무것도 바라지 말고 꾸어 주라 그리하면 너희 상이 클 것이요 또 지극히 높으신 이의 아들이 되리니 그는 은혜를 모르는 자와 악한 자에게도 인자하시니라 너희 아버지의 자비로우심같이

너희도 자비로운 자가 되라(눅 6:27-28, 32-33, 35-36).

만약 당신이 마침내 원수를 위해 기도하는 단계까지 도달한다면, 말 그대로 그들에게 복 주시라고 하나님께 진심으로 구하기에 이르렀다면 당신은 이제 거의 마지막 단계에 다다른 것이다. 다시 말해 당신이 하나님을 진심으로 원한다는 사실을 확실히 증거해 보이기 시작한 것이다. 내게 큰 기름 부으심이 임하기 시작한 것도 내가 나뿐만 아니라 내 자녀들의 마음에 큰 상처를 주었던 사람들을 위해 진심으로 기도하기 시작했을 때였다. 아이를 낳고 나서, 나는 내게 악을 행한 사람들을 내 아이에게 악을 행한 사람들보다는 훨씬 더 용서하기 쉽다는 것을 깨달았다. 대부분의 부모들이 공감할 것이다. 그만큼 내 자녀가 받는 상처는 다른 어떤 고통과도 비교할 수 없는 아픔으로 다가온다.

기억하라. 고통이 크면 클수록 더 큰 기름 부으심이 임한다. 당신과 당신이 사랑하는 사람들에게 상처를 준 자들을 위해 진심으로 기도할 수 있게 되면 하나님이 당신을 주목하신다.

결단의 시간

이 장에서 여러분들이 직접 용서할 수 있는 기회를 드리겠다고 했다. 이제 그 시간이 되었다. 당신이 하나님과 언약을 맺기를 바란다. 이것은 매우 진지하게 결정할 일이다. 본인이 지금 무슨 일을 하려는지 정확히 이해하지 못한다면 시도하지 말라. 지금 천사들과 성부와 성자와 성령님이 당신을 지켜보고 계신다. 구약시대에 언약을 체결하기 위해서는 피 흘림이 필요했다. 이것은 그 정도로 진지한 일이었다. 당신은 지금 하나님 앞에 맹세를 하려는 것이기 때문이다. 하나님 앞에 서원하고 그것을 지키지 못하느니 차라리 처음부터 서원하지 않는 편이 낫다.

> 네가 하나님께 서원하였거든 갚기를 더디게 하지 말라 하나님은 우매한 자들을 기뻐하지 아니하시나니 서원한 것을 갚으라 서원하고 갚지 아니하는 것보다 서원하지 아니하는 것이 더 나으니(전 5:4-5).

이제 당신이 해야 할 일이 있다. 이 일을 행하지 않는다면 당신은 진지하게 넘어가야 할 자신의 한계를 절대로 넘지 못할 것이다. 준비되었는가? 그렇다면 이제 이 기도를 하나님께 드리기 바란다.

> 주 예수님, 제가 죄를 지었습니다.
> 주님께 반항했던 것을 용서해 주옵소서.
> 또한 늘 불평했던 것을 회개합니다.
> 용서하지 못했던 것도 회개합니다.

주님의 피로 제 죄를 씻어 주옵소서.

제 죄를 위해 십자가에 못 박혀 돌아가 주시니 감사합니다.

성령 하나님!

오셔서 제 마음을 충만히 채워 주옵소서.

저를 용서해 주실 뿐 아니라

저도 ____________________(을) 용서할 수 있게

도와주옵소서. 그를 축복해 주시기 원합니다.

그를 자유롭게 해 주시길 원합니다.

그를 용서하며 자유를 선포합니다.

그를 자유롭게 놓아 주시기 원합니다.

저를 지금까지 참아 주셔서 감사합니다.

예수님의 이름으로 기도합니다. 아멘.

추가로 주의할 점은 만약에 실패하더라도(반드시 실패할 것이다), "아이고, 언약을 깨뜨렸네. 어쩔 수 없지. 그냥 다시 예전처럼 사는 수밖에" 하고 체념해서는 안 된다는 것이다. 그것은 사탄이 원하는 것이다.

맹세를 했는데, 자기도 모르는 사이에 누군가를 향해 손가락질한다든가 원수가 한 일을 누군가에게 말했다면 즉시 하나님께 고백하라. 요한일서 1장 9절에 "만일 우리가 우리 죄를 자백하면 그는 미쁘시고 의로우사 우리 죄를 사하시며 우리를 모든 불의에서 깨

끗하게 하실 것"이라 한 것을 잊지 말라. 완전한 용서는 평생 지속해야 할 과제라는 사실을 기억하면서 계속해서 앞으로 나아가자.

9 장

누군가
일일이 떠먹여 주던
신앙생활을 끝내다

내 백성이 지식이 없음으로 망하는도다

호세아 4장 6절

나이가 들면서 내가 받은 가장 큰 충격은 그리스도인들이 성경에 거의 무지하다는 사실이다. 평범한 평신도가 말 그대로 목사만큼이나 성경을 잘 알던 시절이 있었다. 그런데 이제는 심지어 목사들도 성경을 잘 모르고 설교 준비를 할 때 간간히 찾아본다. 내가 예전에 다닌 테네시주 내슈빌에 있는 트레베카나사렛칼리지(Trevecca Nazarene College; 지금은 종합대학) 총장은 나를 관심 있게 보시더니 이렇게 말씀하셨다. "자네는 대부분의 졸업생들보다 더 많은 성경 지식을 가지고 트레베카에 입학했군."

내 자랑을 하려고 꺼낸 말이 아니라 우리 부모님과 켄터키 애쉴랜드에 있는 예전 담임목사님 자랑을 하고 싶어서다. 트레베카에 입학했을 때 난 사역을 위해 성경을 공부할 생각이 없었다. 무슨 이유에서인지 그때는 형사 전문 변호사가 되고 싶었다. 어쨌든 그때껏 나는 우리 목사님과 부모님에게서 기도와 성경을 읽는 일에 시간을 투자하도록 훈련받았다. 당시에는 그것이 매우 드문 일이라는 사실을 깨닫지 못했다.

나는 작금의 미국과 영국 교회가 마주한 현실이 심히 염려된다. 내 성인기의 절반을 넘는 35년의 세월을 보낸 영국은 내게는 두 번째 고향이나 다름없다. 영국은 내게 설교와 목회, 집필과 심지어 텔레비전 방송 사역 기회까지 제공해 주었다. 나는 영국에 헤아릴 수 없이 많은 빚을 졌다. 옥스퍼드에서 연구를 통해 학위를 얻었고, 웨스트민스터채플과 스프링 하베스트 그리고 켄싱턴템플에 이르기까지 영국이 아니었더라면 사역의 기회도 얻지 못했을 것이다.

1973년 우리가 옥스퍼드에 막 도착했을 당시에 영국인들의 영성은 그다지 높지 않았다. 더구나 그때 이후로 그 수준은 더욱 염려스러울 정도로 곤두박질쳤다. 기독교인들의 숫자가 줄어드는 동안 무슬림들의 숫자는 점점 더 늘었다. 나는 그 이유가 영국 교회 성도들 사이에 하나님을 경외하는 마음이 사라졌기 때문이라고 생각한다. 이것은 성공회건 '자유 교회들'이건 상관없이 영적 리더십의 부재에서 다시 그 원인을 찾아볼 수 있다.

17세기에 미국 해안가에 첫발을 디딘 영국 청교도들은 미국인들에게 영성을 선물해 주었다. 그러나 미국은 그때 이후로 그 영성을 잃어버렸다. 프랭클린 그레이엄(Franklin Graham)은 "미국은 변해 버렸는데, 교회가 일어서지 않는다면 본래 자리로 돌아오기 어려울 것이다"[1]라고 했다. 나는 성경의 권위를 부인하는 자유주의가 몰래 들어와 교회를 파괴하는 것을 허락한 미국의 영적 리더십에 그 원인이 있다고 본다. 내 유일한 소망은 예수님이 재림하시기 전에 대서양 양쪽에서 큰 부흥이 일어나 모든 흐름을 일거에 바꾸어 버리는 것이다.

그동안 우리는 무엇을 할 수 있을까? 하나님에게서 무언가를 더 얻어 내거나 하나님에 대해 더 많이 아는 것이 아니라, 하나님을 더 많이 경험하게 되기를 간절히 바라는 것이야말로 우리가 할 수 있는 유일한 일일 것이다.

이제 이 책의 마지막 장에 가까이 이르렀기에 두 가지를 강조하고 싶다. 개인 기도와 성경 읽기의 중요성이다. 그것은 다소 투박하고 단순한 것처럼 보일 수 있지만, 나는 굳게 확신한다. 평신도건 전임 사역자건 전도자건 교사건, 모든 그리스도인은 이 두 훈련을 통해 성품을 빚어 가야만 한다.

꼭 필요한 세 가지

"내 백성이 지식이 없음으로 망하는도다"(호 4:6). 나는 이 본문이 세 가지에 대한 무지를 말한다고 본다. 하나님의 말씀, 하나님의 길, 하나님의 지혜다.

개인적으로 성경 읽기

당신은 성경을 읽는가? 얼마나 자주 읽는가? 또 성경을 얼마나 잘 아는가? 마르틴 루터 시대 사람들은 성경을 가지고 있지 않았기 때문에 읽을 수도 없었다. 하지만 오늘날 우리는 저마다 각자 성경을 가지고 있으면서도 잘 읽지 않는다. 그 결과 우리 그리스도인들은 루터 시대의 사람들처럼 말씀에 실질적으로 무지해졌다. 루터가 성경을 독일어로 번역하자 사람들은 열정적으로 성경을 읽기 시작했다. 사람들 사이에서 설교가 인기를 끌었다. 성경 지식이 곳곳에 넘쳐났고, 이것이 세상을 완전히 뒤집어 놓았다.

오늘날 우리가 짓는 최악의 죄는 감사를 모르는 것이다. 우리는 요셉을 알지 못했던 후대의 바로왕(출 1:8)과 같다. 요셉은 애굽이라는 나라가 존재해야 하는 이유를 알려 주었고, 그 나라 전체를 변화시켰다. 그는 모든 세대에 걸친 영웅이었다. 그러나 요셉에게 감사했던 바로는 죽었다. 이어서 왕위를 계승한 바로는 요셉에게 부채의식이 없었고, 그의 눈에는 이스라엘 백성들의 숫자가 늘어나는 것만 보였다. 감사하는 대신 그는 위협을 느꼈다. 그는 이스라엘 백성들에게 등을 돌렸고, 심지어 고통을 가했다.

미국이건 영국이건 오늘날을 살아가는 세대들은 그들이 물려받은 기독교적 유산에 감사하지 않는다. 도리어 그러한 생각만 해도 짜증을 낸다. 그들은 감사한 마음을 보이고 싶어 하는 어떠한 시도에도 저항한다. 영국의 대표적인 공영방송사인 BBC를 예로 들어 보자. 방송국 콘크리트 바닥에는 이런 문구가 새겨져 있다.

> 끝으로 형제들아 무엇에든지 참되며 무엇에든지 경건하며 무엇에든지 옳으며 무엇에든지 정결하며 무엇에든지 사랑받을 만하며 무엇에든지 칭찬받을 만하며 무슨 덕이 있든지 무슨 기림이 있든지 이것들을 생각하라(빌 4:8).

이 말씀은 오늘날의 BBC를 생각해 보면 당황스러운 글이 아닐 수 없다. BBC는 이 말씀을 수치스럽고 불쾌하게 생각한다. 그러나 이것은 거의 백 년 전인 1922년에 BBC를 처음 창립할 때 기초가 된 말씀이었다. 빌립보서 4장 8절 말씀을 선택한 이유는 BBC가 정직하고 공정하며 순수하고 사랑스러운 것들을 전달하는 도구로 쓰임받기를 원했기 때문이다. 이 말씀을 선택할 때 하나님을 경외하는 마음이 배경에 깔려 있었다. 그러나 어디까지나 그때 이야기다.

하버드나 예일, 프린스턴 같은 대학들을 생각해 보자. 이 대학들은 미국으로 건너온 청교도들이 하나님을 경외하는 원칙 위에 설립한 학교들이다. 그러나 오늘날 이러한 대학들 속에서 분명한 성경적 믿음은 눈을 씻고도 찾아볼 수 없다. 성경은 비웃음거리가 되었고 갈갈이 찢겨 버려졌으며 심지어 신학을 연구하는 대부분의 사람들에게조차 권위를 인정받지 못하는 책이 되었다. 이는 내가 1971년에서 1973년까지 남침례신학교(Southern Baptist Theological Seminary)에서 공부하던 당시도 마찬가지였다.

새로운 신약학 교수는 예수님이 죽음에서 부활하신 사실을 믿지 않았고 오히려 이 땅에 살았던 루돌프 불트만을 영웅처럼 떠받들었다. 당시 거의 모든 교수들은 독일 신학자들에게 무시당하는 복음주의자로 보이기보다 박식한 학자로 보이기를 더 원했다. 하버드대학이나 튀빙겐대학이 어떤 생각을 하고 있느냐가 보통의 그리스도인들이 가지고 있는 생각보다 더욱 중요했다.

1973년에 어느 대학원생이 이렇게 말한 것을 분명히 기억한다. "나는 이제 빈손으로 남침례신학교를 떠난다. 내가 이곳에 왔을 때

나는 성경을 믿고 있었지만, 그들은 그것이 오류로 가득 찬 문서라고 가르쳤고 나는 이제 어디로 가야 할지 모르겠다."

감사하게도 그때 이후로 몇몇 신학교는 변화되기도 했다.

왜 성경을 읽는가? 첫째, 무오한 하나님의 말씀이기 때문이다. 성경의 내용은 믿을 만하며 그 책이 주장하는 바를 받아들일 수 있다. 성령님은 인간이라는 도구를 사용하여 그 책을 집필하셨고 하나님은 수 세기 동안 그 책을 보존하셨다. 하나님이 왜 빌리 그레이엄과 기드온, 아더 블레싯 등을 축복하셨는지 궁금한 사람들은 그들 모두가 성경의 진리를 부끄러워하지 않고 고수했다는 사실을 기억했으면 한다. 빌리 그레이엄이 가장 즐겨 썼던 표현이 "성경은 말씀하기를"이었는데, 그가 그것으로 유명해진 것은 결코 우연이라 할 수 없다.

왜 성경을 읽는가? 둘째, 그것이 재난과 고난, 실패에서 당신을 보호해 주리라 믿기 때문이다. 말씀에 대한 흔들리지 않는 확신을 가질 때 당신은 인생의 폭풍 가운데에도 당신을 꼭 붙잡아 줄 분명한 삶의 원리를 갖게 될 것이다. 예수님이 분명히 약속하셨다.

> 그러므로 누구든지 나의 이 말을 듣고 행하는 자는 그 집을 반석 위에 지은 지혜로운 사람 같으리니 비가 내리고 창수가 나고 바람이 불어 그 집에 부딪치되 무너지지 아니하나니 이는 주추를 반석 위에 놓은 까닭이요 나의 이 말을 듣고 행하지 아니하는 자는 그 집을

모래 위에 지은 어리석은 사람 같으리니 비가 내리고 창수가 나고 바람이 불어 그 집에 부딪치매 무너져 그 무너짐이 심하니라(마 7:24-27).

하나님은 평신도든 교회 리더든 상관하지 않으시고 말씀을 읽고 믿고 또 생각과 마음으로 지지하며 실천하는 정도에 따라 당신을 축복하실 것이다. 말씀을 따르는 당신은 절대로 후회하지 않을 것이다.

왜 성경을 읽는가? 셋째, 성령님이 당신이 읽은 것을 상기시켜 주신다. 때때로 성경을 읽을 때 지루함을 느끼거나 별다른 감흥을 받지 못할 수도 있다. 그렇다 하더라도 계속 읽으라. 멈추지 말고 계속 읽으라. 그러다 보면 어느 순간 요한복음 14장 26절에서 예수님이 약속하신 것같이 전에 읽었던 내용을 성령이 생각나게 해 주시는 신비한 일을 경험할 것이다.

그러나 성경을 읽지 않으면 머릿속에 성령님이 쓰실 수 있는 말씀의 재료가 하나도 구비되지 못한다. 당신에게 그런 일이 일어나지 않기를 바란다.

좀 장난스럽게 이야기한다면, 당신은 '비밀스런 정보'를 원하지 않는가? 성령님과 '좋은 관계'를 맺을 수 있는 '비결'이 무엇인지 들어 보고 싶지 않은가? 무엇보다 그분의 말씀을 이해하기 위해 힘쓰라. 성경을 쓴 분은 성령이시며 그분은 자신이 쓴 거룩한 말씀을 조금도 부끄러워하지 않으신다. 그분의 말씀을 알기 위해 애쓰면 성령님은 당신을 명예롭게 해 주실 것이다.

더 나아가 성령님과 좋은 관계를 맺는다는 것은 그분을 더 깊이 경험하는 것을 의미한다. 성령님이 하나님이시라는 사실을 절대 잊지 말라. 성령님을 더 많이 받아들이면 하나님을 더 많이 경험할 수 있다. 그분이 만드신 성경을 더 깊이 이해할수록 하나님을 더 많이 경험할 것이다.

하나님께 기도하며 묵상의 시간 갖기

우리 아버지는 평신도였고, 체사피크와 오하이오 철도회사 직원으로 표 파는 일을 하셨다. 설교자에 가까운 사역이라고 한다면 매주 약 40여 명이 참석하는 주일학교에서 가르치신 것이 전부였다. 아버지에 대한 첫 기억은 매일 아침 일하러 가시기 전에 30분 동안 무릎을 꿇고 기도하시는 모습이었다. 돌아가시기 한두 해 전에, 아버지께 여쭈었다. "아버지는 왜 그렇게 오랫동안 기도하셨어요? 설교하시는 분들보다도 더 오래 기도하신 것 같아요."

"진 필립스(Gene Phillips) 목사님이 모든 성도들에게 하루에 30분씩 꼭 기도하라고 하셔서 나도 그렇게 한 거란다."

아버지는 그렇게 기도하는 것이 평범하지 않은 일이라는 사실을 모르셨던 것 같다. 아버지는 30분간의 기도 시간에 성경도 읽으셨다. 아버지는 성경을 정말 잘 알았다. 조지아주 피츠제럴드에 있는 아버지 묘비에 우리는 이렇게 적어 넣었다.

"기도의 사람."

그것은 정말로 사실이었다.

나 또한 내 아버지가 아침마다 하나님과 갖는 30분의 시간이 매우 정상적이라고 생각하며 자라났다. 이제 와 생각해 보면 평범한 일은 아니었지만 어쨌든 아버지는 그런 습관을 내게도 물려주셨다. 그런 이유 때문에 성경을 읽고 기도하는 내 습관에 대해 나는 자랑할 것이 하나도 없다.

젊든 나이 들었든, 사역자든 평신도든, 이런 기도와 성경 읽는 습관을 가지고자 하는 신앙인들이 부디 많이 일어나기를 기도한다. 부디 내 말에 귀 기울여 달라! 그러면 큰 슬픔과 후회를 면할 것이다.

"내 백성이 지식이 없음으로 망하는도다."

성경을 읽음으로써 하나님의 말씀을 이해할 수 있다. 그분과 시간을 함께 보냄으로써 그분의 길을 깨닫는다. 당신이 어떤 사람과 함께하는 데 쓴 시간의 분량은 그 사람에 대한 당신의 애정이 어느 정도인지 잘 보여 준다. 아이들은 '사랑'이라는 단어를 '시간'이라고 쓴다. 만약 하나님이 그분에 대한 당신의 사랑을 가늠해 보려고 그분께 드리는 시간의 분량을 확인해 보신다면, 당신은 어떤 기분이 들겠는가?

천국에서는 사실 기도가 필요 없을 것이다. 몇 해 전에 내가 웨스트민스터채플에서 이 이야기를 나누자 한 청각장애인 자매가 크게 화를 낸 적이 있었다. 그녀는 자신의 아침 묵상 시간을 너무나 좋아했는데, 천국에 가면 그와 같은 시간을 갖지 못하리라는 이야기에 너무 낙심했다는 것이다. 그러나 그렇게 될 수밖에 없다. 천국에서는 더 이상 기도할 필요가 없기 때문이다. 어느 찬송가 저자가 〈내 기도하는 그 시간〉이라는 찬송가 마지막 절에 이 부분을 정확히 묘사했다.

즐거운 기도 시간, 즐거운 기도 시간.
당신의 위로를 나누며
비스가산의 높은 언덕에서부터
내 집을 그리며 하늘로 날아오르리.
이 육체의 옷을 벗어 버리고 날아오르리,
영원한 상급을 얻기 위해.
그리고 외치리, 창공을 지날 때
"안녕, 안녕, 즐거운 기도 시간이여!"[2]
- 윌리엄 W. 월포드(William W. Walford, 1772-1850)

하나님께 홀로 기도드리며 보낸 시간은 낭비가 아니다. 그것이 금이나 은, 보석으로 건축물을 짓는 좋은 예에 해당된다는 것은 두말할 필요도 없고, 그로 인해 당신이 이 땅에서 얻을 유익도 헤아릴 수 없이 많다. 당신 삶에 기름 부으심의 차원이 달라질 것이다. 성경을 이해하는 능력이 달라질 것이다. 무엇보다도 하나님의 임재를 더 깊이 경험할 것이다.

하나님의 심판대 앞에 설 때 당신은 자신에게 주어진 시간과 돈을 잘못 사용한 일을 뼈저리게 후회할 것이다. 그러나 홀로 하나님과 보낸 시간만큼은 절대로 후회하지 않을 것이다. 그 시간들은 되돌려받을 수 없다. 그 시간은 당신에게 하나님이 어떠한 존재인지를 분명히 보여 준다.

기도는 능력의 근원이다. 사도들은 "너희가 권능을 받고"(행 1:8)라는 예수님의 말씀을 듣고 기도에 전념한 뒤 결국 성령을 받았다. 오직 하나님과 단둘이 시간을 보내는 것은 하나님의 뜻을 알 수 있는 최고의 방법이다. 하나님은 자신만의 "길"이 있으시다.

"그들이 항상 마음이 미혹되어 내 길을 알지 못하는도다"(히 3:10).

하나님은 당신이 그분의 길을 알기 원하신다. 당신이 그분의 길을 기뻐하길 원하신다. 그러나 그분과 함께하는 시간을 갖지 않고서는 그 길을 알 수 없다. 수많은 경건서적을 읽는다 해도 그것이 하나님과 당신이 단둘이 보낸 시간을 결코 대체할 수는 없다.

내가 *Did you Think to Pray?*(기도하려고 생각했나요?)에서 언급한 것처럼 마르틴 루터는 매일 두 시간씩 기도했다. 요한 웨슬리도 하루 두 시간씩 기도했다. 이 시대 대서양 양쪽에 있는 두 나라 교회 지도자들의 평균 기도 시간은 하루 4분이라고 한다. 그런데도 당신은 교회가 왜 이렇게 힘이 없는지 궁금해한다. 당신은 얼마나 기도하는가?

하나님 경외하기

하나님의 지혜를 원한다면 이것이야말로 여러분이 추구할 길이다. 앞으로 더 살펴보겠지만, 주님을 경외하는 것은 이해와 지식과 지혜의 출발점이다. 지혜를 얻는 길은 매우 간단하다. 굳이 대학 교육이나 좋은 가문, 높은 지능지수, 혹은 좋은 인맥도 필요하지 않다. 하나님을 진심으로 경외할 때 비로소 지혜를 얻을 수 있다.

하나님을 경외한다는 것은 하나님을 두려워한다는 말인가? 그렇기도 하고 그렇지 않기도 하다. 하나님이 당신의 운명을 그분 손에 쥐고 계시다는 사실과 그분의 진노가 임박해 있다는 사실, 그분이 지옥이라는 개념을 설계한 분이라는 사실을 생각할 때 그 이유는 자명해진다. 그것만으로도 그분을 두려워할 이유가 충분하기 때문이다. 그러한 두려움이 수백 명의 사람들을 예루살렘 밖 세례 요한에게로 인도했던 것이다.

신약에 등장하는 첫 메시지는 "누가 너희를 가르쳐 임박한 진노를 피하라 하더냐"(마 3:7)이다. 세례 요한은 다음과 같은 가정하에 그런 질문을 던진 것이었다. "누군가가 당신들에게 경고했어야만 했는데 그렇게 하지 않았다. 누가 당신들에게 경고했느냐? 그런 사람이 있었느냐? 만약 없었다면 그들은 당신에게 경고하지 않아서 당신들에게 큰 해를 끼쳤다."

성경에서 가장 많이 잊힌 메시지는 “다가올 진노로부터”(살전 1:10) 우리가 구원받았다는 사실이다. 복음이 존재하는 이유는 하나님의 진노 때문이다(롬 1:18). 앞서 말한 바와 같이 조나단 에드워즈가 “진노한 하나님의 손에 붙잡힌 죄인들”(1741년 7월 8일)이라는 제목으로 설교했을 때 사람들은 큰 두려움으로 떨었다. 그들은 지옥으로 미끄러지지 않으려는 듯 장의자와 나무를 꼭 붙잡고 있었다. 그들이 하나님을 얼마나 두려워했는지 잘 보여 주는 대목이다.

오늘날 그리스도인들은 사람들에게 하나님에 대한 두려움을 퍼뜨리고 다니는 사람으로 보여지기를 원치 않는데, 충분히 이해가 간다. 사실 요즘 시대에 그러한 사고는 다소 고루할 뿐 아니라 잔인하게 느껴지기 때문이다. 그래서 우리 가운데 많은 이들이 하나님에게 좀 더 대중적인 이미지를 부여하고자 애를 쓴다. 그래서 ‘하나님을 두려워한다’는 것은 그분을 ‘공경한다’ 혹은 ‘존중한다’는 뜻이라고 에둘러 설명한다. 사람들이 왜 그런 표현을 쓰는지 충분히 이해한다. 하지만 그런 시도가 효과가 있었는가? 그래서 사람들이 교회로 돌아왔는가? 전혀 그렇지 않다.

그뿐만 아니라 밤중에 신랑이 오는 소리가 들리면(마 25:6; 하나님의 시간표에 따르자면 곧 일어날 일) 사람들은 분명 큰 두려움에 사로잡힐 것이다. 그때 선포될 메시지 자체가 가진 권위는 큰 두려움으로 온 인류를 엄습할 것이다. 예수께서 구름을 타시고 큰 영광 가운데 내려오시는 것을 볼 때, 사람들은 그저 눈물만 흘리고 있을 것이 아니라 크게 통곡할 것이다. 그만큼 그분이 두렵기 때문이다.

물론 우리가 하나님을 대하는 모든 순간마다 그분을 두려워하기를 그분이 원한다고 생각지는 않는다. 그러면 우리 주변은 신경쇠약증에 걸린 사람과 괴상한 사람들로 아마 넘쳐 날 것이다. 하나님은 우리가 그분을 하루 24시간 두려워하며, 그분을 질투하고 죄를 미워하고 죄인을 벌하시는 하나님으로만 기억하면서 살기를 원치 않으신다. 그분이 우리에게 원하시는 것은 우리 삶을 바꾸실 수 있는 능력이 있는 그분께 합당한 존중을 표하는 것이다. 잠언도 바로 그것을 말한다.

> 여호와를 경외하는 것이 지식의 근본이거늘 미련한 자는 지혜와 훈계를 멸시하느니라(잠 1:7).

> 여호와를 경외하는 것이 지혜의 근본이요 거룩하신 자를 아는 것이 명철이니라(잠 9:10).

잠언에서 "너의 면전에"라는 표현이 얼마나 자주 성적 난잡함 혹은 부정함과 관련하여 사용되는지 아는가? 잠언 6장 20-35절과 7장, 그리고 다른 많은 곳을 읽어 보라. 성적 순결함과 진리 사이에 밀접한 관계가 있음을 알 수 있을 것이다. 만약 당신이 이성과의 결혼관계 이외에 성을 탐닉한다면 지혜를 잃어버릴 것이라고 잠언은 말한다. 둘 다 가질 수 없다. 지혜를 원한다면 성적으로 순결해야 한다. 어리석은 자가 되길 원하면 성적으로 난잡한 자가 되면 된다. 내가 지금까지 말한 바를 모두 무시하면 언젠가는 크게 실수할 것이고 그때는 이미 그것을 극복하기에 너무 늦었을 것이다.

다시 말해, 성적 순결은 그것이 하나님을 두려워해서건 존경해서건 상관없이 당신이 하나님을 경외한다는 참된 증거가 된다. 하나님을 경외한다는 말을 설명하기 위해 어떤 형용사를 붙이든 상관없이 지혜를 원한다면 성적인 난잡함은 꼭 피해야만 한다.

하나님의 지혜는 철학, 불교, 심리학, 수학은 물론이고 다른 모든 종류의 지혜를 뛰어넘는다. 하나님의 지혜는 그분의 생각을 온전히 드러내 준다. 그분의 지혜가 모든 사람을 아인슈타인과 같은 물리학자나 위대한 수학자로 만들어 주는 것은 아니지만 그것 없이 할 수 있는 것보다 훨씬 더 많은 일들을 성취할 수 있게 해 준다. 그뿐만 아니라 요한 웨슬리가 초기 감리교도들에 대해 말한 바와 같이 "우리는 잘 죽을 수 있게 된다."[3] 하나님을 더 깊이 경험하면 꿈도 꾸어 보지 못했을 정도의 지혜를 얻는다.

> 지혜가 제일이니 지혜를 얻으라 네가 얻은 모든 것을 가지고 명철을 얻을지니라 그를 높이라 그리하면 그가 너를 높이 들리라 만일 그를 품으면 그가 너를 영화롭게 하리라(잠 4:7-8).

하나님은 사람들이 스스로 얻을 유익이 무엇인지를 자주 말씀하셨다. 남에게 판단받지 않기를 원하는가? 그렇다면 남을 판단하지 말라(마 7:1; 눅 6:37). 번영하기를 원하는가? 그렇다면 풍성하게 나누어 주라(고후 9:6). 지혜를 얻고자 하는가? 그렇다면 주님을 경외하라. 당신의 자존심과 그 밖에 포기해야 할 몇몇 가지를 고려해 본다면 물론 대가가 아주 없는 것은 아니지만, 사실 이 모든 것들은 거저 얻는 것이나 다름없다. 이 모든 것이 당신 손에 달려 있다. 지금부터 바로 하나님 경외하기를 시작하라. 그리고 뒤돌아보지 말라.

이것은 사실 꽤 괜찮은 거래다. 설사 당신이 가진 모든 것을 바쳐야 한다 해도, 그 반대급부로 당신에게 돌아오는 것이 당신이 포기한 것보다 천배도 넘을 만큼 가치가 있기 때문이다. 당신은 잘 살게 될 것이다. 지혜는 성령님의 생각이 드러난 것인데, 그분은 다음으로 무엇을 해야 할지 잘 알기에 절대로 실수하지 않으신다. 그분은 자신의 무한하며 더할 나위 없이 훌륭하고 완벽한 지식의 세계로 당신을 초대할 것인데, 그러면 당신은 날개를 단 듯 비상할 것이다. 그리고 당신은 인생을 잘 마감하게 될 것이다. 사는 동안 주의 임재를 더 깊이 경험할 것이다.

이 모든 것은 개인의 훈련이라는 주제로 다시 수렴된다. 성령의 열매(갈 5:22-23) 가운데 하나인 절제(self-control)는 성경을 정기적으로 읽겠다는 약속을 하게 하고, 또 그것을 지킬 수 있도록 도와준다.

일 년 동안 성경 통독을 도와주는 읽기표를 구하라. 한 해가 지나갈 때쯤 하나님의 말씀을 하루에 적어도 두 장, 많게는 네 장까지 읽은 일을 돌아보며 기뻐할 것이다. 개인 훈련을 시작하면 더 많이 기도하겠다는 약속을 지킬 수 있을 것이다. 당신이 만약 사역자나 교회의 지도자라면 하루에 최소한 한 시간은 기도할 것을 권한다.

웨스트민스터채플에서 섬겼던 마지막 해에 런던에 있는 약 백여 명의 목회자들에게 설교해 달라는 요청을 받았다. 기도를 주제로 10분 정도 말할 수 있는 기회가 주어졌는데, 하루 최소 한 시간을 기도에 투자하도록 설득하는 데 그 시간을 다 할애한 적이 있다. 많은 이들이 그 메시지에 공감을 표시한 것은 고무적인 일이었다.

매일 두 장에서 네 장 정도의 성경 말씀을 읽기 위해서는 훈련이 필요하다. 하루에 30분에서 한 시간씩 기도하는 데에도 훈련이 필요하다. 다시 말해 하나님을 깊이 경험하기 원한다면 개인 훈련 과정을 거쳐야 하고, 또 그것을 지속적으로 이어 가야 한다.

몸과 영혼 단련하기

음식 섭취와 운동과 관련하여 우리 몸도 단련시킬 필요가 있다. 15년 전에 존 폴 잭슨(John Paul Jackson)은 저녁 식사 자리에서 느닷없이 묻지도 않은 말을 했다. "R. T., 당신은 아주 오래 살 거야. 그런데 만약 몸이 병들어 버리면 그 긴 세월을 절대로 즐기지 못하지"(정확하진 않지만 대충 이런 말이었다).

그의 말에 나는 정신이 번쩍 들었다. 나는 그 말을 진지하게 받아들였다. 그 일이 있고 얼마 안 있어 아들아이가 내게 다이어트 책을 한 권 사 주었고, 나는 그것을 처음부터 마지막 페이지까지 꼼꼼하게 읽고 실천했다. 그때부터 체중이 눈에 띄게 줄기 시작했다. 몸무게가 얼마나 순식간에 늘 수 있는지 잘 알기에 나는 그 뒤로 지금까지 매일 몸무게를 재면서 체중 관리를 한다.

또한 스티브 스트랭이 가르쳐 준 몇 가지 운동법을 지난 15년간 계속하고 있다. 그의 제안을 따라 개인 트레이너도 구했다. 오늘은 팔굽혀펴기를 스물한 번 했다. 하루에 적어도 팔굽혀펴기를 스무 번은 하려고 애쓴다. 만약 내가 존 폴 잭슨의 조언을 경청하지 않았더라면 여든세 살 나이에 지금처럼 세계 이곳저곳을 다니며 집회에서 설교하는 것이 불가능했으리라.

바울이 "육체의 연단은 거의 유익이 없지만"(딤전 4:8-KJV)이라고 말해서 그가 운동의 중요성을 낮추어 말했다고 생각한 많은 사람들은 육체의 연습을 등한시했다. 그러나 마틴 로이드 존스는 바울이 육체적 연습도 장려했지만, 경건이 더욱 중요함을 역설한 것이라고 했다. 이러한 견해는 NIV 성경의 번역과도 일치한다. "육체의 연단은 약간의 유익이 있으나 경건은 범사에 유익하니 금생과 내생에 약속이 있느니라."

하나님과의 관계를 맺는 데에도 역시 훈련이 필요하다. 당신이 내 말을 얼마나 진지하게 받아들이느냐에 따라 그만큼 주의 말씀을 더 많이 읽을 것이고 더 많이 기도할 것이며 또 하나님에 대한 더욱 순전한 두려움을 가질 것이다. 만약 당신에게 이번 장이 꼭 필요 없다 해도 좋다. 그러나 만약 이 장에서 내가 말한 내용들이 꼭 필요하다 여겨져서 적용한다면 당신의 인생은 절대로 이전과 같을 수 없을 것이다. 당신은 더욱 행복한 사람이 될 것이다. 약속하는데, 당신은 하나님을 더 깊이 경험하게 될 것이고 삶을 잘 마무리할 수 있을 것이다.

하나님을 끝까지 기다리는 훈련

이 장을 마치기 전에 개인 훈련과 관련하여 한 가지 더 강조할 것이 있다. 그것은 기다리고 또 기다리는 것이다. 그러고 나서 좀 더 기다리는 것이다. 기다림이 얼마나 오래되든지 상관없이 절대로 포기하지 않는 것을 말한다.

나는 인내심이 없다. 인스턴트커피 한잔이 식는 시간조차도 잘 기다리지 못한다. 그래서 바로 커피를 마시려고 얼음 한 조각을 집어넣곤 한다. 영국으로 건너 온 이후 나는 길게 줄을 서서 기다리는 영국식 매너를 존경하게 되었다. 그들은 절대로 불평하지 않는다. 그래서 미국 관광객들이 자기 동네 슈퍼마켓에서 하듯 영국에서도 계산대 앞으로 새치기하는 것을 보면 낯이 뜨거울 때가 있다.

당신이 좋아하건 좋아하지 않건 상관없이 하나님을 깊이 경험하는 것은 너무도 그 경험을 사모하기에 오래도록 기다릴 수 있는 사람에게만 허락되는 경험이다. 얼마나 오래 걸리든 상관없다. 하나님은 결국 나타나시기 때문이다.

말씀을 읽다가 나는 기다림을 지독히도 싫어하는 사람이 나뿐만이 아니었다는 사실을 알게 되었다.

> 여호와여 어느 때까지니이까 나를 영원히 잊으시나이까 주의 얼굴을 나에게서 어느 때까지 숨기시겠나이까(시 13:1).

> 여호와여 악인이 언제까지, 악인이 언제까지 개가를 부르리이까(시 94:3).

> 여호와여 내가 부르짖어도 주께서 듣지 아니하시니 어느 때까지리이까 내가 강포로 말미암아 외쳐도 주께서 구원하지 아니하시나이다(합 1:2).

> 큰 소리로 불러 이르되 거룩하고 참되신 대주재여 땅에 거하는 자들을 심판하여 우리 피를 갚아 주지 아니하시기를 어느 때까지 하시려 하나이까 하니(계 6:10).

그리고 하나님이 기다리는 우리 마음을 공감하실 뿐 아니라, 언제 개입하셔야 할지도 잘 알고 계심을 보여 주는 말씀들도 읽었다.

내가 여호와를 기다리고 기다렸더니 귀를 기울이사 나의 부르짖음을 들으셨도다(시 40:1).

내가 영원히 다투지 아니하며 내가 끊임없이 노하지 아니할 것은 내가 지은 그의 영과 혼이 내 앞에서 피곤할까 함이라(사 57:16).

이는 그가 우리의 체질을 아시며 우리가 단지 먼지뿐임을 기억하심이로다(시 103:14).

그가 이같이 오래 참아 약속을 받았느니라(히 6:15).

하나님은 오래전에 말씀하셨다.

그러나 네가 거기서 네 하나님 여호와를 찾게 되리니 만일 마음을 다하고 뜻을 다하여 그를 찾으면 만나리라(신 4:29).

너희가 온 마음으로 나를 구하면 나를 찾을 것이요 나를 만나리라(렘 29:13).

기다림을 방해하는 세 원수들

잘 기다리려면 세 종류의 원수를 이겨야 한다. 스스로 자격이 있다는 생각, 자기 연민, 자기 의. 이 녀석들은 우리가 인내하려 할 때마다 그 추한 고개를 치켜든다.

○ 오랫동안 기다리고 나면 당신은 하나님이 당신에게 무언가 빚지고 있다는 생각을 하게 되면서 자신이 무언가 받을 만한 자격이 있는 사람이라는 생각을 하게 된다. 그분은 당신께 빚진 게 하나도 없다. 그러니 그런 생각일랑은 접어 두기 바란다.

○ 당신이 필요한 것 이상으로 기다려서 자신을 측은히 여기기 시작하면 자기 연민의 감정이 슬금슬금 들어오기 시작한다. 이런 생각도 극복하라. 자기 연민은 아무런 도움이 되지 않는다.

○ 무언가 한 가지 의로운 일을 하고 나면 '자기 의'도 서서히 모습을 드러내기 시작한다. 우리는 이러한 성품을 타고났고 그것을 없애는 일은 불가능할 것이다. 우리 주님께서 바리새인들이 보여 준 '자기 의'를 얼마나 혐오하셨는지 잊지 않았으면 한다(마 6:1 이하; 23:5 이하).

이런 사기꾼의 속임수에 절대로 굴복하지 말라. 윈스턴 처칠이

2차 세계대전 당시 국민들에게 결단을 촉구하며 외쳤던 유명한 연설문이 생각난다. "절대 굴복하지 말라. 절대 굴복하지 말라. 절대, 절대, 절대, 절대! 위대한 일이든 소소한 일이든 큰일이든 하찮은 일이든 어떤 일에든지 명예와 사리 분별에 대한 확신이 있는 경우가 아니라면 그 어느 것에도 굴복하지 말라. 하늘에서도 항복하지 말라. 아무리 강력해 보이는 적일지라도 절대로 항복하지 말라."[4]

진짜 원수는 사탄이다

우리의 진정한 원수는 사탄이다. 그 사실을 절대로 잊지 말라. "그런즉 너희는 하나님께 복종할지어다 마귀를 대적하라 그리하면 너희를 피하리라"(약 4:7). 마귀는 스스로 자격 있다 여기는 마음, 자기 연민, '자기 의'를 뒤에서 조장한다.

영적 전쟁에서 중요한 세 가지 'R'을 이해해야 한다. 인식하고(Recognize), 거부하고(Refuse), 맞서 싸우는 것(Resist)이다.

사탄을 인식하는 것을 배우라. 사람들이 당신의 앞길을 방해하거나 당신을 무너뜨리려 들 때, 그러한 반대를 개인적으로 받아들일 필요는 없다. 진정한 원수가 누구인지 인식하라. 바로 악한 영들이다. 당신은 "혈과 육"(엡 6:12) 즉 사람들을 상대하는 것이 아니다. 사탄의 계략에 무지한 자가 되지 말라(고후 2:11). 그의 음성 듣기를 거부하라. 악한 영이 속삭이는 소리를 듣는 데 시간을 낭비하지 말라. 그것에 맞서 싸우라. 그리하면 그들이 당신을 피해 달아날 것이다.

> 근신하라 깨어라 너희 대적 마귀가 우는 사자같이 두루 다니며 삼킬 자를 찾나니 너희는 믿음을 굳건하게 하여 그를 대적하라 이는 세상에 있는 너희 형제들도 동일한 고난을 당하는 줄을 앎이라 모든 은혜의 하나님 곧 그리스도 안에서 너희를 부르사 자기의 영원한 영광에 들어가게 하신 이가 잠깐 고난을 당한 너희를 친히 온전하게 하시며 굳건하게 하시며 강하게 하시며 터를 견고하게 하시리라(벧전 5:8-10).

절대, 절대, 절대, 절대 굴복하지 말라. 옛말이 하나도 틀린 것이 없다. 하나님은 절대 늦지 않으시고, 절대 이르지도 않으시며, 언제나 정확한 시간에 일하신다.

• Part 4

끝도 다함도 없는 하나님의 충만에 잠기다

MORE of GOD

10 장

하나님만 열망하는 자, 반드시 하나님을 받는다

너희가 서로 영광을 취하고
유일하신 하나님께로부터 오는 영광은 구하지 아니하니
어찌 나를 믿을 수 있느냐
요한복음 5장 44절

이제 마지막이다. 이번 장에서는 하나님이 나타나실 때 우리가 무엇을 얻을지, 즉 순전한 마음으로 하나님을 경험하기를 원하고 그분을 찾을 때 우리에게 어떤 일이 일어날지를 보여 주려 한다. 그런데 여기 모순이 있다. 하나님의 임재를 더 깊이 경험하기를 원할수록 당신은 결국 그분에게서 더 많은 것을 받는다는 사실이다. 그분에게 무언가를 받으려 애쓰지 않고 그분을 더 깊이 경험하기를 갈망함으로써 놀라운 보너스를 받는데, 바로 그분께 더 많은 것을 받는다는 말이다.

자, 그럼 과연 무엇을 받을까? 하나님을 받는다. 이것이야말로 최고의 선물이다. 어떤 것도 이보다 낫지 않고 나을 수도 없다. 어떤 느낌이 드는가? 하나님을 선물로 받을 수 있다는 생각만 해도 머리부터 발끝까지 흥분으로 가득 찬다면 당신은 영적으로 매우 건강한 상태라 할 수 있다. 한편 "그게 전부예요?"라고 되묻는다면 (사랑의 마음으로 그러나 단호하게 말하는데) 슬프게도 그 말은 당신이 그저 하나님께 다른 무언가를 더 받기만을 원하고, 그분의 임재를 경험하는 것을 삶에서 최우선순위로 여기지 않음을 나타내는 것이다.

그분에게서 받는 것을 표현하는 또 다른 말은 '상급'이다. 그 상급은 하나님이 주시는 칭찬으로, 기다릴 만한 가치가 있다. 상급은 두 단계로 나뉘어 나타난다. 지금 여기에서 받는 상급, 그리스도의 심판대 앞에서 받는 상급.

당신이 전혀 기대하지 않은 시간에 하나님이 당신을 기뻐하고 계셨음을 지금 이 땅에서 보여 주실 것이다. 그러나 무엇보다 그리스도의 심판대 앞에서 마지막 판결을 내리실 때 그 모든 상급을 한꺼번에 베풀어 주실 것이다. "그러므로 때가 이르기 전 곧 주께서 오시기까지 아무 것도 판단하지 말라 그가 어둠에 감추인 것들을 드러내고 마음의 뜻을 나타내시리니 그때에 각 사람에게 하나님으로부터 칭찬이 있으리라"(고전 4:5). 예수님은 요한계시록 끝부분에서 상급 이야기를 하셨다.

> 보라 내가 속히 오리니 내가 줄 상이 내게 있어 각 사람에게 그가 행한 대로 갚아 주리라(계 22:12).

참으로 어마어마한 보상이요, 헤아릴 수 없이 부요한 상급이다. 하나님의 칭찬, 하나님의 명예 그리고 하나님의 영광. 하나님의 칭찬은 사람들에게 인정받기보다 하나님의 인정을 얻기 위해 노력한 당신과 내게 주시는 그분의 보상이다. 그분을 위해 자기 삶을 버릴 때 도리어 그것을 찾는 원리(마 10:39)가 이 일에서도 적용된다. 만약 하나님에게서 무엇을 얻을까 하여 그분을 좇는다면 아무것도 얻지 못할 것이다. 그러나 만약 하나님의 깊은 임재를 경험하려 애쓴다면 그분은 우리에게 칭찬과 명예와 영광을 허락하실 것이다.

무엇보다 하나님을 깊이 경험하는 데에 모든 관심을 집중하라. 그러면 그분은 "우리 가운데서 역사하시는 능력대로 우리가 구하거나 생각하는 모든 것에 더 넘치도록"(엡 3:20) 행하심으로 당신을 놀라게 하실 것이다.

물론 모든 기도 제목을 그분께 올려 드릴 수 있다. 당신이 사랑하는 사람들, 건강, 치유, 재정적인 도움, 인도함 그리고 번영을 위해 기도할 수 있다. 하지만 예수님이 가르쳐 주신 기도를 생각해 보자. 예수님은 우리가 그분께 다가갈 때 우리보다 그분께 먼저 집중하도록 기도의 모범을 제시하셨다.

> 그러므로 너희는 이렇게 기도하라 하늘에 계신 우리 아버지여
> 이름이 거룩히 여김을 받으시오며 나라가 임하시오며 뜻이
> 하늘에서 이루어진 것같이 땅에서도 이루어지이다(마 6:9-10).

예수님이 가르쳐 주신 기도는 하나님이 중심이 되는 기도다. 먼저 하나님께 집중하고, 또 그분이 원하시는 우선순위에 집중해야 한다. 그다음에 우리의 물리적인, 그리고 영적인 필요를 간구할 수 있다.

> 오늘 우리에게 일용할 양식을 주시옵고 우리가 우리에게 죄지은
> 자를 사하여 준 것같이 우리 죄를 사하여 주시옵고 우리를 시험에
> 들게 하지 마시옵고 다만 악에서 구하시옵소서 나라와 권세와
> 영광이 아버지께 영원히 있사옵나이다 아멘(마 6:11-13).

주님은 당신이 전혀 예측하지 못한 시간에 나타나실 것이다. 그분은 예고도 없이 갑작스레 나타나셔서 상급을 주실 것이다. 내가 이 장을 쓰는 이유는 당신이 기다리며 기도하며 그리고 시험을 견디며 보낸 시간이 결코 헛되지 않았다는 것을 말하고 싶어서다. 하나님은 개입하실 것이다. 그분은 반드시 오실 것이다. 그래서 히브리서 저자는 주님이 오심을 중의적으로(먼저는 '지금 여기에서', 그리고 또 나중은 마지막 심판 때에) 해석한다.

> 잠시 잠깐 후면 오실 이가 오시리니 지체하지 아니하시리라(히 10:37).

'지금 여기에서'란 무슨 뜻인가

정확히 주님께서 '지금 여기에서' 무엇을 주신다는 말씀인가? 예수님은 이렇게 말씀하셨다. "너희가 서로 영광을 취하고 유일하신 하나님께로부터 오는 영광은 구하지 아니하니 어찌 나를 믿을 수 있느냐"(요 5:44).

요한복음 5장 44절은 내 '인생 말씀'이다. 그렇다고 해서 내가 이 말씀의 원리를 60년 동안 충실하게 실천했다는 뜻은 아니다. 다만 이 말씀이 내가 성취하고자 애썼던 목표였다는 것이다. 예수님은 우리에게 이 말씀을 완벽하게 실천하라고 말씀하지 않으셨다. 그것을 이룰 수 있도록 시도해야 한다고 하셨다. 바리새인들은 오신

메시아를 알아보지 못했는데 예수님은 그 이유가 그들이 하나님이 주시는 칭찬을 '얻고자 애쓰지 않았기' 때문이라고 하셨다. 이 말씀에는 우리가 사람들에게 인정받기보다 하나님의 영광을 구할 때 우리를 축복하겠노라 하신 약속이 암시되어 있다.

당신을 향한 위대한 약속

요한복음 5장 44절이 성경에서 가장 위대한 제안을 한다. 예수님은 우리가 하나님의 칭찬을 먼저 구할 때 그리고 사람들의 칭찬받기를 삼갈 때 이 땅에서 기대할 수 있는 가장 큰 영예를 주겠다는 하나님의 언약을 제시하신다. 지극히 높으신 하나님이 그분의 영광을 당신에게 주신다는데 그보다 더 큰 영예가 어디 있겠는가? 대통령과 저녁을 함께하는 것이나 왕과 함께 차를 마시는 것, 올림픽 금메달을 따는 것, 혹은 노벨평화상을 받는 것, 그 어느 것도 요한복음 5장 44절에 약속한 특권과는 비교조차 할 수 없다.

한 분뿐이신 진정한 하나님의 칭찬이 우리에게 쏟아질 것이라 약속하신다. 그러나 하나님의 약속에는 한 가지 전제 조건이 있다. 사람들에게서 인정받기를 내려놓고 지속적으로 하나님의 영광만을 구해야 한다는 것이다. 덧붙여 말하자면, 하나님은 진정 우리를 위해 아무것도 준비하지 않으신 채로 그분에게서 오는 영광만을 구하라고 우리를 부르시지는 않았을 것이다. 이것은 창세기부터

요한계시록까지 일관되게 이어지는 내용이다. 하나님은 먼저 우리의 주목을 끈 이후에 우리의 유익에 호소함으로써 강한 동기를 일으키신다.

그러나 어떤 이들은 이와 같은 진정한 명예에 관심이 전혀 없을 수 있다. 하나님의 칭찬을 받는 것보다 대통령과 차 한잔을 마시거나 노벨평화상 받는 것을 훨씬 더 선호하는 사람들도 있을 것이다. 어떤 사람들은 다른 사람들에게서 인정과 칭찬을 받기 위해 살아간다. 아니, 오직 그것만이 가장 중요한 사람들이 있다. 대부분의 사람들에게 하나님의 칭찬이란 별다른 의미가 없다는 것이 현실이다.

그러므로 이러한 제안이 모든 사람에게 호소력이 있는 것은 아니다. 그건 마치 목마르지 않은 사람에게 물을 주겠다는 것이나, 배고프지 않은 사람에게 맛있는 요리를 주겠다는 것, 혹은 바다를 두려워하는 사람에게 호화유람선을 타고 세계 일주할 기회를 주겠다고 제안하는 것이나 다름없다. 이처럼 모든 사람이 하나님을 더 깊이 경험하기를 열망하는 건 아니다.

그러나 만약 당신이 이 세상 그 무엇보다도 하나님께 칭찬받기를 더 열망한다면 좋은 소식이 있다. 하나님은 그것을 열망하는 것만으로도 당신을 명예롭게 해 주신다는 사실이다. 하나님은 그분의 인정을 구하는 사람에게 그것을 주기를 기뻐하신다.

이러한 갈급함도 없고 하나님의 칭찬을 구하려는 노력도 없다면 그 결과는 참담할 것이다. 요한복음 5장 44절은 하나님을 갈망하지 않을 때 지금 당신 곁에서 일하시는 하나님을 당신이 어떻게 알아보지 못할 수 있는지 잘 보여 준다. 예수님은 이스라엘이 마땅히 가져야만 했던 것들을 놓쳤을 때 예루살렘을 바라보며 슬피 우셨다(눅 19:41-44). 그들은 하나님의 영광을 바라고 구해야겠다는 생각을 전혀 하지 못했다.

그들의 위대한 유산을 생각해 보라. 아브라함, 이삭, 야곱, 모세, 사무엘, 엘리야, 엘리사 그리고 구약의 선지자들은 다 한마음으로 참된 하나님을 영화롭게 하는 일과 그분의 영광을 구하는 길에 전념했다. 이것이 그들의 역사였다. 그러나 그들의 자손들은 한 분뿐이신 하나님의 칭찬을 구하려 노력하기보다 서로간의 영광을 추구하기로 선택함으로써 하나님이 그들 세대에 행하시는 일들을 보지 못하는 결정적인 실수를 범했다. 그래서 그들은 찾아온 메시아를 알아보지 못했다.

사람들이 각각의 세대 가운데 하나님이 하시는 일을 깨닫지 못하는 것도 같은 이유에서다. 조나단 에드워즈는 주권자이신 우리의 구원자가 어느 방향으로 움직이고 계신지 알고 그 방향으로 움직이는 것이 모든 세대의 책무라고 말하곤 했다.

하늘과 땅의 주권자이신 하나님이 이제 곧 당신을 칭찬하실 것이다. 기억하라. '칭찬'(praise)이라는 말은 '영광, 명예'를 뜻하는 헬라어 '독사'(doxa)에서 유래했다. 독사는 본래 '의견'을 뜻하며, 곧 그분의 뜻을 의미한다. 하나님이 원하시는 바, 그분이 선택하시는 바다.

그것은 하나님이 자신의 의견, 자신의 뜻에 대한 지식을 밝혀 공개하는 것이다. 하나님의 영광은 그분의 뜻이 얼마나 존엄한지 보여 준다. 그분에게서 오는 칭찬은 그분의 뜻 또는 의견을 나타내 준다.

하나님은 모든 것에 자신만의 의견을 갖고 계신다. 사람들의 박수 갈채보다 그분의 영광을 구한 당신을 칭찬하는 것이 '하나님의 의견'이라고 드러날 때, 당신은 이루 말로 표현할 수 없는 전율을 느낄 것이다. 우리가 하나님을 기쁘시게 한다는 사실을 아는 것보다 더 큰 감동은 이 세상에 없다.

문제는 우리가 그분을 기쁘게 한다는 사실을 하나님이 우리에게 어떻게 알려 주시느냐는 것이다. 결국 그분의 의견은 그리스도의 심판대 앞에서, 그리고 이 땅에 살았던 모든 사람들 앞에서 공개적으로 드러날 것이다. 그러나 두려운 심판이 일어나기 전 이 땅에서도 하나님은 그분의 의견을 나타내 주실 것이다. 만약 우리가 사람들에게 인정받기보다 하나님의 영광을 구한다면 지금 이곳에서도 그 영광을 보여 주실 것이다.

그렇다면 하나님은 우리를 인정해 주신다는 사실을 지금 이곳에서 어떻게 보여 주시는가? 바로 하나님의 임재가 그 답이다. 그분이 우리 안으로 들어오실 때 비로소 우리는 알 수 있다. 이루 말할 수 없는 기쁨이 찾아오고 그분의 영광으로 충만해진다. 그것은 우리 내면에서 일어나는 일이요, 세상을 위한 것이 아니다. 당신의 친구들을 위한 것도, 원수들을 위한 것도 아니다. 바로 당신을 위한 것이다. 다른 말로 하자면, 성령 하나님의 즉각적이고 직접적인 증거가 그것을 말해 준다. 그러한 일이 벌어지면 절대로 깨닫지 못할 수가 없다. 아마도 당신은 즉각 알아챌 것이다.

맡은 역할에 만족할 수 있다

각자에게 주어진 기름 부으심과 자기 한계를 받아들여야 한다.

> 내게 주신 은혜로 말미암아 너희 각 사람에게 말하노니 마땅히 생각할 그 이상의 생각을 품지 말고 오직 하나님께서 각 사람에게 나누어 주신 믿음의 분량대로 지혜롭게 생각하라(롬 12:3).

자신을 너무 중요하게 생각해서는 안 된다는 뜻이다. 특별히 큰 야망을 가진 사람들 또는 늘 다른 사람들에게서 주목을 받는 사람들은 자신을 중요하게 여기고 싶은 욕망과 늘 싸울 것이다. 나도 그렇다. 그러나 하나님의 즉각적인 임재를 체험하면 그 싸움에서 측량할 수 없이 큰 도움을 얻는다. 예를 들어, 그리스도의 몸 안에서 우리 각 사람의 맡은 역할이 무엇인지 바울이 말한 바를 생각해 보자. 바울은 그리스도의 몸을 인간의 몸에 비유한다. 그는 머리와 눈, 손에 대해 이야기한다. 이는 몸에서 눈에 잘 띄는 부분들이기에 모두에게 잘 알려져 있고 눈에 띄는 책임을 맡은 사람들을 가리킨다.

> 눈이 손더러 내가 너를 쓸 데가 없다 하거나 또한 머리가 발더러 내가 너를 쓸 데가 없다 하지 못하리라 그뿐 아니라 더 약하게 보이는 몸의 지체가 도리어 요긴하고 우리가 몸의 덜 귀히 여기는 그것들을 더욱 귀한 것들로 입혀 주며 우리의 아름답지 못한 지체는 더욱 아름다운 것을 얻느니라 그런즉 우리의 아름다운 지체는 그럴 필요가 없느니라 오직 하나님이 몸을 고르게 하여 부족한 지체에게 귀중함을 더하사 몸 가운데서 분쟁이 없고 오직 여러 지체가 서로 같이 돌보게 하셨느니라 만일 한 지체가 고통을 받으면 모든 지체가 함께 고통을 받고 한 지체가 영광을 얻으면 모든 지체가 함께 즐거워하느니라(고전 12:21-26).

머리나 눈과 같은 신체 부위는 그리스도의 몸에서 주목받는 자리에 있는 사람들 곧, 사도나 선지자, 교사와 같은 자들을 뜻한다. 콩팥이나 췌장과 같이 "아름답지 못한" 부분도 우리가 살아가는 데 반드시 필요한 기관이다. 우리는 그것들을 마치 "돕는 은사"를 가진 사람들처럼 당연한 것으로 여긴다(고전 12:28). 그들은 사람들의 눈에 띄지 않기 때문이다.

바울의 적용은 이와 같다. 모두가 눈이나 머리가 아닌 것처럼 모두가 사도인 것은 아니다. 모든 사람들이 기적의 은사나 가르침의 은사를 가지고 태어나지 않았다. 모든 사람들이 앞에 드러나 사람들의 관심을 받는 것은 아니다. 모든 그리스도의 종들이 빌리 그레이엄이 될 수 있는 것도 아니다. 교회 역사상 빌리 그레이엄만큼 다른 사역자들의 질투심을 유발한 인물은 없었다. 조금 더 내 이야기로 바꾸어 말하자면 나는 내가 찰스 스펄전이나 마틴 로이드 존스 같은 사람이 아니라는 사실을 받아들여야만 했다.

요지는 이것이다. 하나님의 크신 임재가 바다 밀물처럼 몰려오면 질투심은 잦아든다. 그 결과 우리는 사람들이 주목하지 않는 춰장이 되고 작은 창자가 되어도 행복하다. 성령의 능력이 우리를 도우실 때 우리는 우리에게 주어진 믿음의 한계와 하나님 나라 안에서 맡겨진 역할에 만족할 수 있다.

바울은 각자에게 주어진 기름 부으심의 한계에 대해 항상 냉정하게 생각하라고 권면한다. 그러나 하나님의 임재의 물결이 우리 삶에 한껏 밀려와 있을 때면, 그것이 중요한 자리건 덜 중요한 자리건 그리스도의 몸 안에서 맡겨진 자기 역할을 받아들이는 것이 훨씬 쉬워진다. 즉 하나님의 임재가 크면 클수록 우리의 한계를 받아들이는 일이 더 쉽게 된다. 반대로 하나님의 임재가 적을수록 인정받지 못하고 감사받지 못하는 마음을 처리하기가 어려워진다.

사람들의 인정보다 하나님의 칭찬과 명예 그리고 영광을 선택하는 사람들은 한 가지 약속을 받는다. 바로 우리가 어떤 상황에 처하든, 즉 돕는 은사거나 사도거나 어떤 부르심을 받든 상관없이 늘 기뻐할 수 있으리라는 것이다. 하나님이 주시는 명예와 영광을 구하고 사람들의 칭찬을 구하지 않는 자가 누리는 상급은, 그리스도의 몸 안에서 아무리 이름 없는 역할을 맡더라도 늘 누릴 수 있는 마음의 평강이다.

오늘 내 삶에 임하는 풍성한 영광

영광이라는 단어를 특정한 체험으로 정의할 수도 있다. 그 영광은 당신이 느끼는 것이요, 순간적으로 경험하는 하나님의 특별한 은혜라 할 수 있다. 일순간 가득 차오는 기쁨을 의식하는 것이다. 다만 상당한 고통이(나는 이것을 사탄적인 공격이라고까지 말하고 싶다) '영광에서 더 큰 영광으로' 변화하는(고후 3:18) 순간보다 앞서 우리에게 찾아온다.

그 고난의 때에 갑작스럽게 그리고 예상치 못한 순간 하나님을 향한 찬양이 마음에서 입에서 흘러나온다. 이는 하나님의 영이 우리를 만지심으로 우리가 그분을 느끼고 그분의 더 풍성한 임재를 느끼는 것이다. 비록 그것이 다소 주관적이고 사람의 감정에 호소하는 것처럼 보일 수 있겠지만, 내가 이제 묘사하는 것은 그와는 오히려 정반대가 된다. 그것은 객관적으로 실제이며 하나님의 영광을 경험하는 사람은 자신이 보거나 냄새 맡거나 맛보거나 만진 것처럼 그것을 느낀다. 다른 사람들은 그것을 보지 못할 것이다. 그래서 사람들은 그것이 주관적인 경험처럼 느껴진다고 고백한다. 그러나 이와 같이 하나님의 큰 임재를 경험한 사람들에게 그것은 자기 눈으로 직접 목격한 것과 같이 실제적인 경험이 된다.

성령의 역사,
우리도 경험할 수 있다

마틴 로이드 존스는 웨스트민스터채플의 전임자 가운데 한 사람이다. 그는 정말 누구도 따라올 수 없는 지성을 갖춘 분이었다. 그는 의사였고 조지 6세 주치의에게 가르침을 받았으며 귀족 작위를 가진 사람이었지만, 찰스 스펄전 이래 우리 시대, 아니 어쩌면 모든 시대를 통틀어 가장 탁월한 설교자가 된 분이었다.

그러나 그를 뒤따른 많은 개혁주의자들은 성령에 대한 그의 가르침에 적잖이 당황했다. 그리고 그 가르침은 그를 이해하는 핵심 주제라 할 수 있다. 로이드 존스는 성령의 은사들이 오늘날에도 우리에게 임할 수 있다 믿었고 또한 우리가 느낄 수 있는 방식으로 나타난다고 단호하게 주장했다.

그는 성령의 역사는 경험으로 알 수 있는 것이라 말하기를 부끄러워하지 않았다. 그는 성령 세례(그는 또한 이를 에베소서 1장 13절에 언급한 바와 같이 성령의 인 치심이라고도 불렀다)가 회심 이후에 나타나는 것이라 믿었다. 그는 성령의 나타나심은 "무엇인가 즉각적이며 직접적인 것이지 묵상이나 논쟁으로 얻은 결과가 아니다"[1]라고 말한 요한 웨슬리의 말을 인용한다. 로이드 존스는 사람들이 "이와 같은 성령의 즉각적인 나타나심과 압도적인 역사를 경험하기 오래전에도"[2] 좋은 그리스도인으로 살아갈 수 있다고 믿었다. 그는 성령 세례가 무의식적이라는 생각을 몹시도 싫어했기에 그것은 의식적인 경험이라는 사실을 거듭해서 강조했다. 여기 내가 쓴 《거룩한 불》(*Holy Fire*, 순전한나드 역간)의 한 토막을 인용한다.

> 로이드 존스는 갈라디아 교회 성도들이 회심 직후에 이와 같은 성령의 임재를 경험했다고 믿었다. 그러므로 그는 갈라디아서 3장 2절을 이러한 맥락에서 해석한다. 바울은 "내가 너희에게서 다만 이것을 알려 하노니 너희가 성령을 받은 것이 율법의 행위로냐 혹은 듣고 믿음으로냐"라고 말했는데, 로이드 존스는 이 말씀에 "만약 이것이 경험해 본 일이 아니라면 사람이 어떻게 그 질문에 답할 수가 있겠습니까? 경험해 본 일이 아니라면 내가 성령을 받았는지 안 받았는지 어떻게 알 수 있겠습니까?"라는 뜻이 담겨 있다고 해석한다.[3]

그러나 회심 후 일어나는 이러한 의식적인 경험은 성령을 통해 맛보는 수많은 경험 가운데 시작에 불과하다고도 볼 수 있다. 신자의 삶에 성령이 날마다 더욱 강하게 역사하신다고 말하는 이유도 그것 때문이다. 성령의 즉각적이고 직접적인 역사는 흔히 매우 반복적으로 나타난다.

그와 같은 성령의 역사는 적극적으로, 그리고 의식적으로 기도할 때 경험할 수 있다. 그것은 공원을 산책하거나 길거리를 걸어갈 때에도 혹은 쇼핑몰에 있을 때에도 일어날 수 있다. 또 성경을 읽다가 혹은 노래를 부르거나 찬양을 하다가도 일어날 수 있다. 운전을 하거나 일을 하거나 잡담을 하거나 누군가와 문자를 주고받거나, 책을 읽거나 뉴스를 읽을 때도 일어날 수 있다. 또 텔레비전을 보거나 SNS에 무엇을 올릴 때도 일어날 수 있다. 잠자리에 들기 직전이나 아침에 일어나자마자 일어날 수 있다. 사실, 이렇게 임하는 하나님의 영광이 당신을 잠에서 깨울 수도 있다.

D. L. 무디(1837-1899)도 뉴욕에서 성령의 역사를 처음 경험했을 때 그 힘이 너무도 강력해서 하나님께 "제발 그것을 멈춰 주십사"[4] 부탁해야 할 지경이었다고 고백했다.

분명한 확신이 생기다

영광의 증가(한 수준의 영광에서 더 큰 수준의 영광으로 변화되는 것)는 언제나 더 큰 확신을 가져다준다. 그때 하나님은 분명하게 임재하신다. 하나님은 그 순간 우리에게 필요한 것이 무엇인지 아신다. 나는 지금 우리의 감정에 확실히 영향을 미치는 하나님의 객관적인 만지심을 말하는 것이다. 당신은 그것을 알 수 있고 느낄 수 있다. 이에 해당하는 헬라어는 '플레로포리아'(Plerophoria)로, 완전한 확신을 의미한다. 하나님을 더 깊이 경험할 때 당신에게 어떤 일이 일어날 수 있는지 좋은 예들을 소개한다.

○ 확신으로 가득 찬 희망이 생긴다. 플레로포리아는 '소망'에 대한 완전한 확신(마치 그동안 기다리던 바가 이미 성취된 것처럼, 혹은 마가복음 11장 24절에 예수님이 "무엇이든지 기도하고 구하는 것은 받은 줄로 믿으라 그리하면 너희에게 그대로 되리라"라고 말씀하신 것처럼)을 묘사할 때 쓰인다.

○ 하나님을 매우 실제적으로 느낀다. 하나님이 당신에게 무언가를 맹세하시면 이런 일들이 벌어진다. 자세한 내용은 이후에 살펴볼 것이다.

○ 불평하지 않고 사물을 있는 그대로 받아들일 수 있는 믿음을 소유하게 된다.

○ 하나님의 섭리의 손길을 억지로 움직이려는 시도가 줄어든다. 물을 포도주로 바꿀 수 있는 것은 오직 하나님 한 분뿐이심을 기억하게 된다.

○ "확실한 이해의 모든 풍성함"(골 2:2)을 받음으로, 교리나 특정

성경 구절을 명확하게 이해할 수 있다. 교리의 적합성과 정확성을 중요하게 여기는 사람에게는 이것이야말로 하나님의 칭찬을 받는 증거로 주어지는 가장 큰 선물이 될 것이다.

○ 하나님이 신원해 주실 것을 바라는 마음을 갖는 것이 한결 쉬워진다. 마치 다윗이 예루살렘성을 나서 도피할 때, 언약궤를 이용하기를 거부하고 하나님이 그를 예루살렘으로 돌려 주실 것을 기대했던 것(삼하 15:25)이 바로 그와 같은 마음이다.

○ 진정한 지혜를 발휘하기 시작한다. 성령님이 주시는 생각을 얻는다. 하나님은 그분의 뜻을 알 수 있도록 성령을 통해 다음 단계를 보여 주시며 확신을 주신다. 다음에 무엇을 해야 할지 아는 것이 지혜이며, 성령이 주는 완전한 확신은 그것을 분명히 보여 준다.

○ 자신이 사라질 수 있는 존재임을 느낄 것이다. 이것은 자신을 지나치게 중요한 존재로 여기거나 무언가를 받을 자격 있는 존재로 여기는 것과 정반대되는 깨달음이다. 바울은 "나의 생명조차 조금도 귀한 것으로 여기지 아니하노라"(행 20:24)라고 말하면서 자신의 삶조차 대수롭지 않게 여겼다. 어린양의 피로 사탄의 권세를 이긴 사람들은 "죽기까지 자기들의 생명을

아끼지 아니했다"(계 12:11).

○ 자신에게 주어진 기름 부으심과 그 한계를 받아들인다(롬 12:3). 그리고 다른 사람처럼 더 유능하거나 혹은 눈에 띄는 은사를 받지 못한 것을 불평하지 않는다.

○ 갈라디아서 5장 22-23절에 나오는 "성령의 열매"가 즉각적으로 흘러나오는 것을 경험한다. 더 풍성해진 하나님의 영광은 기쁨과 함께 초자연적인 평강을 가져올 것이다. 당신의 의지력을 발휘하지 않아도 하나님의 사랑을 통해 완전한 용서를 경험하는 것은 이타적인 아가페 사랑이 충만할 때다. 하나님의 압도적인 사랑이 나를 찾아오면 누군가를 용서하는 것이 무더운 여름날 생수 한잔을 단숨에 마시는 것만큼이나 쉬워진다. 성령님이 큰 능력으로 임하시면 힘들이지 않고 고린도전서 13장에서 묘사한 사랑이 흘러나온다. 물론 그것이 언제나 풍성한 영광의 형태로 나타나는 것은 아니다. 앞으로 더 설명하겠지만, 풍성한 영광은 언제나 임시적이다. 그러므로 언제나 또 다른 풍성한 영광으로 다시 채움을 받아야만 한다. 그러나 그 순간에 임하는 성령의 임재는 너무나 강력하여 잊을 수 없는 경험이 될 것이다.

하나님이 당신에게 맹세하실 때

히브리서 6장 18절은 바꿀 수 없는 두 가지를 언급한다. '약속'과 '맹세'다. 둘 다 하나님에게서 나왔다. 둘 다 진실하며 신뢰할 만하다. 그러나 약속은 대개 '만약'이라는 단서와 함께 우리에게 주어진다. 예를 들어 하나님이 "네가 이렇게 하면 내가 저렇게 하리라"고 말씀하시는 것이다. 유명한 예가 역대하 7장 14절에 있다.

> 내 이름으로 일컫는 내 백성이 그들의 악한 길에서 떠나 스스로 낮추고 기도하여 내 얼굴을 찾으면 내가 하늘에서 듣고 그들의 죄를 사하고 그들의 땅을 고칠지라(대하 7:14).

요한복음 5장 44절 역시 약속이다. '만약'이라는 단어가 겉으로 드러나지는 않았지만 문장 안에 숨어 있다. 하나님으로부터 오는 칭찬은 사람보다 하나님의 인정을 택한 사람들에게 약속되어 있다.

그러나 또 한 가지 잊지 말아야 할 것이 있다. 요한복음 5장 44절은 맹세의 약속이다. 당신이 하나님의 칭찬을 받았음을 확인하는 방법 가운데 하나는 그분이 맹세로 약속하시는 것이다. 맹세의 핵심은 그것이 조금도 의심할 여지없이 반드시 주어진다는 사실이다.

때때로 하나님은 우리에게 맹세하시기 전에 자신의 약속을 갱신하신다. 그분은 연속적인 약속을 주시기까지 한다. 아브라함에게 그리하셨다(창 12:2, 7; 13:15-17; 15:5; 17:6-8, 15-16; 18:14, 27-32). 어느 날 하나님은 아브라함에게 맹세하셨다. 아브라함 인생에서 최고의 순간이었다. 약속과 맹세 모두 거짓을 말할 수 없는 하나님(히 6:18)에게서 받은 것이기에 동일하게 신뢰할 만하고 진실하다.

일단 맹세가 주어지면 그 일은 지연되지 않을뿐더러 어떤 조건이나 의심도 허락되지 않으며 반드시 이루어진다. 하나님의 맹세는 언제나 매우 실제적이고 분명하며 완전한 설득력을 갖는다. 이는 "다투는 모든 일의 최후 확정"(히 6:16)이다. 만약 당신이 '내가 맹세를 받았나?' 하는 의심이 든다면 그건 십중팔구 받지 않았다는 증거다. 하나님이 강권적으로 들어와 개입하시고 자신의 뜻을 분명히 밝히셨다면, 당신은 그것이 하나님의 맹세였음을 알게 된다.

요약하자면, 하나님의 맹세는 초자연적이고 분명하며 설득력 있게 다가온다. 예를 들어, 맹세는 너무나 분명해서 확신에 이르는 합리적인 추론이 필요치 않다. 이성을 사용하는 것이 잘못되었다는 것이 아니다. "나는 예수 그리스도를 신뢰하기 때문에 구원받았다는 사실을 안다"고 말하는 것은 완벽하고 합당하며 성경적인 주장이다. 구원의 확신에 이르는 올바른 방법이다. 그러나 하나님이 당신에 대해 맹세하신다면 확신에 이르도록 추론할 필요가 전혀 없다. 성령의 즉각적인 나타나심이 그 과정을 대신해 주신다. 당신은 그것을 그냥 느끼고, 그냥 알게 된다. 아브라함이 이삭을 기꺼이 제물로 바치려 한 직후에 하나님이 아브라함에게 하신 것이 바로

이 맹세였다.

> 이르시되 여호와께서 이르시기를 내가 나를 가리켜 맹세하노니 네가 이같이 행하여 네 아들 네 독자도 아끼지 아니하였은즉 내가 네게 큰 복을 주고 네 씨가 크게 번성하여 하늘의 별과 같고 바닷가의 모래와 같게 하리니 네 씨가 그 대적의 성문을 차지하리라(창 22:16-17).

아브라함은 인내심 있게 기다림으로 이 맹세를 받았다. 그를 결국 의로운 존재로 만들어 주게 된 하나님의 약속을 받았을 때 그의 나이는 여든다섯이었다.

> 여호와의 말씀이 그에게 임하여 이르시되 그 사람이 네 상속자가 아니라 네 몸에서 날 자가 네 상속자가 되리라 하시고 그를 이끌고 밖으로 나가 이르시되 하늘을 우러러 뭇별을 셀 수 있나 보라 또 그에게 이르시되 네 자손이 이와 같으리라(창 15:4-5).

그것이 약속이었고 아브라함은 그것을 믿었다. 그는 "하나님, 농담이시지요? 저 놀리지 마세요. 저더러 그 말씀을 믿으라고요?" 라고 말할 수도 있었다. 하지만 아브라함은 그렇게 하지 않고 그 약속을 믿었다. 하나님은 "이를 그의 의로 여기셨다"(창 15:6). 이것은 아브라함이 여든다섯일 때 일어난 일이다. 그리고 약 20년 후 105세가 되었을 때 그 하나님이 그에게 맹세하셨다.

저자가 "그가 이같이 오래 참아 약속을 받았느니라"(히 6:15)라고 쓴 것은 바로 맹세를 의미한다. 주의 깊게 살펴보라. "약속을 받았다." 아브라함은 하늘의 별들처럼 바닷가 모래알처럼 많은 후손들을 약속받았다. 그러나 아브라함이 자신의 후손들을 볼 수 있었을까? 어떻게 그가 너무나 많아서 "아무도 능히 셀 수 없는 큰 무리"(계 7:9)를 이룰 수많은 다음 세대 사람들을 볼 수 있었을까?

맹세가 그것을 가능하게 했다. 그 맹세가 너무나 실질적이어서 수십억 사람들이 이미 태어난 것처럼 느껴진 것이다. 그는 더 이상 믿음을 사용할 필요가 없었다. 아브라함에게 맹세가 현실이나 다름없이 느껴졌기 때문이다.

가장 주목할 만한 맹세의 요소는 하나님이 얼마나 실제적으로 느껴지며 그분의 말씀이 얼마나 진실하게 느껴지느냐는 것이다. 더불어 그러한 맹세의 요소는 당신이 성경의 무오함을 믿도록 도와줄 것이다. 맹세가 믿음을 대체한다는 뜻은 아니지만, 거의 그런 효과가 있다. 믿음이란 보지 못하는 것에 대한 확신을 갖게 해 주는 데 비해 맹세는 모든 논쟁을 끝내 버린다. 어느 누구도 구구절절 설명할 필요 없이 하나님의 풍성한 영광이 나타나는 것이다.

"이미 맹세를 받았다면 왜 굳이 우리는 변화되어 더 큰 수준의 영광에 이르러야 하는가?"라고 질문할 수 있다. 맹세라 할지라도 은혜의 보좌로부터 흘러나오는 풍성한 영광으로 갱신될 필요가 있어서다. 우리는 모두 인간이다. 그리고 계속해서 인간으로 살 것이다. 우리의 원수는 마귀다. 어떠한 풍성한 영광도 이생에서 영구적으로 "[주님으로 인해] 새롭게 되는 날"(행 3:19)의 필요를 없앨 수는 없다. 오순절 이후에도 사도들은 그들이 모인 장소를 뒤흔들며 그들에게 임하신 성령의 기름 부으심을 통해 재충전을 경험했다(행 4:31).

아무리 맛있는 음식을 먹고 배부르다 해도 다시 배고파지는 것을 면할 수는 없다. 가장 달콤한 물 혹은 가장 시원한 물을 마셨더라도 다시 찾아올 목마름까지 면할 수는 없다. 그래서 맹세는 하나님을 더욱 실질적으로 느끼게 해 주는 더 풍성한 영광을 필요로 한다. 하나님의 임재를 더 풍성히 경험할수록 당신은 하나님을 더욱 간절히 원하게 된다.

일단 하나님의 맹세가 주어지면 당신은 절정을 경험한다. 절대로 잊을 수 없는 경험이 될 것이고 아마도 변화하는 예수님의 모습을 본 사도들과 같은 느낌을 받을 것이다(마 17:1-8). 그들은 더 많은 가르침과 격려가 필요했다. 그러나 그들은 자신들의 눈으로 직접 목격한 변화된 예수님의 모습을 절대로 잊지 못했을 것이다. 마찬가지로 맹세가 주어지면 당신은 그 순간을 절대로 의심할 수 없게 되고, 그것이 자신에게 주는 의미를 절대로 잊지 못할 것이다. 물론 어느 정도 시간이 지나면 다시 더 많은 것을 원하겠지만 말이다.

내 안에서 예수를 발견하는 사람들

이 주제를 피해 갈 수가 없다. 또 이 내용을 다루기가 매우 고통스럽다. 바울은 "이 비밀은 너희 안에 계신 그리스도시니 곧 영광의 소망이니라"(골 1:27)라고 했다. 바울은 에베소 교인들에게 보낸 글에서 "믿음으로 말미암아 그리스도께서 너희 마음에 계시게 하시옵고 너희가 사랑 가운데서 뿌리가 박히고 터가 굳어지기를"(엡 3:17) 간구했다. 우리가 그분의 임재를 경험하는 것과 다른 사람들이 우리 안에서 그리스도를 발견하는 것은 다른 문제다. 다시 말해, 만약 그리스도께서 우리 안에 계시다면 그들이 우리를 바라볼 때 예수님을 발견해야 하는 것이 아닌가?

사실 나는 이 부분에 대해 글을 쓰기에 가장 부적합한 사람이다. 나도 할 수만 있다면 다른 사람들이 내 안에서 예수님을 발견하기를 간절히 원한다. 하지만 나는 사람들이 내 안에서 무엇을 발견할지 꽤 정확하게 진단할 수 있다. 아마도 약간의 지혜가 있는 신학자요, 성경 교사, 노인의 모습일 것이다. 그것이 전부다. 나는 그들이 내게서 예수님의 모습은 발견하지 못하고 그저 교사의 모습만 발견하게 될까 두렵다. 그래서 나는 차라리 내가 아직 공사가 덜 끝났다고 생각하고 싶다. 하나님이 이 노인에게 은혜를 베풀어 주신다면 이미 기한이 오래전에 지났지만 그리스도를 닮은 모습으로 변할 수도 있지 않을까 기대해 본다.

아더 블레싯이 했던 이야기가 떠오른다. 어떤 아랍계 족장이 요르단 암만에 있는 식당에서 아더를 한 번 보고는 (그저 멀리서 아더를 한 번 보았을 뿐인데) 그의 식사비를 내겠다고 고집했다고 한다. 결국 아랍계 족장이 아더의 식사비를 대신 계산했고, 의아한 마음으로 그에게 왜 그랬냐고 질문하자 족장은 그를 바라보며 대답했다.

"나는 당신이 가지고 있는 것을 가지고 싶었습니다."

그게 무슨 말이냐고 물으니 족장은 이렇게 대답했다.

"여기 앉아 있는 사람들을 전부 보십시오. 아무도 웃고 있지 않습니다. 그런데 당신만 온 얼굴에 빛을 내며 웃고 있더군요. 나는 당신이 가지고 있는 것을 갖고 싶습니다."

아더는 그에게 자신이 우리 죄를 위해 십자가에서 돌아가신 예수 그리스도의 제자라는 것을 설명했다. 아더는 후에 그에게 복음을 제시했고 아랍계 족장은 예수님을 영접했다.

우리 안에 계신 그리스도는 우리 내면에 기쁨을 선물해 주신다. 거기에는 의심의 여지가 없다. 그러나 그것은 또한 다른 이들이 보아 알 수 있도록 겉으로 나타나야 한다.

신원은 하나님이 하시는 일이다

신원이란 당신의 이름에 씌워진 오명이나 누명 혹은 의심을 벗는 것이다. 특별히 당신이 사랑하는 사람들이 당신을 의심했거나, 당신을 존경하는 사람들이 당신에 대해 잘못된 정보를 듣고 마음이 흔들렸다면 당신은 이 신원 과정이 대단히 만족스러울 것이다. 신원의 필요성을 말하자면 매우 깊은 곳을 건드려야 하는데, 아마도 매우 고통스럽고 또 듣기 거북한 이야기가 될 것이다. 또 당신이 거짓된 고소를 당했거나 오해를 사고 있다면 그 일에 신경 쓰느라 다른 생각은 거의 하지 못할 수 있다.

하지만 아무리 힘든 상황에서도 이것만은 기억하자. 신원은 하나님이 하시는 일이다. 신원과 쌍둥이인 복수와 마찬가지로, 당신에게 해를 입힌 사람을 벌하는 것은 하나님만이 행하실 수 있는 특권이다(신 32:35; 롬 12:19; 히 10:30). 하나님은 당신과 내가 스스로 억울함을 풀기 위해 손가락 하나라도 드는 것을 싫어하신다. 그분은 우리의 도움을 원치 않으시며, 우리의 도움은 조금도 필요치 않으시다.

한번 스스로 오명을 벗으려 애써 보라. 그러면 하나님이 당신에게서 저만치 물러나 거리를 두려 하시는 것을 경험할 것이다. 만약 억울함을 풀려고 스스로 애쓰면 하나님은 모든 노력을 거두고 사라지실 것이다. 그분은 그 모든 것을 혼자 하시기 원하신다. 그런데 그분이 어떻게 그 일을 행하시는지 우리는 그 "길은 찾지 못할"(롬 11:33) 뿐 아니라, 그것은 당신과 내가 천년을 계획한다 해도 도저히 이해할 수 없을 만큼 아름답고 스릴 넘치는 방법이 될 것이다. 마치 그 어느 누구의 붓 터치도 허락하지 않는 천재 예술가처럼, 억울함을 푸는 일에 대가이신 주님은 모두가 숨죽인 가운데 탁월하고 우아하게 그리고 경이롭게 그 신원의 과정을 완성해 나가실 것이다.

하나님이 좋아하시는 일을 빼앗지 말라.

내적인 신원, 외적인 신원

신원에는 두 가지 종류가 있다. 하나는 내적인 신원(내주하시는 성령이 증언해 주시는 것)이고 다른 하나는 외적인 신원(모든 이에게 보이게 분명히 나타나는 것)이다. 우리는 당연히 두 번째가 먼저 이루어지기를 바란다. 그러나 당신이 진정 추구해야 할 것은 내적인 신원이다. 그것은 요한복음 5장 44절처럼 그분의 칭찬을 구하는 것과 같다. 하나님은 어쩌면 이생에 사는 동안 당신의 억울함을 풀어 주실 수도 있고 그러지 않으실 수도 있다. 확실한 것은 그리스도의 심판대에서는 반드시 억울함을 풀 수 있으리라는 사실이다. 그러나 당신은 언제나 내적인 신원은 얻을 수 있다. 그것은 하나님이 당신에게 맹세하실 때와 같다.

하나님은 맹세코 당신의 내적인 신원을 이루어 주실 것이며, 억울한 자는 만족스러운 결과를 얻을 것이다. 아브라함도 그것을 얻었음을 기억하라.

당신은 어쩌면 "만약 하나님이 모두가 볼 수 있도록 공개적으로 누명을 벗겨 주신다면 더없이 기쁘겠다"고 말할지 모른다. 동의한다. 그러나 그것은 그저 육신의 경험에 불과하다. 어떤 믿음도 필요하지 않다. 그건 그저 아첨의 말이나 다름없다. 우리 모두 그런 말을 듣기 원한다. 그저 어깨를 툭툭 쳐 주는 것이다. 때때로 하나님도 그분이 당신을 칭찬하시는 증거로 사람들의 칭찬을 허락하실 때가 있다. 그러나 그것을 바라지는 말라. 절대로 구하지도 말라.

한 가지 더 할 말이 있다. 하나님은 진리만을 드러내신다. 신원을 받는 것은 당신이 아니라 진리다. 하나님은 당신의 믿음이 교리적으로 순수하고 건강한지, 당신의 언행이 진실한지에 관심이 있으시다. 우리가 어떤 결과를 원하건 상관없이 진실은 밝혀질 것이다.

> 숨은 것이 장차 드러나지 아니할 것이 없고 감추인 것이 장차 알려지고 나타나지 않을 것이 없느니라(눅 8:17).

예수님이 받은 신원은 내적인 것이었다. 그분은 "영으로 의롭다 하심을 받으셨다"(딤전 3:16). 예수님은 군중들이나 그분의 제자들 혹은 그들의 칭찬으로부터 기쁨을 얻지 않으셨다. 대신 언제나 아버지를 바라보셨다. 언제나.

> 그러므로 예수께서 그들에게 이르시되 내가 진실로 진실로 너희에게 이르노니 아들이 아버지께서 하시는 일을 보지 않고는 아무것도 스스로 할 수 없나니 아버지께서 행하시는 그것을 아들도 그와 같이 행하느니라 …… 나는 사람에게서 영광을 취하지 아니하노라 이에 예수께서 이르시되 너희가 인자를 든 후에 내가

그인 줄을 알고 또 내가 스스로 아무것도 하지 아니하고 오직 아버지께서 가르치신 대로 이런 것을 말하는 줄도 알리라 나를 보내신 이가 나와 함께하시도다 나는 항상 그가 기뻐하시는 일을 행하므로 나를 혼자 두지 아니하셨느니라"(요 5:19, 41; 8:28-29).

예수님은 성령의 증언을 통해 기쁨을 얻으셨다. 성령님은 예수님께 예수님이 아버지를 기쁘시게 한다는 사실을 알려 주셨다. 그것이야말로 예수님이 가장 관심 있어 하신 일이었다. 그분은 오직 아버지를 기쁘시게 하려고 모든 일을 하셨다. 반면에 바리새인들은 오직 사람들의 눈을 의식했다(마 23:5).

예수님께는 바리새인들의 인정 따위는 필요 없었고 그것을 원하지도 않으셨다. 무엇보다도 그들은 예수님의 백성이 아니었다. 예수님은 바리새인들이 예수님을 믿지 않는다는 것을 아셨다. 또 하늘 아버지도 그들을 예수님께 주신 적이 없었다. 그들은 하나님께 선택받은 백성들이 아니었다. 예수님은 그들에게 "너희가 듣지 아니함은 하나님께 속하지 아니하였음이로다"(요 8:47)라고 말씀하셨다.

그러나 걱정하지 말라! "아버지께서 내게 주시는 자는 다 내게로 올 것이요 내게 오는 자는 내가 결코 내쫓지 아니하리라"(요 6:37). 이것은 예수님이 다음과 같이 말씀하신 것이나 다름없다. "너희 바리새인들은 나를 믿지 않는다. 왜냐하면 하나님이 너희들을 택하지 않으셨기 때문이다. 그러나 그분이 선택한 사람들은 나를 믿을 것이다."

예수님의 많은 제자들은 "이 말씀은 어렵도다"(요 6:60)라고 했다. 이에 예수님은 "그러므로 전에 너희에게 말하기를 내 아버지께서 오게 하여 주지 아니하시면 누구든지 내게 올 수 없다 하였노라"(요 6:65; 참조 6:44)라고 결론지으셨다.

예수님을 신원해 주신 것은 무리들이나 유대인, 대제사장, 헤롯 혹은 빌라도가 아니다. 바로 성령이셨다. 하나님은 자기 아들에 대해 끊임없이 맹세해 주셨다. 이를 통해 예수님은 기쁨을 누리셨고 확증을 받으셨다. 예수께서 세례를 받으실 때 하나님 아버지는 "이는 내 사랑하는 아들이요 내 기뻐하는 자라"(마 3:17)라고 말씀하셨다. 그분이 제자들 앞에서 변화되실 때 아버지는 "이는 내 사랑하는 아들이요 내 기뻐하는 자니 너희는 그의 말을 들으라"(마 17:5)라고 말씀하셨다.

맙소사! 그렇게 오래 기다려야 한다고?

예수님만이 우리가 따를 모범이시다. 우리도 성령을 통해 신원함을 받아야 한다. 내적인 증거, 즉각적이고 직접적인 나타나심, 우리가 하나님을 기쁘시게 한다는 맹세. 이런 것들이 성령이 신원하시는 방식이다.

그러나 이생에서 외적인 신원을 약속하시지는 않았다. 사실 우리는 다른 어떤 것보다 그것을 더 원할 수 있다. 그것을 간절히 갈망하면서 하나님께 허락해 달라고 조를 수도 있다. 그것을 얻고자 금식을 할 수도 있다. 그러나 하나님은 보복과 신원 혹은 아버지께서 인정하신다는 증거들을 이생에서 내 친구들과 사랑하는 사람들 혹은 원수들 앞에 공개적으로 나타내지 않으신다. 물론 하나님은 충분히 그렇게 하실 수 있다. 그리고 때때로 그렇게 하기도 하신다. 그러나 그것을 약속하시지는 않았다. 그러니 기대하지 말라.

인생의 어느 힘든 시기에 성경을 보다가 이 말씀에 눈길이 멈췄다.

> 이는 하나님의 공의로운 심판의 표요 너희로 하여금 하나님의 나라에 합당한 자로 여김을 받게 하려 함이니 그 나라를 위하여 너희가 또한 고난을 받느니라 너희로 환난을 받게 하는 자들에게는 환난으로 갚으시고 환난을 받는 너희에게는 우리와 함께 안식으로 갚으시는 것이 하나님의 공의시니 주 예수께서 자기의 능력의 천사들과 함께 하늘로부터 불꽃 가운데에 나타나실 때에(살후 1:5-7).

'와, 바로 이거야! 이건 정말 대단한데!'

이렇게 감탄하며 7절을 다시 한 번 읽었다.

> 환난을 받는 너희에게는 우리와 함께 안식으로 갚으시는 것이

하나님의 공의시니 주 예수께서 자기의 능력의 천사들과 함께 하늘로부터 불꽃 가운데에 나타나실 때에.

'맙소사! 그렇게 오래 기다려야 한다고?'

미안하지만 사실이다. 물론 가끔씩 하나님은 이 세상에서도 우리를 신원하여 주시고 우리에게 상처 준 자들을 벌 주시기도 한다. 정말 아주 가끔.

재차 이 말을 하는 이유는 당신이 살아 있는 동안에는 신원함을 영영 받지 못할 수도 있기 때문이다. 다만 한 가지는 분명하다. 하나님의 마지막 심판이 진리를 드러낼 때 분명히 알게 된다는 사실이다. 하나님은 진리를 신원하신다. 진리가 드러나면, 그리고 신원해 주시면 당신은 그것을 이해할 것이다. 어떤 경우에든지 마지막 판결을 내리시는 분은 하나님이다. 하나님의 심원해 주심은 충분히 기다릴 만한 가치가 있다.

마지막 날 그리스도의 심판대 앞에서

이는 우리가 다 반드시 그리스도의 심판대 앞에 나타나게 되어 각각 선악간에 그 몸으로 행한 것을 따라 받으려 함이라(고후 5:10).

이 땅에서 하나님을 더 깊이 경험하기 원했던 사람들은 그리스도의 심판대에서 궁극적인 기쁨을 누릴 것이다. 그곳은 '베마'(bema)라는 단어로 표현되어 있는데, 고대 고린도 사람들은 이곳 베마에서 보상과 처벌을 내렸다. 바울은 고린도 사람들이 온전히 이해할 법한 단어를 사용한다. 이 땅에서, "몸 안에서" 하나님의 더 큰 임재를 경험하길 진심으로 원했고 갈망했던 신자들은 그리스도의 심판대 앞에서 상상할 수 있는 최대의 축하를 받으며 상급을 받을 것이다. 그들은 예수님의 입술에서 나오는 축하를 들을 것이다.

나는 "살아 있는 동안 하나님을 더 많이 경험하는 것 자체가 이미 보상이다"라고 말하는 사람들의 의견에 동의한다. 또 다른 사람을 완전히 용서하는 것 자체가 이미 보상이라고도 말할 수 있다. 실제로 사랑은 그 자체가 보상이다. 그러나 그보다 더 큰 보상이 여전히 준비되어 있다. 원수를 용서하고 그들을 위해 기도하며 나아가 그들을 축복한 사람들은 천국에서 큰 상급을 받을 것이라고 예수님은 말씀하셨다(눅 6:35). 바울도 이렇게 말한다. "만일 누구든지 그 위에 세운 공적이 그대로 있으면 상을 받고"(고전 3:14).

그러므로 하나님을 더 많이 경험하기 원했던 사람들은 두 배의 상급을 받을 것인데, 그것은 육체에 거하는 동안 하나님의 즉각적인 임재를 맛보는 상급이요, 그리스도의 심판대 앞에서 받을 상급이다. 그와 같은 사람들은 이 땅에서 매우 제한된 하나님의 인정을 받았다. '예수님과 같은 모습으로 변화되어 더 큰 영광에 이르는 것'(고후 3:18)은 앞으로 다가오는 일에 비할 바가 못 된다. 사도 바울은 말했다.

> 생각하건대 현재의 고난은 장차 우리에게 나타날 영광과 비교할 수 없도다(롬 8:18).

그러나 하나님은 가장 최고의 것을 가장 마지막까지 아껴 두신다. 그것은 그리스도의 심판대 앞에서 드러날 것이다. 이 두려운 이벤트와 관련한 연대기적, 종말론적 세부 사항까지는 이 책에서 논의하지 않으려 한다. 또 악한 자들, 영원히 잃어버린 사람들에 대한 하나님의 심판도 논하지 않겠다. 하지만 바울이 고린도전서 3장 12-15절과 고린도후서 5장 10절에 언급한 바 그리스도인들이 맞이할 심판은 말하려고 한다.

모든 구원받은 자들은 그리스도의 심판대 앞에 설 것이다. 재판장은 예수 그리스도이시며(행 17:31), 이 심판은 주의 재림 뒤에 이루어질 것이다(딤후 4:1; 히 9:27-28). 바울은 예수님을 "의로운 재판장"(딤후 4:8)이라고 불렀다.

그분이 내리는 판결은 의롭고 공정하며 정의롭고 최종적인 것이 될 것이다. 뇌물을 받을 수도 있고 협박에 굴하기도 하며 편파적일 수 있고 살인과 부패를 저질러도 얼마든지 도망가게 내버려 두는 이 땅의 재판장들과 비교해 볼 때 얼마나 큰 대조를 이루는가!

그러나 그리스도의 심판대에서는 아무도 도망가지 못할 것이다.

이날은 수 세기 동안 하나님의 선지자들이 예언했던 바로 그 날이다. 이날은 "만군의 여호와의 날이 모든 교만한 자와 거만한 자와 자고한 자에게 임하리니"(사 2:12)라고 이사야가 예고했던 날이요, "여호와의 날"(암 5:18), "여호와의 크고 두려운 날"(욜 2:31)로 예고된 날이다.

비록 예수님이 산상설교에서 마지막 심판을 다루지 않으셨지만, 그분은 이 마지막 날을 너무도 잘 알고 계셨기 때문에 설교 마지막 부분에 이르러서는 그저 "그 날에"라고만 언급하셨다. "그 날에 많은 사람이 나더러 이르되 주여 주여 우리가 주의 이름으로 선지자 노릇 하며 주의 이름으로 귀신을 쫓아내며 주의 이름으로 많은 권능을 행하지 아니했나이까 하리니"(마 7:22). 모든 사람들은 여기서 "그 날"이 무슨 날인지 알고 있었다.

바로 그 날에 우리는 완벽한 공의의 하나님, 가장 높으신 하나님이 내리시는 궁극적이고 최종적인 판결을 들을 것이다. 어떤 사람들에게는 이날이 그 어떤 날보다도 두려운 날이 될 것이다. 하나님이 율법을 주신 날, 그러니까 모세가 그 광경만 보고도 두려워 떨었던(히 12:21) 날보다도 더 두려운 날이 될 것이다.

하나님을 더 많이 경험하기를 원치 않았던 사람들의 불안한 마음은 그날 최고조에 달할 것이다. 그 날에 모든 남녀들은 자신이 부주의하게 내뱉었던 모든 말들을 해명해야 할 것이다(마 12:36). 그 날에 그리스도인들은 자신에게 합당한 상급을 받을 것이다. 모든 것, 그리고 모든 사람의 참모습이 낱낱이 밝혀질 것이다. 한 가지 영광스러운 예외가 있다. 예수 그리스도의 보혈을 근거로 회개한 죄들 그리고 씻긴 죄들은 드러나지 않을 것이다.

만약 우리가 "몸 안에" 있는 동안 즉 이 세상을 사는 동안 우리에게 주어진 유산을 신실하게 좇았다면, 하나님을 계속해서 더 원했다면 우리는 상급을 받을 것이다. 다시 말해, 만약 우리가 앞서 말한 바와 같이 몸 안에 있는 동안 금과 은과 보석으로 건물을 세웠다면 상급을 받을 것이라는 말이다. 바울은 "그 날이 공적을 밝히리니"(고전 3:13)라고 했고, 그 불이 각 사람의 공적이 어떠한지 시험할 것이라고 했다. 그 불이 실제 불을 말하는 것인지, 아니면 비유에 해당하는지, 아니면 둘 다인지는 나도 확실하지 않다.

이 상급이 어떻게 생겼는지, 무엇일지 논하고 싶지는 않다. 그것이 비록 "잘하였도다"라고 하시는 주님의 말씀뿐이라 해도 나는 만족할 것이다. 그것만으로도 충분하다.

우리가 만약 나무나 풀, 짚으로 건축물을 지었다면, 우리는 불길에서 살아남을지는 모르지만 아무런 상급도 받지 못할 것이다(고전 3:12-15). 이렇게 간신히 불에서 구원받은 사람들의 고통이 얼마나 깊을지 나는 도무지 헤아릴 수가 없다.

주어질 상급은 유일하신 하나님으로부터 오는 궁극적인 칭찬이다. 이때 사람들은 비로소 요한복음 5장 44절에서 하신 약속 즉, 사람들로부터의 명예를 구하지 않고 유일하신 하나님으로부터 오는 명예와 칭찬을 선택했던 사람들에게 주어지는 약속이 실현되는 것을 경험할 것이다.

이 땅에서 그 칭찬은 그저 하나님이 인정하는 정도의 가벼운 축복이었다. 그러나 그리스도의 심판대 앞에서 사람들은 하나님의 궁극적인 칭찬을 받을 것이다. 금과 은과 보석으로 자신의 건축물을 지었지만 마지막 심판 전에 죽은 자들은 "영원한 나라에 들어감을 넉넉히 너희에게 주시리라"(벧후 1:11)라는 음성을 들을 것이다. 그러나 마지막 상급은 그리스도의 심판대 앞에서 공평하게 나누어질 것이다.

나는 그것이 어떤 모습일지 도저히 상상이 가지 않는다. 요한은 심판의 날에 "확신"을 가지는 것을 다루었다(요일 2:28; 4:17). KJV 성경은 그것을 "담대함"(요일 4:17)이라고 표현했다. 그것은 이 땅의 여정을 가는 동안 신실하게 빛 가운데로 걸어갔던 사람들에게도 분명히 적용될 것이다(요일 1:7).

심판의 날을 관통하는 핵심 주제는 신원이다. 또한 그날은 하나님의 오명이 벗겨지는 날이기도 하다. 성경에서 묘사한 것과 같은 자비와 정의의 하나님이 악을 허락하시면서도 동시에 어떻게 여전히 공의로우실 수 있는지를 보여 주시는 기회가 될 것이다. 하나님도 자신의 이름에 덧씌워진 누명을 벗으실 것이다(합 2:1-4).

이날은 성경이 무오한 하나님의 말씀이라는(요 12:48) 진리가 신원함을 받는 날이 될 것이다. 하나님이자 인간이셨으며 언제나 진리였고 아버지께로 나아가는 유일한 길(요 14:6; 빌 2:9-11)이셨던 예수 그리스도가 신원함을 받는 날이 될 것이다. 수 세기 동안 수많은 사람들이 믿어 온 모든 교리 가운데 어느 것이 진실이고 어느 것이 거짓이었는지 드러날 것이다.

멸시당하고 억울하게 고소당하고 깊은 상처를 입고 잘못된 판결로 큰 손실을 입은 사람들이 신원함을 받을 것이다. 그것이 어떤 모양일지 나는 상상할 수 없다. 진정으로 구원받았지만 그리고 그 죄를 용서받았지만 여전히 악을 행하는 사람들의 죄를 하나님이 어떻게 폭로하실지는 오로지 그분께 달려 있다. 구원받았지만 여전히 복수심에 불타고 용서치 않으며 감사하지 않는 사람들의 죄악은 폭로될 것이고, 그들의 집은 아마도 나무와 풀로 지은 건축물과 같은 운명을 맞이할 것이다. 물론 이것은 내 추측의 일부에 불과하다.

하지만 이것은 분명하다. 하나님은 그분이 하신 말씀이 뒤집어쓴 오명을 벗고자 하신다. 그분은 마지막 날에 그것을 행하실 것이며, 그래서 그 날은 기다릴 만큼 충분한 가치가 있다. 하나님은 가장 좋은 것을 가장 마지막에 남겨 두셨다.

나는 그것을 간절히 고대하면서도 동시에 큰 두려움을 느낀다. "전능하신 성부 하나님과 성자와 성령의 은혜가 영원토록 우리 모두와 함께하기를 간절히 바라옵나이다. 아멘."

주

1장

1. Rolfe Barnard, "Your God vs. the Bible's God," sermon, Ashland, Kentucky, September 29, 1964, https://www.sermonaudio.com/sermoninfo.asp?SID=622121652232.
2. "마치 세상에 나 혼자만 존재하는 것처럼 오롯이 우리를 보살피시고 우리 각자를 돌보아 주시는 오, 전능하시고 선하신 하나님!" Saint Augustine, *The Confessions of Saint Augustine*, trans. E. B. Pusey (Gutenberg Project, June 2002), https://www.gutenberg.org/files/3296/3296-h/3296-h.htm. 성 아우구스티누스, 《고백록》.

2장

1. Bernard of Clairvaux, "Jesus, the Very Thought of Thee," trans. Edward Caswall, Hymntime.com, accessed August 1, 2018, http://www.hymntime.com/tch/htm/j/t/v/jtveryth.htm.
2. Eliza E. Hewitt, "More About Jesus," 1887, *Timeless Truths*, accessed September 19, 2018, https://library.timelesstruths.org/music/More_About_Jesus/. 새찬송가 453장 〈예수 더 알기 원하네〉 1절.
3. A. Katherine Hankey, "I Love to Tell the Story," 1866, Hymntime.com, accessed September 19, 2018, http://www.hymntime.com/tch/htm/i/l/t/iltts.htm. 새찬송가

497장 〈주 예수 넓은 사랑〉 3절.

4. A. Katherine Hankey, "Tell Me the Old, Old Story," 1866, Hymntime.com, accessed September 19, 2018, http://www.hymntime.com/tch/htm/t/e/l/l/tellmoos.htm. 새찬송가 205장 〈주 예수 크신 사랑〉 2절.
5. PassItOn.com, s.v. "Andrew Bennett," accessed September 19, 2018, https://www.passiton.com/inspirational-quotes/6679-the-longest-journey-you-will-ever-take-is-the.
6. Blue Letter Bible, s.v. "makarios," accessed August 3, 2018, https://www.blueletterbible.org/lang/lexicon/lexicon.cfm?Strongs=G3107&t=KJV.

3장

1. Grace Quotes, s.v. "Jonathan Edwards," accessed September 19, 2018, https://gracequotes.org/author-quote/jonathan-edwards/.
2. "John Lennon Sparks His First Major Controversy," A&E Television Networks LLC, accessed August 3, 2018, https://www.history.com/this-day-in-history/john-lennon-sparks-his-first-major-controversy.

4장

1. Augustine, *The Confessions of Saint Augustine.* 성 아우구스티누스, 《고백록》.
2. Richard Baxter, "Ye Holy Angels Bright," accessed August 2, 2018, https://hymnary.org/hymn/CAH2000/755.

5장

1. William M. Greathouse, *The Fullness of the Spirit* (Kansas City, MO: Nazarene Publishing House, 1958), https://www.whdl.org/sites/default/files/publications/THE%20FULLNESS%20OF%20THE%20SPIRIT.pdf.
2. "He Sees All You Do," accessed August 2, 2018, https://hymnary.org/text/he_sees_all_you_do#instances.

6장

1. William Martin, *A Prophet With Honor: The Billy Graham Story* (Grand Rapids, MI: Zondervan, 2018), 36, https://www.amazon.com/Prophet-Honor-Billy-Graham-Story/dp/B004HOV0CW. 윌리엄 마틴, 《빌리 그레이엄》(고려원 역간).
2. *Ohio Archaeological and Historical Publications*, vol. 12 (Columbus, OH: Ohio Archaeological and Historical Society, 1903), 244-251, https://books.google.com/books?id=pj8-AQAAMAAJ&pg.
3. "God in America—People & Ideas: James Finley," WGBH Educational Foundation, accessed October 10, 2018, http://www.pbs.org/godinamerica/people/james-finley.html.
4. Dallas Bogan, "History of Campbell County, Tennessee," TNGenNet, accessed October 10, 2018, https://www.tngenweb.org/campbell/hist-bogan/bible.html.
5. "하나님은 사람에게 욕망을 주셔서 결혼으로 이끄시고, 직분을 향한 야망을 갖게 하시며, 돈을 벌고자 하는 마음을 주시고, 두려움 때문에 믿음의 길로 나아가게 하신다." Roland H. Bainton, *Here I stand: A Life of Martin Luther* (Nashville: Abingdon Press, 1978), 302에 인용된 글. https://books.google.com/books?id=thoxAAAAQBAJ&q. 롤런드 베인턴, 《마르틴 루터》(생명의말씀사).
6. As quoted in Warren W. Wiersbe, *The Wiersbe Bible Commentary: New Testament* (Colorado Springs, CO: David C. Cook, 2007), 632, https://books.google.com/books?id=Sn18qwyJw9QC&pg.
7. *Luther's Works: Word and Sacrament I*, vol. 35 (Philadelphia: Fortress, 1960), 395-39

8. Jenn, "8 Types of Gossip, 26 Bible Verses," Going by Faith (blog), May 2, 2012, http://goingbyfaith.com/types-of-gossip/.

7장

1. Frances R. Havergal, "Like a River Glorious," Hymnary.org, 1874, https://hymnary.org/hymn/HTLG2017/page/251. 찬송가 472장 〈영광스럽도다 참된 평화는〉 3절.
2. Blue Letter Bible, s.v. "peirasmos," accessed October 15, 2018, https://www.blueletterbible.org/lang/lexicon/lexicon.cfm?t=kjv&strongs=g3986.
3. Blue Letter Bible, s.v. "parapiptō," accessed October 15, 2018, https://www.blueletterbible.org/lang/lexicon/lexicon.cfm?t=kjv&strongs=g3895.
4. "How Firm a Foundation," Hymnary.org, 1787, https://hymnary.org/hymn/LSB2006/728.

8장

1. John F. Kennedy, *The Uncommon Wisdom of JFK*, ed. Bill Adler (New York: Rugged Land, 2003), 194, https://books.google.com/books?id=ko93AAAAMAAJ&dq=the+uncommon+wisdom+of+jfk&focus=searchwithinvolume&q=forgive+your+enemies.

9장

1. Michael W. Chapman, "Rev. Graham: Secularists Are 'Anti-Christ' and 'They've Taken Control of Washington,'" CNSNews.com (blog), January 30, 2015, https://www.cnsnews.com/blog/michael-w-chapman/rev-graham-secularists-are-anti-christ-and-they-ve-taken-control-washington,
2. William Walford, "Sweet Hour of Prayer," Hymnary.org, 1845, https://hymnary.org/hymn/BH2008/page/590. 새찬송가 364장 〈내 기도하는 그 시간〉 4절(번역된 한글찬송가는 원가사와 다르다-옮긴이주).
3. As quoted in Roy B. Zuck, *The Speaker's Quote Book* (Grand Rapids, MI: Kregel Publications, 2009).
4. Winston Churchill, "Never Give In, Never, Never, Never, 1941," National Churchill Museum, October 29, 1941, https://www.nationalchurchillmuseum.org/never-give-in-never-never-never.html.

10장

1. *The Christian Library*, vol. 3-4 (New York : Thomas George Jr., 1835), 51, https://books.google.com/books?id=aOkWAQAAIAAJ&pg.
2. D. Martyn Lloyd-Jones, *God's Ultimate Purpose: An Exposition of Ephesians 1* (Grand Rapids, MI: Baker Books, 1978), 275. 마틴 로이드 존스, 《영적 선택: 에베소서 강해 1》(CLC 역간).
3. R. T. Kendall, *Holy Fire* (Lake Mary, FL: Charisma House, 2014) 46-47; Lloyd-Jones, God's Ultimate Purpose, 271. R. T. 켄달, 《거룩한 불》(순전한나드 역간).
4. W. R. Moody, *The Life of Dwight L. Moody* (New York: Fleming H. Revell, 1900), 149, https://www.amazon.com/Life-Dwight-L-Moody/dp/0916441156.